“三全育人”沐课堂

江苏大学课程育人案例选编

主 编 薛宏丽 王 谦

镇 江

图书在版编目(CIP)数据

“三全育人”沐课堂 ：江苏大学课程育人案例选编 / 薛宏丽，王谦主编. — 镇江 ：江苏大学出版社，2021.12
ISBN 978-7-5684-1728-0

Ⅰ. ①三… Ⅱ. ①薛… ②王… Ⅲ. ①高等学校—思想政治教育—研究—江苏 Ⅳ. ①G641

中国版本图书馆 CIP 数据核字(2021)第 246359 号

“三全育人”沐课堂:江苏大学课程育人案例选编

主　　编/薛宏丽　王　谦
责任编辑/汪再非
出版发行/江苏大学出版社
地　　址/江苏省镇江市梦溪园巷 30 号(邮编：212003)
电　　话/0511-84446464(传真)
网　　址/http://press.ujs.edu.cn
排　　版/镇江市江东印刷有限责任公司
印　　刷/江苏凤凰数码印务有限公司
开　　本/710 mm×1 000 mm　1/16
印　　张/14.5
字　　数/290 千字
版　　次/2021 年 12 月第 1 版
印　　次/2021 年 12 月第 1 次印刷
书　　号/ISBN 978-7-5684-1728-0
定　　价/60.00 元

如有印装质量问题请与本社营销部联系(电话:0511-84440882)

前　言

党中央提出“把立德树人作为教育的根本任务，培养德智体美全面发展的社会主义建设者和接班人”，为高校人才培养工作指明了方向。2016 年 12 月，习近平总书记在全国高校思想政治工作会议上发表重要讲话，强调要用好课堂教学这个主渠道，思想政治理论课要坚持在改进中加强，提升思想政治教育亲和力和针对性，满足学生成长发展需求和期待，其他各门课都要守好一段渠、种好责任田，使各类课程与思想政治理论课同向同行，形成协同效应。2017 年 2 月，中共中央、国务院印发了《关于加强和改进新形势下高校思想政治工作的意见》，要求各高校充分发掘和运用各学科蕴含的思想政治教育资源。2017 年 12 月，中共教育部党组印发《高校思想政治工作质量提升工程实施纲要》，要求各高校大力推动以“课程思政”为目标的课堂教学改革，实现思想政治教育和知识体系教育的有机统一。

江苏大学是全国“三全育人”综合改革试点高校，学校贯彻落实教育部《高等学校课程思政建设指导纲要》精神，以习近平新时代中国特色社会主义思想为指导，全面贯彻党的教育方针，坚持和加强党的全面领导，坚持社会主义办学方向，紧密围绕“培养什么人、怎样培养人、为谁培养人”这一根本问题，落实立德树人根本任务，充分发挥教师队伍“主力军”、课程建设“主战场”、课堂教学“主渠道”作用，培养学生的中国自信、爱国情怀、社会责任感、创新精神、实践能力。学校将课程思政建设与“三全育人”有效结合，着力构建育人机制“大协同”、思政教育“全贯通”、育人要素“强融合”的“大思政”格局，通过加强顶层设计，落实主体责任，统筹各类资源，强化部署落实，实现课程思政与“三全育人”同频共振，育人共识进一步凝聚，育人举措不断加强，育人成效不断显现。

当前高校的课程思政建设工作中，还存在课程思政目标不明晰、教学方法单一化、教育材料陈旧等问题，严重影响了课程思政教学效果。如何结合学科专业特点分类进行课程思政教学设计，挖掘各门课程蕴含的思想政治教育元素和所承载的思想政治教育功能，发挥思政教育与专业课教学活动的协同效应，成为当前高校课程思政教学亟待研究的课题。《“三全育人”沐课堂：江苏大学课程育人案例选编》是学校课程思政建设成果的缩影，汇聚了人文、经管、理工、农医、艺术等不同学科门类的课程思政探索与实践案例50余篇。每篇案例都包含课程思政背景、课程教学设计、教学总结思考等内容，从中可以了解教师如何挖掘专业课教学内容中蕴含的思政元素，如何润物细无声地将育人理念融入教学各环节，无论是课程内容案例分析、历史典故启发教学，还是小组研讨合作学习、现场观摩情境教学，都在潜移默化中提升了课程的“动能”、“势能”和“效能”，坚定了学生的理想信念、增强了学生的爱国情怀、提升了学生的综合素养。这些案例为专业教师开展课程思政教学提供了有益的参考和借鉴。

本书由薛宏丽、王谦主编，常志斌、李普华、马学文、李晓春等参与了全书的统稿审稿和校对整理工作。在本书的编写和出版过程中，还得到了许多其他人士的帮助和支持，在此一并深表感谢。

由于编者水平有限，书中不成熟、不完善之处，敬请读者朋友批评指正。

目　录

中外融合铸中国智材工匠之心

（材料科学与工程学院　严学华）

课程思政背景

“材料导论”是材料科学与工程学院本科各专业的基础课，是培养材料科学与工程专业人才的主干课程之一，属于典型的“知识性课程”。学生以“知识—素质—能力”为内容主线，主要学习材料的共性规律，即材料成分、组织结构、制备工艺和性能之间的相互关系，并以此为指导开展材料的设计和应用，为学习后续其他专业课程、从事材料研究和工程技术工作打下坚实的理论基础。教学目标是培养具备自然科学基础知识、工程技术基础知识、人文科学素养和创新精神，身心健康，具有国际视野的新时代材料科学领域的研究者、技术工程师等专业人才。

我校“材料导论（双语）”课程是江苏省高等学校在线开放课程，江苏大学教学改革示范课和江苏大学一流课程（线上线下混合式）。我们在课程的讲授中安排了中国新材料“智造”前沿成果等课程思政案例素材，与材料导论课程内容有机结合，培养学生为中国发展、为材料科技创新做贡献的观念，增强学生投身新材料革命的使命感。

课程教学设计

在课程育人示范教学设计当中，我们采用化学工业出版社的 *Fundamentals of Materials Science and Engineering*（2002 年影印版）作为教材，采用线上线下混合式教学模式，明确将启发式、研讨式、案例式等教学方法融入课程教学，还对中国处于国际领先地位的最新材料研究成果进行介绍，发掘和解读其中蕴含的思政要素，不仅让学生掌握材料科学的基础知识，培养学生的材料专业外语能力（艺），同时还引导学生树立正确的世界观、人生观和价值观，培养学生的爱国情怀，激励他们投身材料科学事业，为国家建设贡献聪明才智。

我们以“同向同行”为理念，打破知识性学科和规范性学科间的壁垒，将“课程思政”理念融入课程团队建设、课程内容设置、教学方式设计、考核评估等课程教学与管理的各个环节当中，充分发掘课程蕴含的思政育人元素，善用“润物细无声”的方法发挥价值引领作用，引导学生用正确的立场、观点、方法看待事物、分析问题、认识社会，最终实现“知识传授与价值引领相结合、专业与外语知识相融合”的教学目标，构建全课程育人格局。

【课程内容组织】材料导论作为专业基础核心课程，具有知识点多、概念多、理论性强的特点，涉及数学、物理、化学、力学等多学科的知识交叉，是进入专业课程学习前的重要课程，也是材料科学发展和研究的知识基础。因此，构筑知识网络、认识自然科学中的哲学观、培养学生的爱国情怀，是组织课程内容时要重点考虑的。

（1）知识点归类

“材料导论”内容分为基础知识与应用知识两大类，其中基础知识包括材料的原子结构、缺陷理论、结晶理论、扩散理论、相变理论，应用知识包括塑性变形、强韧化技术。对每一个知识点及其在材料学科中的地位，以及未来发展的趋势需一一进行讲解。

（2）知识点关联

除了课程内的知识点关联外，还包括专业课程内的关联及交叉学科之间的关联，特别是和社会实际应用的关联，这是思政教育的切入点。将社会主义核心价值观及国家对材料科学的战略需求等内容融入教学，将使学生在掌握每一个知识点的“来龙去脉”的同时，以切身体会思考学习知识后“我能做什么”及“如何做”。

（3）将科学哲学观融入教学

所谓“万变不离其宗”，自然科学中的许多理论包含在哲学思想之中。比如材料的强韧性能就是一对矛盾体，一般来说，材料强度越高，韧性就越差。介绍了强度、韧性的本质特征，再介绍细化晶粒所具有的同时提高材料的强度和韧性的材料学特性，这使得教学内容更加通俗易懂。又比如材料的结晶存在能量起伏、结构起伏、浓度起伏的特性，这些又印证了“从量变到质变”哲学思想的科学性。马克思主义哲学观与材料科学基础理论的融合解读，让课程教学站在了哲学的高度，有助于引导学生树立正确的世界观。

【思政元素选择】“冶金设备之最”挺起了中国钢铁行业的脊梁；锂电池如何驱动“电动中国”；踏实勤奋的“材料工匠”。

【教学模式设计】从课程角度看，课程思政是一个系统工程，它基于教育对象的身心特征，通过科学规划和系统设计，使思想政治教育与专业课程教学紧密融合，目的在于把价值观培育和优秀品格塑造“基因式”地融入专业课程，落实课程育人的要求。在教学模式设计上，工科专业课程教学有其自身特点：讲透基础知识点，明晰知识关联，培养解决实际问题的思维能力。

（1）挖掘思政元素，育人润物无声

以新材料的研究开发应用作为切入点，将最新的关于材料类的新闻资讯、科研动态、应用实例引入课堂，以视频的形式介绍新材料在国防、航天、军事等领域的实际应用，以此激发学生“为国家而学习”的爱国热情和民族自豪感，以及为国家振兴、民族强盛而努力学习的使命感。

利用网络平台优秀资源全方位启迪和引导学生，安排学生收看《大国重器》等优秀纪录片，在使他们获取知识的同时激发他们内心的爱国主义情怀。例如，了解国内钢铁行业的“冶金设备之最”，看看都是什么在挺起中国钢铁行业的脊梁：最大的带式焙烧机球团生产线——包钢集团稀土钢板材公司 500 万吨带式球团工程（亚洲最大）；最大的铸造起重机——宝钢湛江 520 吨铸造起重机（世界第一）；最大的 AOD 精炼炉——太钢 180 吨 AOD 炉（世界最大）；最大的立式连铸机——中原特钢立式连铸机（世界最大）；最大断面的板坯连铸机——汉冶特钢 2700 mm 宽厚板坯连铸机（世界最大）。

把推动材料科学发展的人和事融入教学叙事，用“故事”讲清道理，以“道理赢得认同，以悟道取代灌输”，将正确的价值追求和理想信念传递给学生。例如，陈立泉院士在《中国经济大讲堂》讲述“锂电池如何驱动‘电动中国’?”（图 1），揭秘了中国材料人经历了怎样的研发历程，使中国第一块锂电池在 1995 年诞生时即已达到世界先进水平，如今中国锂离子电池产量稳居世界第一。

图 1　陈立泉院士讲述“锂电池如何驱动‘电动中国’?”

相关新闻报道的搜集和整理，让学生体会到材料科学时刻与社会发展保持着密切联系。学习和认识材料科学在“中国制造 2025”战略计划中的重要地位，是学生认识国情、增强使命感和培养“终身学习”意识的重要方式。福耀玻璃集团董事长曹德旺的传奇创业经历，是培养学生踏实勤奋、吃苦耐劳、精益求精、实践创新的“材料工匠精神”的典型励志故事。

（2）鼓励学生听取学术报告，培养科学精神，增强人文修养

学术报告能够帮助学生在短时间内了解材料领域的前沿信息和材料行业的动态，清楚业界都在做什么、做到什么程度、有什么意义和价值，启发学生的科研思路，激发灵感，帮助学生自我评估，在发现不足的同时激发求知欲并走向学术自信。我们选择了一些学校、学院组织的大师级学术报告并推荐给学生。例如，组织学生观看“未来研讨会”上江雷院士的学术报告，在平时成绩考评中加入与此相关的考核点以评估学生听取学术报告的有效性，还以“该报告如何提升了自我学习动力”为题进行讨论，教师根据学生的发言情况进行评价。

（3）行业调研，建立专业自信

学好一个专业的前提是有稳定的专业自信和职业理想，这是“专业思政”的核心工作。学好“材料导论”课程对建立稳定的专业自信和专业兴趣起着至关重要的作用。很多材料类专业的学生在大学一年多的公共类课程学习中，对于自身专业、知识架构及未来从事的工作存在认知迷茫。以往通过专业导学或者专业思想工作进行的说服式教育常常是学生被动式接受，效果有限。而我们在导论课程教学过程中，引入行业调研环节，要求学生通过查阅网络资源、走访亲朋好友、实地考察企事业单位等方式，自主调研课程中的知识点与实践场景的关联度，了解材料行业的发展现状、发展前景及未来的职业要求，建立专业认知和专业自信。通过“课程思政”做“专业思政”，全方位深化学生的专业思想和职业理想教育。

（4）师生互动，生生互动

教学的主要目标之一是培养创新思维和提高创新能力，为此，我们在教学中组织了专项讨论题目，由学生根据自己的兴趣和实际情况选择主题，通过调研和查找资料参与讨论并汇报观点。在教学实施过程中，鼓励学生进行辩论并提出自己的观点。在考核系统中，加入了对“研讨互动—专题汇报”和“研讨互动—讨论发言”的考核，借此督促学生在学习过程中主动思考，激发学生研究式学习的兴趣。同时，教师及时指出学生汇报中出现的问题，要求大家在课后进行再思考，在后一次上课时再由教师进行统一的总结和评价。这种良性循环的互动方式不仅有利于培养学生发现问题、分析问题和解决问题的能力，也有利于提高教师的教学能力。

教学总结思考

在国家创新驱动战略和“一带一路”倡议的宏观背景下，材料行业正处于转型升级的高质量发展关键期。为适应产业转型发展需求，“新工科”建设正在全国高校积极推进。高校培养人才不仅要着眼于扎实的专业知识和技能的培养，还应将人才的家国情怀、全球视野、法制和生态意识纳入到课程育人的职能当中，培育学生的工程设计、批判性思维及数字化思维能力，创新创业、自主终身学习、跨学科交叉融合、协商沟通能力和工程领导能力等核心素养，从而为我国材料产业发展和参与国际竞争提供强有力的智力支持和人才支撑。

“材料导论”课程教学大纲中明确要求，培养学生运用材料专业基础知识解决实际工程问题的能力和终身学习以适应材料行业领域新技术发展的能力。在课程思政教学改革中，我们在课程大纲的要求基础上，将爱国主义情怀、时代责任感、踏实勤奋的材料工匠精神教育，作为教改的关键措施放在教学环节设计当中，引导学生形成正确的世界观、人生观、价值观，养成良好的行为习惯，良好的教学效果使学生终身受益。

以课程塑造精益求精、一丝不苟的工匠品格

（机械工程学院　吴勃）

课程思政背景

“互换性与测量技术”主要介绍机械零件精度设计与检测的相关知识。通过课程学习，学生能够熟悉机械零件几何量精度设计与检测的基本原理和方法，具备合理设计机械零件几何量精度和制定实施方案的基本能力，并培养严谨的学习态度和精益求精、一丝不苟的工程师职业理念。

课程教学内容既强调对相关国家标准的认识和理解，又强调在工程实践中遵循并应用国家标准解决有关精度设计与检测的问题。国家标准的建立和发展过程，其实就是积贫积弱的旧中国从“站起来”到“富起来”，逐渐“强起来”的一个过程缩影，其中蕴含着极为丰富的课程思政内容。课程知识与思政案例在内容上的自然融合可以调动学生的内在学习动力，其中所蕴含的思想观念和价值引领实现了课程思政全程化。学生在了解和认识课程内容蕴含的思政意义的同时，加深了对课程知识的认识和理解，进而对“工匠精神”、“大工程观”和“家国情怀”有了更多更具象化的感触和思想升华，这为学生后续的专业课程学习与实践，以及将来从事专业岗位工作夯实了基础。

课程教学设计

案例 1

【课程内容组织】互换性概述—职业道德（1 学时）。

【思政元素选择】南京明城墙的砖文。

【教学模式设计】

① 案例引出：南京明城墙的砖文，可以说是我国现存的规模最大的砖文群了，在中国考古史上占有重要地位。为什么很多明城墙的砖头上刻了工匠的名字？职业道德与产品质量控制有何关系？

② 学生讨论：这些城砖被使用前须进行质量检测，如果不合格，可以很方便地依据上面的文字找到责任人。

③ 教师总结：当代大学生的道德诚信素质不仅关系自身的人际交往和事业发展，而且关系社会主义和谐社会的建设。

案例 2

【课程内容组织】标准与标准化—职业规范（1 学时）。

【思政元素选择】秦始皇统一度量衡。

【教学模式设计】

① 案例引出：度量衡的单位，最初都是与人体有关的。《孔子家语》中有“布手知尺”的说法，其意思是从拇指指尖到食指指尖的距离为一尺，即俗称的一“揸”。每个人一“揸”的长度并不都一样，那么，对于同样一件物品的测量就需要进行统一的规定。因此，秦始皇统一六国后，颁发了统一度量衡的诏书，其实质就是给度（长度）量（容积）衡（重量）规定了“标准”。根据考古发现，秦尺的一“尺”约合现在的 25.1 厘米。

② 学生讨论：在进行产品设计时，都要遵守相关产品的相应标准，这是行业技术要求，是我们应该具备的职业规范意识。标准化的作用不仅仅限于工业生产，也是发展贸易和提高产品在国际市场竞争力的技术保证。

③ 教师总结：标准化对于实现“中国制造 2025”计划、成就强国梦想、促进世界互联互通都有着重大的意义。标准化是反映现代化水平的一个重要标志，现代化程度越高，对标准化的要求也越高，当代大学生应该建立根植标准化的职业规范意识。

案例 3

【课程内容组织】几何精度设计—家国情怀（2 学时）。

【思政元素选择】华为与 5G 标准的制定权竞争。

【教学模式设计】

① 案例引出：高端装备的几何精度标准的制定权往往由西方的先进企业垄断，中国制造要进入世界前列，必须要有标准的制定权。华为在 5G 标准领域占有的优势有何实际意义？

② 学生讨论：标准的制定权是取得行业领先优势的基础保障。

③ 教师总结：华为在 5G 标准领域的成就不仅仅是技术问题，而且是国家实力的体现。有了标准的话语权、优先权、决定权，才不会受制于人，不再被“卡脖子”。

案例 4

【课程内容组织】渐开线圆柱齿轮精度设计—产业升级迫在眉睫（2 学时）。

【思政元素选择】国外数控加工系统对中国市场的技术领先案例。

【教学模式设计】

① 案例引出：齿轮是机械产品的重要零件，其加工能力在一定程度上反映一个国家的工业水平。齿轮加工数控化和自动化、加工和检测的一体化是齿轮加工的发展方向。搭载数控系统的数控滚齿机大大提高了齿轮加工质量和加工效率。高精度、高效率齿轮制造装备的国内外现状对比情况如何呢?

② 学生讨论：我国目前数控滚齿机的生产厂家相对较少，且数控系统以进口为主，缺少国际竞争力，在这方面中国与发达国家有较大差距。

③ 教师总结：要想完成由制造大国向制造强国的转变，产业升级迫在眉睫。我们需要不断研发新技术，探索新工艺和新方法，以创新打破外部的技术壁垒和技术垄断。

案例 5

【课程内容组织】滚动轴承—社会责任意识（1 学时）。

【思政元素选择】国产轴承和进口轴承的发展现状对比。

【教学模式设计】

① 案例引出：轴承在国民经济运行中发挥着举足轻重的作用。我国的轴承行业规模已居世界前列，但产品性能和进口轴承相比始终有较大的差距。请同学们提前调研国产轴承和进口轴承的发展现状。

② 学生讨论：我国钢球产品最突出的问题之一是振动值离散大，表面缺陷严重，合套后轴承振动值高。与国外产品相比，在高端轴承和大型轴承方面，国产产品存在较大差距，例如航空发动机轴承、轻量化和一体化结构轮毂轴承、增速器轴承以及真空脱气轴承钢等。

③ 教师总结：我国在制造高精度的轴承方面还有许多工作要做，这需要未来的工程师们以责任意识、担当意识、使命意识去拼搏、去奋斗。

案例 6

【课程内容组织】螺纹连接—工匠精神（1 学时）。

【思政元素选择】日本永不松动的 Hard Lock 螺母。

【教学模式设计】

① 案例引出：机械产品设计时常要用到螺纹连接。高速列车上用的螺纹连接一定不能松动，这就引出“永不松动的螺母”的话题。这种螺母是如何做出来的？国内外防松螺母的研制现状如何?

② 学生讨论：日本的 Hard Lock 螺母被称为“永不松动的螺母”，其技术设计难，而制造工艺更难。

③ 教师总结：从“永不松动的螺母”中，我们看到的是追求完美的“工匠精神”。工匠精神是中国工程师应该具备的职业品质。

教学总结思考

在立德树人、课程育人教学改革的尝试过程中，我们借助案例分析、项目化教学等手段，将职业道德、职业规范、大工程观、家国情怀、社会责任意识、工匠精神和团队合作精神等思政教育元素融入课程教学中，促进学生的工匠精神、大工程观和家国情怀的养成，取得了一些初步成效。

一是有效地将思想政治教育融入专业课程的教学，实现了对学生专业知识、能力素质的综合培养，实现了素质培养和思政教育的有机统一，进而达到“价值引领”与“知识传授”并重的教学目标。

二是显著提高了学生的学习主体意识。课程思政全程化的“挖掘—融入—运用”混合模式最大程度地从思想上唤醒了“学生学”的主体意识，促使学生端正学习态度，改善了课程的教学效果。

三是显著提高了学生的综合素质。课程育人教学实践解决了思政教育与专业发展、行业要求相脱节的问题，使学生在掌握专业知识、获得专业能力的同时，结合专业学习获得了对职业规范、职业品德、职业纪律及职业责任的基本认知，从而提高了学生的综合素质。

让“中国精度”在误差理论与数据处理课程中更加鲜明

（机械工程学院　许桢英）

课程思政背景

“误差理论与数据处理”是高等学校仪器类专业必修的专业基础课，而且被公认为是仪器学科唯一特有的专业基础课程。课程系统讲授测试技术及仪器系统设计方案的误差分析、误差建模计算、误差分配、误差分离与修正，以及最后误差合成与不确定度评定等内容，使学生全面了解测量与精度理论的研究思路、分析方法、发展现状和发展方向，了解中国仪器仪表行业的优势与特色、存在的问题、面临的挑战与机遇，为实现守正创新、科技报国的培养目标奠定知识和能力基础。

“误差理论与数据处理”课程在传授知识的同时，也将严谨求真的科学态度、毫厘必究的科学精神内化在教学过程中，这为实现全过程育人、全维度育人、全员育人，培养学生的爱国情怀、文化素养和道德品质提供了较好的切入点。教学中，我们将钱学森毅然放弃国外的优厚条件回国报效祖国、老专家费业泰教授一辈子研究误差理论、原子弹科研工作者彭雄飞的“精度一毫克也不能差”等思政教学案例引入课堂，让“中国精度”在课程内容中更加鲜明，以此培养学生严谨求真的科学态度、毫厘必究的科学精神，激发学生守正创新、科技报国的学习热情。

课程教学设计

自 2017 年以来，本课程已开展多项教学改革，包括课程思政元素的引入、实施案例式及研讨式教学、行业专家同堂授课等，有效推动了课程教学改革。

【思政元素选择】

在本课程的教学过程中，我们在每一个章节的教学内容中都融入课程思政的元素，以“润物细无声”的方式引导学生建立误差和精度概念，在思考为什么要研究误差和精度的同时，认识到“毫厘必究”的科学精神对于仪器专业学习的重要性，以此激发学生的学习动力，端正学习态度，使其更主动、更认真、更踏实地学习专业知识，培养专业技能，为将来报效祖国打下今日的坚实基础。

（1）让科学大师开篇讲“绪论”

绪论是每一门课程能否吸引学生的关键一课。在本课程的开篇教学中，一定要让学生了解测量的重要性和研究误差的意义。发现元素周期律的俄国科学家门捷列夫说过：“科学始于测量，没有测量，便没有精密的科学。”热力学温标的创立者开尔文说过：“当你能够测量你所关注的事物，而且能够用数量来描述它的时候，你就对其有所认识；当你不能测量它，也不能将其量化的时候，你对它的了解就是贫乏和不深入的。”中国导弹之父钱学森说过：“信息技术包括测量技术、计算机技术和通信技术，测量技术是信息技术的关键和基础。”这些学生耳熟能详的著名科学家的故事在教学中被首先引入，其中严谨求真、不畏困难的科学精神内涵，特别是钱学森在美国加州理工学院的惊人成就、回国历程的艰辛和坚韧，不求名利、潜心研究以及为我国航空航天事业做出卓越贡献等，这些不仅给学生留下深刻印象，而且使学生在了解课程的知识意义的同时，从内心迸发出爱国热情和学习动力。

（2）以标准量的变迁感受科学精神内涵

在讲述误差的定义与表达时，将国际上质量的最高基准——千克基准、长度的最高基准——米的变迁，作为约定真值的教学实例，进而将国际上先进光学技术、量子科技的发展内容引入课堂，并结合国际最高基准精度的一步步提高过程的讲解，启发学生培养自我精益求精、不断创新的科学精神。

（3）费业泰教授的科学执着

在讲述准确度、精密度、正确度这三个不同的精度表达术语时，介绍我国“误差理论与数据处理”课程的创始人费业泰教授克服时艰、潜心实验研究，开创误差理论的研究领域和课程内容体系的事迹，以本学科前辈学者的执着精神勉励学生要不畏艰险困难，刻苦学习。

（4）在“中国精度”中感受“中国精神”

在讲述随机误差、系统误差、粗大误差三大类误差的处理知识和测量不确定度的评定时，引入“中国精度”的思政教育元素。从原子弹科研工作者彭雄飞说的“再苦再累，精度一毫克也不能差”，到“大国工匠 2018 年度人物”夏立在“天马”望远镜的研发中对精度的极致追求、国庆阅兵的“米秒不差”，再到引入北斗导航系统在全球任一地点可在无须架设基站的情况下实现厘米级高精度定位，通过“中国精度”的实例让学生理解什么是“中国精神”，在培养“毫厘必究”的精度意识，事事追求“高精尖”的同时，激发他们的民族荣誉感和爱国责任感。

（5）“卡脖子技术”中的使命和担当

在讲述最小二乘法和回归分析等内容时，以测量仪器的线性标定为例，介绍国内外仪器的发展现状，并特别介绍大家都在关注的“卡脖子技术”，让学生认识中国在核心技术尤其是在高端精密仪器方面与美、日等发达国家的差距，让学生切实感受和认识核心技术对一个国家的重要性，以危机意识和国家近几年的突破性成就来激励学生建立攻坚克难的信心，树立科技报国的决心和意志。

【教学模式设计】

（1）邀请专家同堂授课，将标准引入课堂

镇江市计量所是我校仪器专业学生的课外实习基地，仪器专业聘任了计量所专家担任兼职教授。在本课程的教学过程中，邀请专家进入课堂，与学校授课教师同堂授课。在学校教师介绍不确定度的基本概念及其与误差的关系、标准不确定度的评定原理后，由专家现身说法，为学生讲授关于不确定度评定的国际、国家标准，以及不确定度评定的方法和步骤，并结合计量部门实际的计量案例进行讲解。这种更贴近工作实践的授课方式，可以让学生更好地理解和掌握教学内容，也为他们将来更快地适应职业工作要求提供更好的学习体验。

（2）案例式教学帮助学生建立质量和标准观

砝码是学生从小即熟悉和使用过的标准器件，非常简单，但其标定过程的不确定度评定结果，却受多种因素的影响，尤其是高精度砝码，其标定结果受环境等其他因素的影响更为严重，可谓“失之毫厘，差之千里”。教学中以简单的“砝码标定”过程的不确定度评定为例，引导学生由浅入深，从了解为什么、怎么做入手，以问题式教学方法，带动学生积极思考，分析标定过程中各个可能的不确定度分量，分析各个分量所属的不确定度类型及评定方法，并进行相应的评定计算、合成和展伸，并形成不确定度报告。

案例式教学不仅让学生掌握了不确定度评定的基本知识，具备了不确定度评定的基本能力，还使学生建立了质量和标准的概念，这对其在今后的学习工作中始终坚持“质量为纲、标准先行”，成为合格的仪器行业工作者至关重要。

（3）研讨式教学与课程报告激发学生学习热情

在课程结束之前，以研讨教学的形式，向学生提出问题：你是否了解我国仪器行业现状？然后教师以提出的命题为基础，要求学生课后展开广泛的调查研究，并结合调研结果，深入分析与思考，制作研讨 PPT 并开展答辩，最终撰写调研报告作为课程的大作业。提出的基础命题包括：① 论精度决定成败；② 论中国仪器的未来；③ 论中国仪器与欧美仪器之差距；④ 如何发挥测控技术与仪器专业在“中国制造 2025”中的作用；⑤ 如何做一个合格的“仪器人”。

在这个环节（图 1），学生走出课堂进行调研，更深入了解本学科相关的知识、技能，更全面地了解我国仪器技术的现状、优势及其与发达国家的差距，同时也进一步明确了立志成才的学习方向和努力目标。

图 1　学生课程研讨与答辩

教学总结思考

课程思政教学改革使学生更好地掌握了课程的基本知识，更近距离地接触了国际和国家标准，在内心建立起质量和标准的概念和意识。大学生在今后踏上工作岗位，在使用和设计测量系统、测量仪器时，以及在分析和表达测量结果时，始终能做到“质量为纲、标准先行”，以此指导自己的职业道路而成为一个合格的“仪器人”。

课堂最后的问题讨论和大作业环节，激发了学生肩负起振兴我国仪器行业的使命感和责任感。很多同学在 PPT 汇报和报告中说：“差距是存在的，但我们的发展也是有目共睹的，我们相信未来一定能缩短这样的差距。”“我们在上学期间要努力学习专业知识，掌握必要的技能，未来为我国的仪器事业贡献自己的力量！”

同时，课堂学习和讨论也让学生认识到了测量精度和标准对于我国科技和工业发展的重要性，尤其是在新经济和新的产业结构调整中的重要性，从而树立了专业自信和职业信心，促进学生更好地学习后续课程，做更深入的思考和更充分的准备。

工程管理教育的有责、担责与尽责

（土木工程与力学学院　韩豫）

课程思政背景

“工程管理概论”课程是工程管理专业的基础课程，也是专业启蒙和先导课程，主要内容包括专业概况、工程管理的知识结构、工程管理的主要工作、工程管理者的能力与素质要求、工程管理者的职责和使命、工程管理者的职业发展等。通过课程学习，学生能够在了解专业概况的基础上，不断增强作为一名合格工程管理者的使命感和责任感。

工程管理者的职责与使命、责任与担当是“工程管理概论”课程的重要课程内容，我们在课程教学中穿插了典型的施工安全事故、重大工程质量事件等教学案例，通过工程案例与教学知识的有机结合，让施工安全与工程质量管理“守土有责、守土担责、守土尽责”的责任意识与担当精神深入到学生的头脑中，增强学生成为未来合格的施工安全与工程质量管理者的使命感和责任感，以达到“三全育人”课程思政的教学目标。

以中国建筑工业出版社的《工程管理概论》（第3版）第7章为例，我们将施工安全管理职责、工程质量监管流程、监理工程师的责权利等相关专业知识与工程案例结合在一起，明确以责任意识和使命担当教育作为课程思政教学改革的主线，通过案例分析、主题研讨、心得分享等方法，让学生初步了解未来从事施工安全与工程质量管理工作的主要内容和流程，在学习专业理论的同时，不断提高学生的思想境界，不断强化其对岗位责任和职业使命的认知与领会。

课程教学设计

【课程内容组织】施工安全管理、工程质量管理、典型施工安全事故和重大工程质量事故。

【思政元素选择】安全第一，质量为本。施工安全与工程质量是关系到国计民生的重大问题。施工安全与工程质量管理工作是工程管理专业学生未来职业的重要工作内容，从业者不仅要具有优秀的专业知识素养，还需要具有极强的使命感和责任心，真正做到“守土有责、守土担责、守土尽责”。但是，这种责任意识的建立不是一蹴而就的，需要从进入课堂学习开始就不断加强思想引导，注重氛围熏陶，让使命意识与担当精神逐步在学生内心扎根。

“工程管理概论”具有工程管理专业的专业导论课属性，在教学组织中，我们将施工安全与工程质量管理者的“守土有责、守土担责、守土尽责”的使命与担当，与专业知识讲解、工作内容介绍、岗位职责分析等专业教育有机结合，不断强化学生的使命意识和责任意识。后续，还将结合工程合同管理、工程项目管理等核心课程内容，不断加强理想信念教育，将课程思政教育贯穿专业培养全过程。

【教学模式设计】

(1) 思政主题引入

先简要介绍施工安全管理职责、工程质量监管流程等专业基础知识，再结合近期典型的施工安全事故和工程质量事故案例，剖析背后玩忽职守、责任缺失、担当不足等问题的原因，引导学生关注施工安全与工程质量管理者的职责、使命与担当对于职业工作的重要性。

(2) 思政内涵解读

2020 年 1 月 27 日，习近平总书记就疫情防控工作再次作出重要指示，要求各级党组织领导班子和领导干部特别是主要负责同志要坚守岗位、靠前指挥，做到守土有责、守土担责、守土尽责。教学中对“守土有责、守土担责、守土尽责”的内涵进行解读和分析，并引导学生对此扩展联想：如何将习近平总书记“守土有责、守土担责、守土尽责”的重要指示进一步贯彻落实到施工安全与工程质量管理工作中？在此基础上，进一步分析思考前述施工安全事故和工程质量事故案例中“有责、担责、尽责”方面的思想缺位情况。

(3) 课堂观点交流

教学中围绕“守土有责，必须解决好守什么土、有什么责的问题”“守土担责，就是要检验紧要关头，党员干部能不能站得出来、顶得上去、扛得起来”“守土尽责，就是要求广大党员干部有担当、尽作为”等重要观点命题，教师与学生共同讨论在施工安全与工程质量管理工作中，“守土有责、守土担责、守土尽责”体现在哪些方面、哪些岗位和哪些情况当中，让学生分析如果自己进入安全员、质量员、监理工程师等重要岗位工作角色当中，该如何做到“守土有责、守土担责、守土尽责”。

(4) 课后总结和反思提升

要求学生结合教学中教师的讲授内容和课堂交流情况，进一步以“守土有责、守土担责、守土尽责”为主题，以学习心得为作业，谈谈自己对未来工作的职责与使命、责任与担当的新认识。教师批阅后，选择优秀作业进行点评和交流，进一步强化和提升学生的思想认识。

教学总结思考

从学生所提交的学习心得中可以发现：在课程思政教学活动的影响下，学生大都更加明晰了自己未来职业工作中所肩负的责任，尤其是真切地体会到了为了实现“安全”和“质量”这两个工程管理的核心目标所需要付出的艰辛和努力。同时，很多同学也结合自身体会，对“守土有责、守土担责、守土尽责”的深刻内涵做出了自己的诠释。以下是优秀学习心得摘录：

有温度的监理职业应该做到“守土有责、守土担责、守土尽责”。

守土有责，守什么土，尽什么责？用我自己的话理解就是，为什么要去做这件事，有什么责任和使命，初心是什么。很多人的答案，可能是因为生活，也有人是因为“术业有专攻”。一个好的监理，应该明确自己在工程当中的定位以及承担的责任。这种责任包括了对无声的生命或者有声的生命的维护和保护。这个“土”在他们眼中，可能是“一个有质量的工程和无数工人的安全”。这是一种使命，也是一种责任，这种责任内化于心，可能是对自己的一种要求，也是一种共情的能力，感受所有农民工的不容易，就能明白所有承担责任主体的压力，更能够预知到享受最终成果的住户的那份心安和愉悦。把这些作为自己工作的导向，变成自己内心的原则。

（3170110029　李梅萍）

作为监理人员，一定要深刻认识到自身的责任其实非常重大，一定要认清自身的责任是什么，有没有担起责任，做事有没有要尽力而为之。

……

守土担责，就是要检验在利益与责任的斗争中，能否选择正确的方向；面对施工单位的忽悠、敷衍，能否严格检验、追查到底；面对业主不合理的要求，能否站出来指出问题；在甲乙双方的纠纷中退避三舍，还是勇于担当、直面问题，做出最公平的决断。这些都是一次次最深刻的检验。监理人员一定要秉持着“我是监理，我要监理”的精神理念，坚持“睁亮双眼发现问题”的做事态度，不得过且过，不贪图利益，实事求是地坚守在自己的岗位上。

……

历史经验表明，监理的职位，容易空有其职、不作为、得过且过，甚至以权谋私。这就需要广大监理人员提高思想觉悟，明确自身责任，不辜

负人民群众对这道工程防线的信任，真正做到“守土有责、守土担责、守土尽责”。（3170110046　解智刚）

“四孩童被埋土方事件”“福建泉州酒店坍塌事件”“无锡桥梁侧翻事件”……为什么我们感觉最近几年，工程事故越来越多？有人说，现在我们感觉工程事故多了，不是因为它本来变多了，而是现在网络发达了，我们知道得更多了，不足为奇。“不足为奇”四个字说得风轻云淡，却从未想过每一个工程事故背后的人和家庭。我认为，越来越多的工程事故正在一次又一次地给每一个工程人员敲响警钟。作为工程管理专业的学生，从专业角度出发，我不禁想思考，一个工程人员的责任和担当。

……

作为工程管理专业的青年一代，我想这些真实的工程事故也是对我们的警醒。我们应该去思考其背后的原因和我们将要做出的改变。对我来说，如果我以后进入监理单位，成为一名监理工程师，“专业能力”和“独立思考与判断能力”将是我最应该提升的能力。只有具备了“专业能力”，才能更好地实现工程目标，只有具备了足够的“专业能力”，才能有底气为甲方服务，有权威监督乙方。除此之外，还需有“独立思考与判断能力”。监理人员应该有自己的思考和判断，才不会轻易进入工程关系圈套，做出违背自身道德，损害工程质量，危及人民的事情。

在每一个惨痛的工程事故背后，监理单位都应不断反思自己的责任，并做出相应的改进和提高。只有这样，事故才会减少，产业才会健康，人民才会更幸福，国家发展才会更稳定。（3170110036　蒲彦儒）

作为一名工程管理专业的学生，在将来的工作中，我希望自己能够不断学习先进技术，不安于现状，具有实操性，能在一线中踏实积累工程项目管理经验，处理问题有原则、有态度、有方法，尽自己的努力解决矛盾、协调各方，出色完成工作任务，做有担当、有作为的工程管理人。

（3170110015　张志宇）

大工程理念引导下培养专业自信

（土木工程与力学学院　王自平）

课程思政背景

“工程力学认识实习”课程是工程力学专业的专业入门实习课程，主要内容包括熟悉土木工程、复合材料、工程机械等领域的研发、生产等相关实践与管理活动，实地参观和调研企业，认识工程力学理论知识在相关领域中的应用及面临的挑战。通过课程学习，学生能够了解本专业行业的知识背景，在认识实习的过程中养成勤看、勤问、勤思和勤学的习惯，并初步形成对未来职业方向的规划思想，以指导后期专业课程的选课修读。

该课程面向大一新生，我们充分利用一周的学习时间，在大工程理念引导下层层递进式地组织“超级工程”、生活中的力学、趣味力学知识抢答、科研成果展示等教学案例，帮助学生初步建立实践认知与力学理论应用背景的相互关联，调动学生的学习热情，形成大工程理念和意识，并进一步树立学生的专业自信，增强学生为中国工程技术发展、为社会创新做贡献的责任感和使命感。

课程教学设计

【课程内容组织】以往的工程力学认识实习教学，由于受传统教学观念和实习条件等多方面因素的影响，存在实习形式单一（仅是前往工地或科技馆等场所）、学习目的不明确的问题。另外，前往实习的企业大部分为施工和检测一线的普通企业，没有建立专业发展与“大工程”的认知联系，无法使学生对将来的职业建立良好预期，对专业的认识模糊导致没有专业自信，出现了一些学生在大一结束即转专业的现象。为充分体现力学在工程学科中的基础性、先导性和支撑性作用，我们对实习教学进行了整体改革（图 1），组织了多种形式的教学活动和丰富多彩的学习内容，开发了基于工程力学认识实习的网络教学辅助平台，组织了中国超级工程发展成就展示、跨年级专业认知座谈会、本专业科学前沿成果教学化展示等多种活动，在大工程理念引导下形成层层递进式的实践教学管理模式，将现代化教学手段应用于工程力学专业认识实习的教学中，充分体现了师生的互动性、学习的新颖性和教学的前瞻性教改特征。

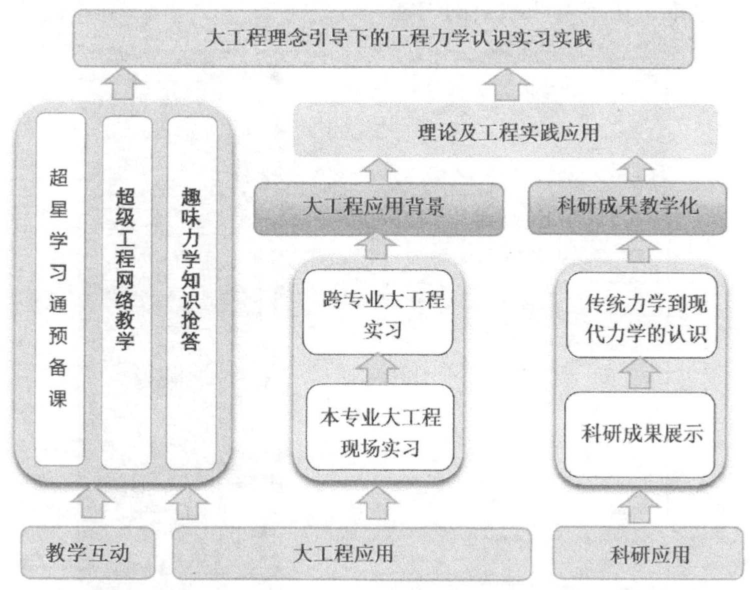

图1　工程力学专业认知实习教学改革整体设计思路

【思政元素选择】大工程理念为课程思政教学提供了丰富的教学空间和教学资源。我们基于超星教学平台按照中国桥梁、中国高铁、中国建筑、世界工程四大模块展示中国及世界超级工程的发展与成就，通过现场参观及讲解力学学科中固体力学、非线性力学和工程力学三大学科团队的科研成果，开拓科学视野，并以力学科学家的奋斗故事唤起学生的专业认同和专业自信，培养不怕苦、不怕难、勇于挑战的创新精神，激发其自强不息的科学精神和为中国发展、社会创新努力贡献的热情。

【教学模式设计】在认识实习教学的形式上，我们将传统的教师带队前往施工现场或相关科技场馆参观同借助学习通慕课平台结合起来，让学生提前了解实习形式及实习目标，减少盲目性。学生对此反响非常好，对课程的学习热情有明显提高。

（1）理论学习

大工程理念下的理论学习模式创新：在工程力学专业实习前，组织观看与力学相关的超级工程案例，以文字介绍、PPT展示和视频讲解三种形式讲解专业应用背景。组织建设了认知实习平台（图2），学生通过超星网络教学慕课平台观看超级工程典型案例视频，增加对大工程的认知。另外，在网络教学慕课中渗透了有关安全知识的讲解，增加了多种类型的认识实习参与形式，将认识实习与趣味力学知识竞赛、科学前沿知识有机结合。提前一周启动学生对教学内容的预习，让学生带着问题边学习边实习，启发创造性思维，拓展实践教学的内涵。

图 2　认识实习慕课教学平台

(2) 大工程现场认识实习

设定特定的实习任务，改变以往存在的实习盲目性和随意性情况，开展跨专业的大工程项目认识实践，增加世界级大工程、高科技企业、国家重点实验室等认识实习场所（图 3），借助学习通 APP 提前了解工程概况，启发学生的创造性思维，延伸和拓展认知学习的边界和内涵，增强学生投身力学专业学习和研究的使命感，激发为中国工程发展、社会创新做贡献的热情。

图 3　高科技企业——恒神股份实习现场

（3）科研成果教学化展示

在认识实习的过程中向大一学生展示并介绍本学院和其他相关联学院的最新科研成果，以及力学专业科技前沿典型实例。教师与学生通过学习通 APP 进行互动沟通，能及时解决疑问，达到资源配置充分、层层递进的教学效果。

教学总结思考

大工程理念引导下的认识实习教学改革，增强了学生投身工程力学专业发展的使命感，培养了学生的爱国主义情怀、投身祖国工程建设的职业信念和自强不息的科学精神。教师在课程的考核方式上，改变了传统的"平时表现+实习日记+实习报告"为主的考评方式，逐步过渡到理论学习、教学互动及参与研讨并重的评价方式。根据学习平台后台数据反馈的学生学习情况，从 2019 年开始，认识实习的绩效普遍提高，评分更为客观和准确。教学改革提升了学生对专业的认识水平，学生对专业的深入理解又强化了自身的专业自信，对未来职业规划起到了较好的指导作用，学生转专业的现象明显减少。

一个优秀项目经理的成长历程

（土木工程与力学学院　沈圆顺）

课程思政背景

“施工规划与管理”课程是工程管理专业的专业（方向）选修课，主要内容包括施工管理、成本控制、进度控制、质量控制、职业健康安全与环境管理、合同管理、信息管理。通过课程学习，学生能够掌握工程现场总体管控的基本知识，具备一定的组织、领导、协调能力，形成踏实做人、认真做事、善于沟通、勤于思考的职业理念。

施工企业是工程管理和土木工程专业毕业生的主要就业方向之一，施工企业的项目经理是该专业职业发展方向的典型岗位。工程项目经理是施工单位在一个工程施工项目上的总组织者、总协调者和总指挥者，其重要性不言而喻。“施工规划与管理”课程依据建设工程行业的规程、规范，结合施工现场情况，按照工艺流程、技术标准开展教学，其内容注重技术管理理论与实践相结合，强调实践操作技能培养，目的是使学生能够从施工规划和管理的角度，学习和掌握施工管理技术并迅速适应毕业后的工作环境。可见，该课程的教学内容和目标与一个工程项目经理的工作内容和岗位要求有着紧密的对应关系。

为此，我们尝试将施工规划与管理的课程内容与“一个优秀项目经理的成长历程”进行有机结合，通过课堂讲解项目经理的地位、角色、职责，以及优秀项目经理应具备的职业素养等，将思政育人的教学思想融入其中，引导学生在课程学习中形成会管理、重细节、讲原则、有担当的职业观念，提高学生的综合职业能力。

课程教学设计

【课程内容组织】教学中采用了中国建筑工业出版社的《建设工程施工管理》作为教材，以第1章的第5节“施工项目经理的任务和责任”为例，在2个学时的教学中，将优秀项目经理应具备的良好习惯和职业素养的教学内容，通过师生探讨“一个优秀项目经理的成长历程”的案例教学模式，实现课程思政的切入。

【思政元素选择】 职业道德和敬业精神；标准意识与制度意识；好高骛远与脚踏实地。

【教学模式设计】 CBL教学法（以案例为导向的教学方法）是课程教学的主要形式。在课程开始时以实际工程案例引导学生思考三个问题：① 什么是项目？什么是项目管理？项目的特性和管理重点是什么？② 怎样才能很好地开展项目的现场管理？③ 项目经理从成长走向成熟，从成熟走向成功，其中的关键环节及制约因素是什么？

学生对此问题的思考贯穿本节课程内容的教学，师生一起来学习、感悟、理解和掌握“当好一名项目经理”的过程就是实现课程教学目标的过程，也是实现课程育人的过程。

（1）观看两段抖音短视频，引入本节内容

短视频《工地小姐姐告诉你毕业后的职业发展路径》和《如何在工地培养人脉》让学生了解毕业后的职业规划，并认识到在知识体系学习之外，还需要培养自己的情商，学习做事做人的方式。

（2）明确“项目经理”的定义，明确其责任和任务

采用超链接方式，进入中建一局官方网站，实实在在地给学生解读项目经理在企业里的具体分工、责任和权力。

（3）两张幻灯片告诉学生：知识不等于能力，证书不等于岗位

在课程讨论和学习中需要实实在在解答两个问题：① 优秀项目经理应具备的职业素养是什么？② 优秀项目经理应具备的良好习惯是什么？（图1）

图1　教学幻灯片

（4）师生共同探讨，寻求答案

① 项目经理在项目管理中的地位、角色及职责

——项目经理对外代表企业在授权范围内对建设单位直接负责，项目

经理的技术能力、行为能力、沟通能力代表着企业的实力和形象。

——项目经理对内是项目实施阶段工程合同履约、项目计划的制订与执行的第一责任人，是企业建立的项目经理责任制的核心。

——项目经理在项目管理中承担着推动者、倾听者、解释者、谈判者、协调者、仲裁者等多种角色，是项目协调工作的纽带，是项目组织的领军人才和总指挥长，是工程项目管理的核心与灵魂。

项目管理的特殊性要求“未来的项目经理”应该集专业技术、管理科学、领导艺术和丰富经验于一身，这是“一个优秀项目经理成长历程”的必备条件。

② 权力与责任之间的关系

权力是责任和义务的结合体。拥有多大的权力，就要负多大的责任。权力本身又具有两重性，用好了会造福，用得不好会闯祸。言简意赅的责权描述能够在学生脑海里强化权力和责任相互匹配的思想认知，再通过中建一局的网站链接，让学生直观感受施工企业里的实际情况，使之能够在学习中抓住内容实质而有的放矢。

③ 优秀项目经理应具备的职业素养

——忠于职守，具有良好的职业道德和敬业精神；

——遵规守纪，具有清醒的标准意识与制度意识；

——要关注细节，从小事抓起；

——要讲究原则，坚持正确，反对错误；

——要以身作则，说到做到，树立威信；

——要敢想敢干，在脚踏实地中苦干成长；

——要有创新精神，追求工作的完美和更高的标准；

——要有一个健康的身体。

④ 优秀项目经理应具备的良好习惯

——雷厉风行、说干就干、执行命令的习惯；

——凡事预先确定目标和制定计划的习惯；

——遵守时间的习惯；

——换位思考的习惯，努力提升工作主动性；

——坚持锻炼身体；

——经常自我反省，培养较强的自我安慰能力；

——微笑的习惯；

——认真听别人讲话的习惯；

——永远学习新东西，养成分析总结的习惯；

——养成善于沟通的习惯。

教学总结思考

将课程内容与“一个优秀项目经理的成长历程”进行有机结合，由此深入剖析优秀项目经理应具备的职业素养和良好习惯，实现了知识学习和课程育人的教学目标，学生对此的反映较好。工程管理2017级学生张志宇、曹政等在课程学习后评价：“之前一直以为考个证书就能当项目经理，项目经理就是工地的一把手，一言九鼎，想干啥就干啥！沈老师的课堂教学让我们认识到任何一个岗位都不容易，想做好，都要有良好的素质和能力。知识只是敲门砖，一个人的长远职业发展还是要看综合素质，特别是在建筑行业，我们要像沈老师说的那样，做一个靠谱的人！”

坚守法律信仰，守护职业良知

（土木工程与力学学院　温修春）

课程思政背景

“房地产开发与经营”课程是工程管理专业的专业必修课程，主要内容包括房地产可行性研究、房地产开发用地获取、房地产开发资金筹集、房地产项目管理、房地产营销与房地产物业服务等。通过课程学习，学生能够掌握房地产开发与经营管理的基本理论与方法、科学思维、决策技巧等知识，形成发现问题、分析问题以及解决实际问题的综合能力，并具备遵纪守法、诚实守信、无私奉献与爱岗敬业的职业理念和职业素养。

房地产开发与经营是涉及国计民生的重要产业，因此，学习本课程不仅使学生掌握房地产开发建设的基本知识和技能，还要强调培养学生的职业道德观念和法治意识，树立社会主义核心价值观，增强职业责任感和社会责任感。为此，在本课程的教学设计中，我们有机融入了与教学内容关联的典型案例开展课程思政教学改革，增强学生的法治意识与社会责任感，厚植爱国主义情怀，形成房地产产业“服务于社会，造福于社会”的观念，引导学生立志成为一个有道德良知、遵纪守法的社会主义建设者。

课程知识内容与思想政治教育的有机融合，填补了专业课程教学在“育人”职责上的不足，为实现高等学校“三全育人”综合改革的“立德树人”教育宗旨，提供了课程育人的有效路径。

课程教学设计

本课程教学秉承以学生为主体、教师为主导的教学理念，将培养学生的知识目标、能力目标和育人目标有机结合，充分利用网络技术的支持，最大限度地发挥学生的主观能动性，理论实训相结合，让学生在轻松愉快的氛围中获得更深刻的学习认知效果。教学中师生围绕教学目标，采用“总分总”的教学方式，结合多媒体技术和传统的教学手段，使用多媒体、沙盘和挂图等视听教具，以小组合作学习法、案例分析法、情景模拟法等方法让学生去探究和体验房地产开发的知识和技巧。

根据“房地产开发与经营”课程的教学安排，在第 1，2，3，5 章的内容中切入了典型的课程思政案例元素，具体教学设计如下：

第 1 章　绪论：房地产业与房地产商

【思政元素选择】房地产商不能缺失社会责任。

正面案例——温家宝：房产商应流着道德的血液。

【教学模式设计】将温家宝总理来到新华网访谈室，接受中国政府网和新华网联合专访的新闻报道导入本次课程，这样易于被学生接受并且能够与教学内容产生共鸣，激发学习兴趣，同时唤起学生的社会责任意识。

第 2 章　房地产前期可行性研究：项目定位、项目产品策划

【思政元素选择】房地产的“匠人精神”：在品质和价值上做加法，打造真正的好房子。

正面案例——“金水云麓”房地产项目。

【教学模式设计】以问题导入的方式（什么是“匠人精神”或“工匠精神”）启发学生，然后分小组讨论，形成各组的观点并派代表发言，以此培养学生正确的项目开发理念和爱岗敬业、精益求精的工匠精神。

第 3 章　房地产开发用地获取：土地征收范围与程序

【思政元素选择】端正权力观，正确运用手中的权力。

反面案例——宋×光：我就是市委，市委就是我。

【教学模式设计】以案例导入提出问题，引发学生思考，师生互动。

我国的宪法、土地管理法等法律赋予政府为了公共利益的需要，可以依法对土地实行征收或者征用的权力，这不是私权力。教学中要警示学生树立公共权力是公民共同权力的思想，“权力者”只是行使公权的代表者；要引导和教育学生正确对待权力、金钱与名利，正确行使公共权力，不断提升处理公共事务、维护公共秩序和增进公共利益的能力。

第 4 章　房地产开发用地获取：土地出让方式

【思政元素选择】加强党对全面依法治国的领导。

反面案例——苏荣贪腐案。

【教学模式设计】以“苏荣贪腐案庭审”视频为切入点，抛砖引玉，组织小组讨论与辩论。在授课过程中，以案例剖析的方式阐释有关房地产开发用地的法律法规，使学生深刻领会土地协议出让与招拍挂出让的差异，同时注意严格遵守相关法律规定的严肃性和重要性。

第 5 章　房地产开发用地获取：国有土地上的房屋征收与补偿程序

【思政元素选择】依法行政：确保权力在阳光下运行。

反面案例——暴力拆迁案件：房主出去买菜，回家时房子已被强拆。

【教学模式设计】学生先自主学习本节内容，学习 2011 年 8 月 23 日胡锦涛在中共中央政治局第三十一次集体学习时关于“规范征地拆迁，严格界定公益和经营性用地”的讲话，以及 2011 年开始实施的《国有土地上房屋征收与补偿条例》，提前做好 PPT 汇报或口头汇报的准备。教学过程中先观看“暴力强拆”的小视频，然后小组提问和讨论。

第 6 章　房地产项目管理：工程质量管理

【思政元素选择】质量是客户的要求，质量是你我的责任，质量是与合作伙伴共赢。

反面案例——中山市古镇镇海洲万科昇海豪庭塌陷案件。

【教学模式设计】将“中山市古镇镇海洲万科昇海豪庭塌陷”案例导入教学，提出问题，学生思考，师生互动。教育学生应坚守价值底线，拒绝利益诱惑，培养尊重契约的诚信精神；应严格遵守职业行为准则和职业道德规范；以认真负责的工作态度和一丝不苟的工作作风，防范和杜绝一切安全事故的发生。

教学总结思考

融入思政元素的“房地产开发与经营”课程教学改革已经经过工程管理专业的两年教学实践，整体评价优良。学生除了较以往更加关注专业知识外，对思政育人要素的设置也反映积极。大部分的同学认为课程思政的引入对自己的世界观、价值观、人生观和职业观形成有很重要的引领作用。

为使学生对课程内涵的理解更加深入，我们在课后布置了“公共利益”观点综述的大作业。许多学生对这种在专业课程中引入思政教育的新颖教学方式表示认可，学生感觉到教学不再是“说教式”的，而是专业课程发展的经验总结或者社会实践的“现实说法”，这种模式在引导学生关注课程内容发展的同时自觉地进行了“三观”的正确塑造。如果说高校思想政治课程教育的是宏观的、系统的政治思想观念，那么专业课程中融入的课程思政教育则是从专业的角度引领学生正确地看待社会实践中的各种人和事，是大学生思想政治教育的有效补充。

课程思政的教学效果也得到了同行教师的肯定，大家认为课程思政教育可以调动学生的学习积极性，在良好的课堂氛围中教师讲课也更有激情。教师因此不但要有优秀的专业素养，而且要有敏锐的观察能力，要及时和透彻了解经济发展、时政热点等国情信息，这无形中对提高教师的专业素质和道德修养、对教师的成长也具有很大的促进作用。

电路原理与课程思政的叠加

（电气信息工程学院　李长杰）

课程思政背景

“电路原理”是一门研究电路理论与分析方法的电类专业主要基础课程。通过学习，学生能熟练掌握电路理论的基本知识及各类电路的分析计算方法，能够具备良好的抽象思维及逻辑推理能力、资料获取与分析能力、综合实验与设计能力、动手操作与软件仿真能力。作为电类专业的专业基础课程，“电路原理”具有内容多、理论难、计算繁、方法活等特点。

为更好地开展课程育人教学改革，我们通过列举、类比、讨论等方式，引入科学家事迹、国家电力的发展成就、工程应用实例、数学思维应用等思政元素教学案例，将电路理论与工程实际有机结合起来，培养学生的科学素养，塑造学生的爱国、敬业、诚信、法治等价值观念，使学生增强民族自信和文化自信，激发学生的爱国情怀。

课程教学设计

以讲解“叠加定理”为例，我们基于雨课堂及中国大学 MOOC 开展混合式教学改革，分步设计教学环节，依托智慧教学手段，通过类比有效实现课程内容与思政元素的有机融合，让课堂“活”起来，达到知识、能力、素质齐头并进的教学目标。

【课程内容组织】本次授课的内容是教材 4.1 节的“叠加定理”，内容分为三个层次：叠加定理的内容与证明；叠加定理的应用；齐次定理的内容与应用。

【思政元素选择】叠加定理是线性电路十分重要的定理之一，它反映了线性电路的响应是电路中所有独立电源共同作用的结果，每个独立电源都对总响应有所贡献。当各个独立电源单独作用产生的响应分量方向与它们共同作用所产生的总响应的参考方向一致时，总响应就等于各个响应分量的简单叠加。当有与总响应方向相反的分量时，在叠加时就需要减去这个反向的分量。

从叠加定理的代数叠加特性出发，很容易产生“出小我之力，成大国之事”“国家、民族和个人共命运”的思政联想。由此联系到 2020 年新冠肺炎疫情期间武汉火神山医院和雷神山医院的快速建设，全国上下一盘棋抗击新冠肺炎疫情，以及“中国梦”把国家、民族和个人联结成一个命运共同体，我们从这两个方面选择思政教育的素材开展了教学组织设计。

【教学模式设计】

（1）课前准备

课前向学生推送叠加定理知识点视频，并布置预习思考题：叠加定理所阐述的数学内涵和思想内涵是什么？

（2）课堂教学

将课堂教学分为 7 个阶段，即问题假设—定理证明—数学内涵—思政引领—定理应用—发现探索—总结回顾，全程采取讨论、互动、讲授等教学方法。

——问题假设。提出一个复杂线性电路的某个电压及电流求解问题，以随机点名的方式询问学生的思路，以此观察学生课前学习的效果。引导学生思考：如果某个独立电源去掉（置零），那么响应是否会改变？这说明什么问题？说明每个独立电源都会对响应产生贡献。考虑到每个独立电源都会对响应产生贡献，所以对于线性电路，可以有叠加效应（叠加定理的引出）。随机点名请学生用自己的语言叙述叠加定理并加以点评。最后给出叠加定理的准确描述。

——定理证明。对叠加定理的内容进行深度讲解与证明。叠加定理反映的是线性电路的响应是电路中所有独立电源共同作用的结果，可以将各个独立电源单独作用的电路分别画出来，求出响应的各个分量，然后将这些分量求代数和，即可得到所有独立电源共同作用时所产生的响应。用简单电路进行验证。回路法证明方式以课后推送的形式由学生自学完成。强调“单独作用”对于独立源分组也适用。

——数学内涵。以随机点名的方式请一两位学生谈谈个人对叠加定理数学内涵的理解。这个问题要依据学生的回答情况，由教师及时进行总结归纳。采用板书讨论函数 $y=k_1x_1+k_2x_2+k_3x_3$ 在三个自变量中的某两个同时为零时 y 的情况，以及它们与这三个自变量同时不为零时的 y 之间的数学关系。教师应引导学生从数学高度去看线性电路的响应与激励的关系，深入理解叠加定理的本质，这将对学生熟练应用叠加定理产生很大帮助。

——思政引领。以雨课堂弹幕的方式请同学们谈谈个人对叠加定理的思想内涵的理解，并再次以随机点名的方式请一两位学生做简要发言。这是将数学内涵再次升华，在生活实践中寻找类比，从社会思维的高度看叠加定理。教师引导学生寻找叠加定理所体现的哲学内涵，思考叠加定理与实现中国梦之间是否存在一定的特性联系及这种联系是什么。教师在总结和引申中，以抗击新冠疫情作为叠加定理的类比点，讲解武汉火神山医院和雷神山医院的快速建成所体现的众志成城精神；对比中国和美国疫情的不同发展轨迹，阐述人人守法、奉献正能量的感受，理解并自觉遵守学校防疫规章制度的重要性；讲解中国梦的实现依靠所有中国人，每个人都是一个能够产生积极贡献的“独立电源”，只要每个人在各自的岗位上勤奋工作，就能形成合力，大家都是在提供正能量，都在为早日实现中国梦添砖加瓦。

——定理应用。对应用叠加定理分析线性电路的步骤及注意事项进行重点讲解和提醒。以本节课开始时的复杂线性电路为例进行叠加定理的应用讲解，规范解题步骤。分别列举一个含受控源的线性电路及一个含黑箱的线性电路，进行叠加定理应用讲解及方法总结。

——发现探索。对仅含单一独立电源作用的线性电路，以具体例题引导学生用叠加定理的思想来思考，当独立电源增大为原来的 k 倍时，某支路的电压或电流会发生什么变化（也增大为原来的 k 倍）。由此可知，对单一独立电源作用的线性电路来说，响应与激励成正比。这就是齐次定理在单一独立电源电路中的结论，注意对学生“点赞”：是学生发现了齐次定理。延续对函数 $y=k_1x_1+k_2x_2+k_3x_3$ 的讨论，可随机点名请学生回答，从而得出齐次定理的一般形式。举一个梯形电路倒推法的例子以阐述齐次定理的常见应用。强调齐次定理重在所有独立电源要“同时”改变。

——总结回顾。回顾本节课的主要知识点和易错点，总结应用叠加定理和齐次定理时须注意的问题，强调解题规范。

（3）课后作业

课后作业采用雨课堂平台以在线作业的形式发送给学生，要求学生在下次课前完成并在线提交。作业除了要求应用叠加定理和齐次定理分析具体的电路题目外，还包括从自身角度再谈对叠加定理和齐次定理的理解，并对本次课堂教学提出一条或多条建议。

教学总结思考

通过课程思政教学改革的尝试，学生不仅在电路层面牢固掌握了叠加定理、齐次定理及其应用，更从数学层面深入理解了叠加定理和齐次定理的数学内涵，这些对进行复杂线性电路的分析十分有帮助。同时，理论教学与课程思政的有机叠加，使学生深入认识和理解了众志成城实现中国梦的精神要义，提升了国家认同感和自豪感，强化了爱国、敬业、诚信、法治的价值信念。另外，整个课堂教学中学生的思维活跃，注意力集中，课堂参与度高、互动多。从课后作业的完成质量看，绝大多数学生能够在深刻理解这两个定理内涵的基础上，通过小组合作，利用这两个定理熟练地进行复杂线性电路的分析，解题思路清晰，过程规范，充分反映出良好的教学效果（图 1 和图 2）。

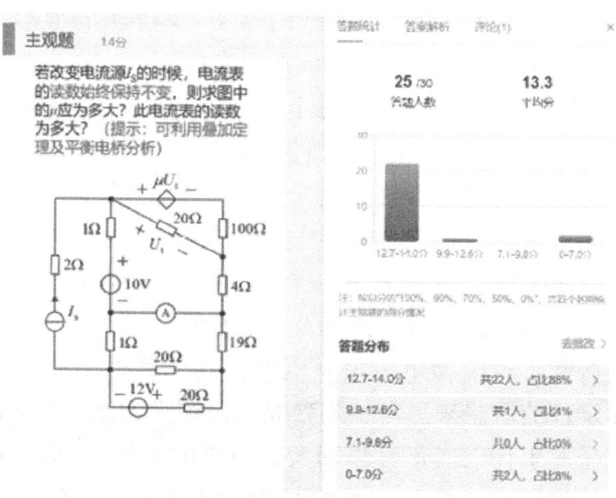

图 1　班级完成习题的情况

叠加定理上课感想

这节课我挺有收获的，我觉得把叠加定理和中国梦的实现联系起来是一件很有意思的事情。叠加定理从数学上看反映的是线性系统的所有激励对于输出响应都是有作用的，正是这些激励的共同作用才形成了响应。中国梦要实现不是靠某一个人或者某一个团队，而是靠每个中国人的努力、靠整个中华民族的合力。在这个过程中，我们青年必将成为实现中国梦的主体。要想更好的体现自己的价值，现阶段就必须打好基础，刻苦学习。

这样的上课方式生动有趣，还带着一点探索的内容，不像只有纯理论讲解那样枯燥乏味，以后可以多一点这样方式。

英才 1901　陈辰

2020. 3. 25

图 2　英才 1901 陈辰的学习感悟

案例课程：程序设计基础/面向对象程序设计

在程序设计课程中培养工匠精神

（计算机学院　潘雨青，李雷，曹汉清）

课程思政背景

“程序设计基础”和“面向对象程序设计”是计算机科学与技术类专业的程序设计入门课程和核心课程，是重要的专业基础课和专业必修课。课程以 C++为核心编程语言，以主流开发工具 Visual Studio C++为编程平台，主要讲授程序设计的思想和方法，使学生充分掌握面向过程和面向对象程序设计的精髓，掌握面向过程的三种基本结构，模块设计与构造，以及信息隐藏、抽象与封装、继承、多态及模板等技术。要求学生在教学的第一学期能够熟练使用一种程序开发工具，利用面向过程的基本结构解决常见的数学和物理问题，在第二学期具备运用面向对象的程序设计方法分析和求解程序设计领域问题的能力，并在学习的过程中形成严谨认真、精益求精、追求完美和勇于创新的基本素养。

“工匠精神”是一种职业精神，它是职业道德、职业能力、职业品质的体现，是从业者的一种职业价值取向和行为表现。党的十八大以来，习近平总书记多次强调要弘扬工匠精神。党的十九大报告提出“弘扬劳模精神和工匠精神”。党的十九届四中全会又提出“弘扬科学精神和工匠精神”。在新时代大力弘扬工匠精神，对于推动经济社会高质量发展、实现“两个一百年”奋斗目标具有重要意义。

计算机类专业的学生首先要做一个设计开发软硬件的工匠，具有良好的工匠精神，才能开发出完美的产品，满足生产生活的需要。因此，计算机类专业的学生要以“工匠意识”进入到程序设计基础和面向对象程序设计的课程学习当中，将实践能力、职业素养与职业道德情操的培养与知识学习有机融合，造就知识能力的同时，培养敬业、精益、专注和创新的工匠精神。

课程教学设计

【课程内容组织】

敬业、精益、专注和创新是工匠精神的精髓，也是计算机软件设计、开发、维护管理人员的基本职业素养要求。我们在“程序设计基础”“面向对象程序设计”课程内容的组织中，以多维度进行专业知识和课程思政元素的互融，将培养学生的工匠精神内化于软件设计、开发技术的课程教学中。

【思政元素选择】

(1) 敬业精神的培养

敬业是大学生基于对未来职业的敬畏和热爱而产生的一种全身心投入的认认真真、尽职尽责的职业精神状态。中华民族历来有“敬业乐群”“忠于职守”的传统，敬业是中国人的传统美德，也是社会主义核心价值观的基本要求之一。

① 热爱程序设计工作。计算机和计算机程序已经是人类社会必不可缺的一部分，学生应该理解未来职业的重要性。教学中，教师通过编写绘图、游戏等趣味性程序，增强学生对枯燥的程序设计课程的学习兴趣；介绍校友、OpenResty 公司创始人章亦春同学成为顶级程序设计工程师的成长事迹，激励学生热爱程序设计工作。

② 设计合格的软件产品是程序员的职责和义务。教师应引导和教育学生，将设计合格产品视为实现个人理想和个人价值的基本途径，在教学中对优秀程序的设计者进行表扬和鼓励，以此激励学生不断学习和提高软件设计技能。

(2) 精益态度的培养

精益态度是对每件产品、每道工序都凝神聚力、精益求精、追求极致的职业品质。“即使做一颗螺丝钉也要做到最好。”正如老子所说，“天下大事，必作于细”。

① 书写程序从命名规范开始。初学程序的学生大多不注意命名规范，用 a，b，c 等字母定义变量名甚至函数名。教师在对学生做出要求的同时，还要讲出命名规范的作用，列举因命名不规范出现问题的实例，以此开启程序规范的第一步。

② 细节决定成败。教师要明确告诉学生：写好一般程序并不要太高深的学问，很多时候，一个问题解决不完善或程序出 bug 往往是细节没有做好的原因。比如，在实现菜单点击按钮功能的时候，点击后一般就弹出子菜单，然后点击菜单可以进行一些操作。但如果以“软件工匠”的角度去考虑，应该还要考虑用户在长按的时候会不会有其他操作，用户按下之后颜色是否需要改变，长度高度是否也需要改变，点击后加载菜单的底层应该如何更快更高效，是否需要验证权限等。这就是从细节方面进行深入的思考，这就是程序员细节上该有的“工匠”意识。

③ 效率是衡量程序的重要指标。初学程序设计的学生往往认为程序写对了就可以了，而忽略了程序书写和执行的效率问题。为此，教师通过提高代码效率的示例（如百钱买百鸡问题，利用格里高利公式编写程序求 π、求素数问题等）来对比分析程序执行的效率，总结出减少循环的次数、减少循环的嵌套层数、用递推代替递归等提高效率的途径。

（3）专注的精神特质

程序员的日常工作就是不断重复“写代码—编译—调试—再编译—再调试……功能测试—提交代码”的过程，在推动信息技术革命性快速发展的同时，其工作十分枯燥并承受了高强度的工作压力，工作到晚上八九点是常态。因此，在教学时需要介绍程序员工作的特点，并强调专注精神的必要性和重要性。

专注就是内心笃定而着眼于细节的耐心、执着、坚持的精神，这是“大国工匠”们共同的精神特质，意味着一种执着，即一种几十年如一日的坚持与韧性。“术业有专攻”，一旦选定行业，就一门心思地扎根下去，心无旁骛。在中国早就有“艺痴者技必良”的说法，如《庄子》中记载的游刃有余的庖丁、《核舟记》中记载的奇巧人王叔远等。

一个人的能力提升往往也是从细节积累开始，由量变而达到质变。这个过程也几乎是每个程序员都会经历的。计算机技术发展迅速，新的技术层出不穷，有的学生忽略了基础理论的重要性，架构、设计模式似乎都懂一些，而其实并没有进行深入研究，自己却有种飘飘然的感觉，这是缺乏专注精神的表现。教师要告诉学生，学好一门语言就可以触类旁通，将一个问题深入研究才能写出有深度的东西，要成为“工匠”就不能缺少这种专注能力。

（4）创新是工匠精神的力量源泉

工匠精神有着追求突破、追求革新的创新内蕴。古往今来，创新一直是社会进步的重要力量。“汉字激光照排系统之父”王选、“电池大王”王传福、中国高铁、特高压输变电工程等“中国创新”之中都蕴含着创新精神的力量。在软件设计领域，QQ、微信、钉钉等，这些具有创新性的产品影响了许多人的生活和工作。教师应该告诉学生，课堂上学习了基本算法，大家用这些基本算法去解决没有出现过的问题，设计一个能够解决实际问题的产品，这都是创新的不同形式。

【教学模式设计】

教学组织过程中，教师充分利用课堂内外两个平台开展教学活动，鼓励学生总结编程经验发布在博客或技术论坛。学生间的知识分享一方面能帮助别人，另一方面可以得到更好的建议。一个程序不断地被修改就证明它总是被关注，说明设计有意义，Linux 就是被不断地修改才逐渐完善的。教师应引导学生明白编程不是一个人的事情，而一个团队通过合作、互相学习才能设计出完善的软件作品，资源共享与团队合作是未来职业成功的必须途径。在教学中，课堂合作同样提高了教师教学和学生学习的效率。

教学总结思考

自古以来，工匠以炉火纯青、登峰造极的技艺，一丝不苟、精益求精的工作态度，孜孜不倦、精雕细琢的职业精神，见证着平凡中的崇高与伟大，谱写了人生辉煌的乐章。在新时期高校课程育人的教学实践中，把工匠精神带进课堂，培养学生的工匠精神，为学生后续的计算机职业之路、创新之路奠定了良好的基础。这样的教学改革也得到学生的认可，开展课程思政尝试的教师的选课人数明显增加，学生的学习热情不断被激发，课程的不及格率下降，优良率上升，参加程序设计竞赛的报名人数也大幅增多，特别是在课外的计算机绘图作品展中，每一位同学都提交了程序设计课程的作品（图 1），受到教师和高年级学生的普遍称赞。

图 1　2019 级程序设计课程绘图展览部分作品

胸怀国家，敬畏技术
——信安人的责任、使命与担当

（计算机科学与通信工程学院　宋香梅）

课程思政背景

“入侵防御技术及应用”是面向信息安全专业高年级学生开设的专业必修课，课程讨论各类网络攻击原理及其防御技术，主要内容包括网络攻击信息侦查手段、网络扫描技术、拒绝服务攻击、缓冲区溢出攻击、口令攻击等网络攻防原理及防火墙、入侵检测等防御技术。通过课程学习，学生能够深刻认识到国家网络空间安全形势的严峻性，理解并掌握应对各类网络攻击的防御方法，具备为解决工程实际问题进行安全防御机制设计、组合与分析的能力，形成网络强国、网络安全护国和保卫国家网络空间主权安全的观念。

为达到课程育人的教学目的，我们在授课中加入了中美黑客大战、疫情期间 APT 攻击、优秀毕业生事迹等思政教学案例，将网络攻击入侵防御课程的技术知识内容与捍卫国家网络空间安全、国防安全等思政内容进行有机融合，培养学生树立“胸怀国家、敬畏技术、责任使命”的价值观和使命感，激发学生学习内驱力，增强学生投身保卫国家网络空间主权的责任意识。

课程教学设计

【课程内容组织】我们以教材《网络攻防原理与技术》的部分章节为基础，以“知己先知彼——网络攻击与入侵防御”为主题组织如下主要教学内容：

① 网络攻击与入侵的原理：概念、攻击流程、一般性入侵方法；

② 典型网络攻击案例：列举若干与国家网络空间安全紧密相关的典型案件；

③ 国家网络空间安全威胁的破解之法：社会对专业人才的渴求以及优秀毕业生代表的成就介绍。

【思政元素选择】思政元素的选择主要考虑几个原则：

① 激发学生保卫国家网络空间主权的热情；

② 培养学生胸怀祖国的爱国情怀；

③ 勉励学生钻研专业技术；

④ 增强学生勇于担当的责任感。

【教学模式设计】

（1）总体设计

密切结合课程特点，收集威胁国家网络空间安全且能引起学生共鸣的典型网络攻击案例，围绕课程知识点巧妙设计案例引入方式，内化课程思政元素。基于案例推进专业课程内容讲授的同时，将社会主义核心价值观教育"润物细无声"般融入课堂教学，激发学生为捍卫国家网络空间主权而学习的强大内驱力。课程教学的总体设计如图 1 所示。

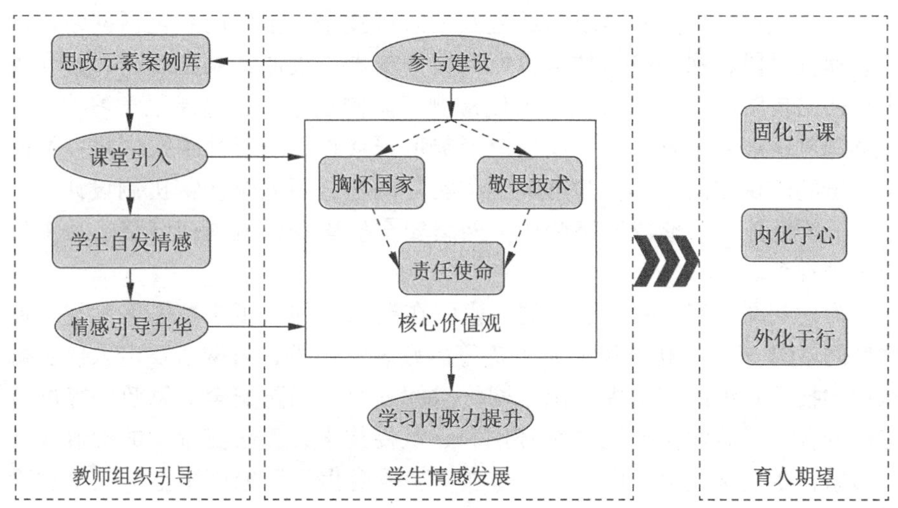

图 1　课程教学的总体设计

（2）建设思政元素案例库

目前，网络安全形势日益严峻，危害国家政治、经济、文化、社会、国防安全及公民合法权益的网络攻击事件层出不穷，这也使网络安全事件的案例素材非常丰富。我们从大量曝光的网络攻击事件里，遴选具有代表性的案例，尤其是关系到国家政治、国防安全的典型攻击事件，挖掘安全事件中蕴含的思政元素，如网络攻击事件与国际政治事件相伴相生，外国黑客组织瞄准和攻击国家重要政府部门、关键行业等，这些案例将"网络安全学科专业建设和人才培养"与"捍卫我国网络空间主权"自然衔接，使学生"保网卫国"的使命感和责任感油然而生。

案例库建设主要从以下几方面着手：

① 跟踪网络安全态势。通过利用网络新媒体平台、关注安全业界公众号、跟踪国内外黑客大会等方式，教师要第一时间发现与国际政治事件相关、威胁国家网络空间主权的网络攻击新事件，将其增添、更新至案例库。我们沿着网络攻击事件时间轴（图 2），将新冠肺炎疫情暴发以来具有影响的疫情相关题材网络攻击事件及时增添到案例库中，并补充到课程讲义；在授课中利用外国黑客组织针对我国医疗机构和医疗工作领域展开的 APT 攻击案例，警示学生国家重大事件与网络攻击通常相伴相生，让学生感受保护国家网络空间主权的重要性和必要性，引导学生主动关注和了解我国的国家网络空间安全战略及其重要意义。

② 引导学生提供案例。为了更好地营造教学情境，让学生对课程思政产生自发认同而不是将思政元素生搬硬套到专业课堂中，教师还引导学生广泛参与典型攻击事件的发现、跟踪、分析及调研，从中挑选有代表性、可深层挖掘思考的事件，编写成案例并引入课堂教学中，从学生角度发掘的案例更容易引起学生的共情。同时，学生的充分参与和体验，有助于让“胸怀国家、敬畏技术、责任使命”核心观念在学生内心生根。

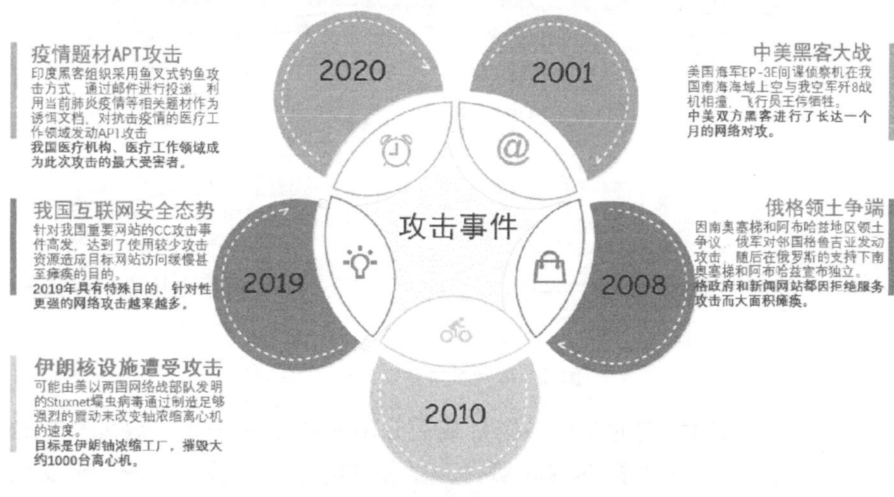

图 2　案例库建设示例——攻击事件时间轴

③ 以优秀毕业生事迹树立专业自信。信息安全专业自招生以来，培养了几百名 IT 领域及安全行业的从业者，其中不乏奋战在国家网安战线的佼佼者。这些优秀毕业生的事迹是最好的专业名片和正面宣传材料。教师在教学中展示了部分优秀毕业生获得的荣誉，把一个个鲜活的人物事例推送到学生面前，让学生从活跃在眼前的人和事中汲取正能量，用榜样的力量引领学生树立正确的择业观、道德观、价值观，树立网安人的责任担当意识。

(3) 教学实践

疫情期间，充分利用线上教学活动，将传统线下教学推广到线上平台，展开基于案例的课程教学活动（图 3）。以案例营造的积极向学氛围，对循序展开专业课程知识点的讲授，以及网络攻防技能的实践学习，都产生了较好的推动作用。

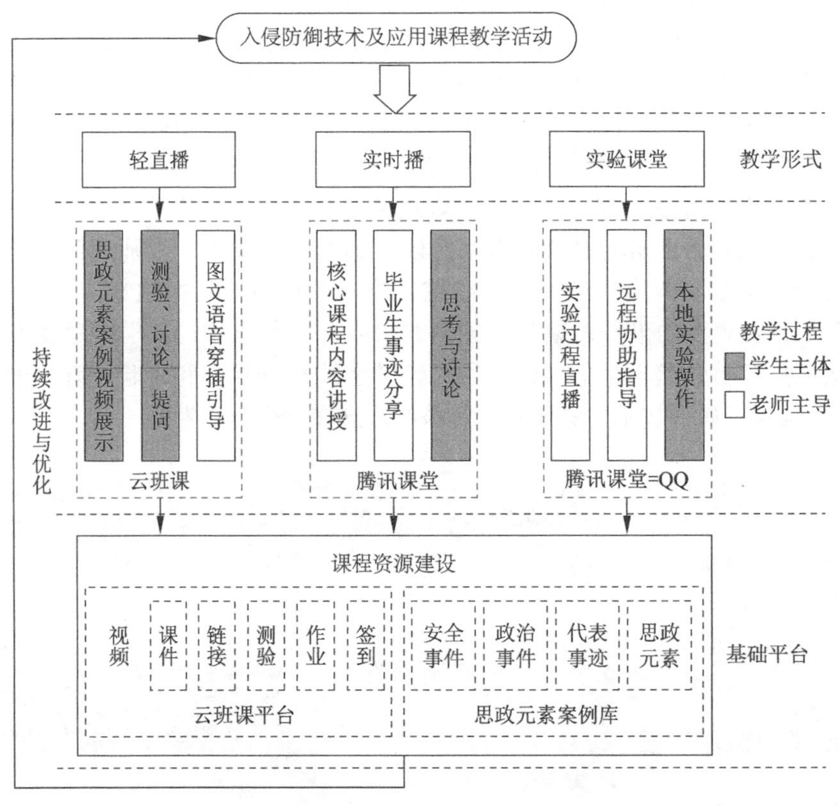

图 3 案例教学活动设计

课堂教学以对案例的介绍、场景或视频演示等形式开始，启发学生角色代入，引导学生从理性的内容切入，以感性的方式体验，沉浸到遭受网络攻击迫害的情境中，在情感上使学生的认识从对个人受害感受升华到对国家安全深受威胁的认知上来，对优秀网安人的敬佩也化为努力奋斗成才的行动力量。

教学总结思考

探索思想政治教育在专业课程中的切入点和融入点，重构课程系统的教学策略设计，将“胸怀国家、敬畏技术、责任使命”的价值观念传授给学生，这次以专业课程作为载体落实课程育人职责而进行的教学改革，不仅极大丰富了思政教育的途径，也改善了信息安全专业课程的教学效果，其意义不言而喻。

网络攻防与信息安全领域的内容区别于传统学科知识，具有内容新颖、敏感，知识更新快等特点，专业教学任务异常艰巨，学生的学习压力也相对较大。但在专业培养方案的整体规划指导下，课程教学所承担的授业解惑、思政育人的分解任务有序执行，学生的学习内驱力得到充分激发，学生始终保持着对专业的学习热情。立足于专业课程的学习，“信息安全兴趣小组”“弹指间网络安全协会”等以学生为主体的社团组织十分活跃，也获奖不断，还得到《中国教育报》等多家媒体的广泛宣传报道，已成为我校信息安全专业的宣传亮点。

需要说明的是，从产生第一批毕业生开始至今的十余年时间里，我校为国家和社会输送了一批又一批捍卫网络空间安全的红专人才，涌现出许多军工、国家安全部门个人一等功获得者、省部级先进工作者、优秀人民警察等，而没有出现一例毕业生走向黑客极端的事例。

寓思政教育于 CBL 的软件专业课程教学

（计算机科学与通信工程学院　林琳）

课程思政背景

“需求工程——软件建模与分析”是软件工程专业核心课程，主要教学内容是应用已被证实有效的技术、方法进行需求获取和需求分析，确定客户需求，帮助分析人员理解问题并定义目标系统的所有外部特征。通过学习，学生能够掌握需求获取与分析的基础知识，具备使用有效的建模技术和分析方法进行需求获取、需求分析、需求建模及需求定义的能力，形成规范的软件工程意识和软件工程思维。

在课程教学组织中，我们将具有课程思政元素特征的教学案例引入课堂，嵌入基于案例的 CBL（Case-Based Learning）教学模式，在学生掌握知识、提升能力和素养的同时，使其获得正确价值观、世界观的启发与引导，培养其认真负责、精益求精的工匠精神，实现知识传授与价值引领相结合的育人目标。

课程教学设计

【主要授课内容】本课程的核心教学内容有三大阶段性板块，即需求获取、需求分析和需求规格说明。课程组经过多次讨论，确定了每个教学主题板块与思政元素的结合内容（表 1）。

表 1　教学内容与思政元素的结合关系

阶段	教学内容	能力教育目标	嵌入思政元素
需求获取	需求获取的前景与范围、涉众与硬数据采样、需求获取的方法	交流能力和总结、归纳能力	辩证法的矛盾统一规律
需求分析	面向过程建模技术、面向对象建模技术，过程建模、数据建模、面向对象建模	使用面向对象建模工具进行需求分析的能力	科学的“道法术”
需求规格说明	需求规格说明的模板、文档写作技巧	撰写严谨的科技文档的能力	工匠精神

(1) 需求获取阶段

需求获取是开发者和用户之间为了定义新系统而进行的交流，其教学目标就是为了提高开发者的沟通能力，进而构造应用系统的领域模型。

因此，在学习需求获取的过程中，学生（未来的开发者）需要学习如何与用户进行充分的交流，并对交流的结果进行总结和归纳，最终形成需求文档。在此过程中，经常会出现诸如争吵、反悔、扯皮等冲突现象，需要学生学会正确对待。任何事物都是矛盾的统一体，矛盾是事物发展变化的源泉和动力。天下没有完美的事物，任何事物都包含对立统一的两面，因此，要从辩证法的角度坚持一分为二地看问题。

(2) 需求分析阶段

需求分析是开发者（学生）经过深入细致的调研和分析，准确理解用户和项目的功能、性能、可靠性等具体要求，将用户非形式的需求表述转化为完整的需求定义，从而确定系统必须做什么的过程。其教学目标是把用户对开发软件提出的“要求”或“需要”进行分析与整理，确认后形成描述完整、清晰规范的文档，确定软件需要实现哪些功能，完成哪些工作。

“道法术”源于老子的学说。道，是规则、自然法则，上乘；法，是方法、法理，中乘；术，是形式、方式，下乘。“术”要符合“法”，“法”要基于“道”，道法术三者兼备才能做出最好的策略。课堂上讲的面向过程建模技术、面向对象建模技术都是“术”的范畴，“以术载道”——用工具承载理念。掌握了这些“术”，并不意味着就能很好地进行需求分析，需要进一步“以法固道”——所有的“术”、工具和理念，都需要通过制度的保障，才能持之以恒得到贯彻、落实及巩固。这就是对过程建模、数据建模、面向对象建模的基本方法的学习。掌握了“法”和“术”，就能够进行需求分析了，需求分析的结果没有对和错，只有好与不好。不好的分析也能进一步指导设计，只不过项目越往后会感觉越困难。要更好地运用“术”，需要“以道驭术”——将基本理念和具体操作统一，做到知行合一，这需要学生认真领悟其中的规律和原理。

(3) 需求规格说明阶段

文以载道，需求分析做好了，需要有良好的文档进行说明，即软件需求说明书。它的作用是作为用户和软件开发人员达成的技术协议书，是进行设计工作的基础和依据，也是系统开发的验收依据。

工匠精神，是一种职业精神，它是职业道德、职业能力、职业品质的体现，是从业者的一种职业价值取向和行为表现。工匠精神的基本内涵包括敬业、精益、专注、创新等方面的内容。需求规格说明有正确性、无歧义、完备性、一致性、可验证、可修改、可跟踪等众多要求，因此需要学生充分理解文档撰写的原则和要求，并具备不厌其烦的毅力和精雕细琢的工匠精神。作为工科专业的学生，很多人不怕写代码，但是却怕写文档。究其原因，一是缺乏扎实的写作功底，二是没有总结经验的习惯，而培养和造就工匠精神正是要补上头脑里的这个缺失。

【教学方式设计】

CBL 教学模式是以案例为基础的教学方法，是在一个可控制的环境中对现实世界的部分模拟。CBL 教学法不仅能让学生在案例学习和交流中获得知识，而且还能通过研讨提高人际沟通能力。教学中的案例真实、素材丰富，有助于学生身临其境般地认真面对、分析和解决问题，有助于培养学生的辩证思维能力、道法术结合意识和工匠精神。

CBL 教学具体内容和教学方式、考核和成绩判定方式以及形成结果见表 2。为防止学生从网上复制现成的文档，案例分析要求每个学生以自己身边的家人或者朋友为采访对象，以对象从事的职业为系统背景，进行需求获取和需求分析。学生由教学案例引导，围绕目标要求，将案例分析任务拆分，并针对具体任务收集资料和组织材料，采用访谈、头脑风暴或借助 QQ、微信通信平台等形式进行研讨。这种形式不仅消除了学习交流过程中物理空间上的隔离，而且让学生提前体验真实场景，激发了学习的兴趣。

表 2　CBL 教学活动设计

教学要求	教学方式	考核与成绩判定方式	形成结果
在一定的需求分析知识的基础上，通过一个完整的软件项目案例，采用剖析、模拟等多种教学方法，深刻剖析软件的需求开发过程和技术；帮助和引导学生进一步掌握需求工程的基本概念、理论、方法和技术	以自己身边的家人或者朋友为采访对象，以对象从事的职业为系统背景，进行需求获取和需求分析。实践过程安排：① 选题查找、消化资料，进行需求分析和技术分析；② 案例分析；③ 实践结果检查、答辩验收；④ 撰写报告	验收并答辩。每个学生当众宣讲自己的汇报 PPT，接受教师和同学的提问和评分	① 需求获取报告；② 需求分析报告；③ 需求规格说明书；④ 总结 PPT

课程的项目展示验收主要考查学生的总结能力和表达能力。该环节要求学生在完成项目实践任务后，在 6 到 8 分钟内使用 PPT 进行总结，考评的内容包括 PPT 是否规范、美观，结构合理程度，以及宣讲人的逻辑是否清晰、表达是否生动等。

教学总结思考

在实施课程思政案例教学的改革过程中，教师应从传统教学模式中走出来进行角色转变，对以前的老师讲、学生听的模式进行变革，让教师成为教学过程的组织者、引导者和激励者。

案例设计中所融入的思政元素，寓价值观引导于知识传授之中，丰富了“三全育人”课程思政进课堂的形式，将培养德智体美劳全面发展，具有家国情怀、创新精神、国际视野，担当民族复兴大任的卓越 IT 人才的育人职责在不知不觉中融入教学过程。

采用案例教学构建一定的课程情境，教师设计问题，学生对问题进行分析和研究，教师引导学生积极查阅资料并参与讨论，提出解决问题的方案，其目的在于培养和提高学生分析问题和解决问题的能力。这种教学改革有效解决了传统教学只告诉学生怎么去做，学生被动地听，无法将知识点与实际工程应用场景相联系，学习效率低下且在一定程度上挫伤学生积极性的问题。课程思政与案例教学扭转了学生被动学习的局面，通过案例引导学生多视角诠释问题域多资源、多冲突形成的解的不唯一性（多样性）。整个过程按项目成组，让学生直面设计的问题，自己去思考和分析，自己动手完成每一个步骤，有利于学生组织能力和交流协作能力的培养。从对江苏大学软件 2016 级 85 名学生的调查问卷结果看，教学成效也较为理想（表 3）。

表 3　教学成效调查问卷统计

问卷内容	等级			
	A（非常符合）	B（符合）	C（基本符合）	D（不符合）
理解了软件工程化的含义	63.88%	30.56%	5.56%	
课程思政收获很大	86.11%	13.89%		
通过课程学习提高了对工程项目需求分析过程的认识	79.17%	20.83%		
课程对我有很大帮助	69.44%	26.39%	4.17%	

拥抱国产安全操作系统

（计算机科学与通信工程学院　牛德姣，毛启容）

课程思政背景

“操作系统”是计算机科学与技术及其相关专业的核心课程之一，是构建专业知识框架的基础支撑课程，在计算机类课程体系中发挥承上启下、合纵连横的关键作用。通过课程学习，学生能够掌握操作系统的基本原理和实现方法，具备操作系统设计开发能力、软硬件协同设计能力、专业工程实践与团队协作能力。

操作系统的重要性已经不仅仅是技术性问题，而是涉及国家技术能力及安全利益的国家层面的问题，这也给操作系统的课程教学提出了更高要求。在高校“三全育人”教育改革背景下，我们在专业知识讲授的基础上，引入思政元素充实到课程内容之中，将技术创新理念、信息系统安全意识、国家战略意识等课程育人思想与操作系统设计、功能模块实现和系统维护等知识内容讲授有机结合，激发学生的民族荣誉感、专业自信心，培养学生的诚信价值观、系统安全观和“守初心有担当”的信念，增强学生的社会责任感，提升学生的专业技能、科学素养和创新意识，努力为国家培养政治可靠、专业素质优秀的德才兼备型专业人才。

课程教学设计

【课程内容组织】在操作系统的“绪论”中，加入了关于我国计算机操作系统研发状况的内容，包括20世纪70年代自主开发的国产操作系统、21世纪国内研究单位研发的操作系统，还有华为开发鸿蒙操作系统的案例，以此激发学生的爱国情怀。

在“操作系统安全”的章节中，讲授操作系统安全控制机制的实现原理，包括保护机制（主体、客体）、访问控制机制（授权、访问类别、自主访问控制、强制访问控制）和国产操作系统安全案例，在教学中融入马克思辩证唯物主义的基本思想。

【思政元素选择】主要矛盾和次要矛盾的逻辑分析、对立统一规律、内因与外因相互作用原理等是马克思辩证唯物主义的哲学精髓，也是操作系统知识教与学的思想论和方法论主要依据。通过教学传递辩证唯物主义的科学思想，是教学相长、课程育人的一个有效途径。

在“计算机系统安全”的章节中，我们强调任何事物都有其两面性，即都是“双刃剑”。就操作系统而言，黑客利用操作系统软件的安全漏洞攻击计算机系统，窃取、篡改重要信息，传播病毒和恶意软件攻击等，严重影响了计算机系统的正常运行，给经济社会发展造成重大影响，当前系统安全问题已成为操作系统设计的主要矛盾，这引发了对信息安全的广泛关注和讨论。由此，延伸出了在课程教学中如何引导学生评判技术价值和思考工程伦理的问题，引导学生形成技术服务大众、服务社会、服务人类的正确的价值观。

安全机制在设计实现时采用策略与机制的分离（策机分离）原则，策机分离的原则在操作系统设计中得到了充分体现。跳出操作系统范畴，策机分离在计算机其他领域也被广泛使用。在程序设计领域，人们对界面的设计和对界面的实现是分开的；在通信领域，对接口规范的设计和接口的实现也是分开的。这种策机分离既保证了所有产品的一致性，又留有足够的灵活性。策机分离体现的是一种哲学思想，类似一个国家的立法机构和执法机构往往各自分立，否则容易出现滥用法律的情形。这种哲学思想的扩展和类比，可以让知识的学习不再孤立和枯燥，能有效引导学生对辩证唯物主义思想进行深入思考和理解，自觉运用辩证唯物主义的基本原理和方法去分析和解决问题，还对学生的学习和生活产生推动作用，提升了学生的人文素养和综合能力。

另外，作为关涉国家战略的操作系统技术近几年来已经成为社会关注的热点问题，当然也是计算机专业学生的兴趣点。我们以此切入，介绍我国操作系统研发历程与现状的实际案例，介绍计算机技术起步早、发展成熟的西方企业的主流操作系统所形成的技术垄断和技术壁垒，以及中国长期以来被国外操作系统“卡脖子”而面临的严重挑战。中国政府高度重视自主产权的操作系统研发，40 多年来许多学者和企业投入到国产自主操作系统的研发当中并取得了可喜的成果，在一定程度上减轻了风险威胁，展现了中国人的智慧、创造性和应对能力。这些思政案例的引入调动了学生的学习热情，强化了社会主义核心价值观教育和中国优秀传统文化教育，达成课程育人的教学目标。

【教学模式设计】

（1）教学方法

在教学方法上充分利用现代网络教育技术，结合案例引进，实现教学形式的多样性。

——预习准备+主动学习：问答交流引导学生思考。

——小组讨论+翻转课堂：让学生充分参与教学。

——课堂讲授+短视频演示：引导学生深入思考。

——实例+扩展：激发学生的发展信心和社会责任感。

——课程设计+创新：提高学生的操作系统功能模块的设计能力，培养创新意识。

（2）教学过程

① 绪论：

首先，介绍南京大学著名学者孙钟秀院士于 1970 年中期主持研制的中国国产 DJS200 系列计算机的 DJS200/XTI 操作系统。这是国产操作系统研究开发的先河，打破了西方国家计算机操作系统软件技术对我国的禁锢。

其次，介绍过去十年间我国操作系统代表性企业在移动操作系统、嵌入式操作系统、物联网操作系统、桌面操作系统、服务器操作系统、云操作系统领域的研发情况。这些大多是基于 GNU/Linux 发行版二次开发出来的，相关操作系统被应用于电信、电网以及军队国防等国家重要领域。但是国产操作系统并没有得到世界范围的广泛普及和应用，目前操作系统市场几乎仍被几家国外巨头垄断。

最后，着重宣讲以华为为代表的中国企业的自主创新精神。华为鸿蒙操作系统的诞生揭开了改变操作系统全球垄断格局的序幕，华为的自强努力和顽强抗争为中国企业提供了技术突破的范例，这使得华为的坚持具有了全局性的示范意义。

作为计算机专业的学子应该认识到，建立起鸿蒙的生态系统不仅对华为来说生死攸关，也是影响中国高科技领域未来生存和发展的一个决定性砝码。学生应当具有国家意识、责任感和自信心，树立未来报效国家而现时勤奋学习的远大志向和决心。

② 操作系统安全：

首先，课前就结合授课内容布置思考题目，要求学生提前搜集有关操作系统安全保护的相关资料，并结合自己使用计算机系统的体验，分析总结自己遇到的系统安全问题。

然后，课程采用小组讨论形式分享学生搜集的操作系统安全问题实例，特别是对日常使用计算机时遇到的与课程相关的案例，教师要进行主动引导学生思考和讨论。

教师对学生的讨论发言进行总结，并讲授课程的理论知识，结合教学课件与短视频介绍操作系统安全访问机制，并通过具体的正例和反例分析操作系统安全问题所带来的方方面面影响，用人文的视野来关注科技的发展，用专业知识保护计算机系统的安全。教学中，我们还以优秀毕业生张翼、杜聚伟等同学的学习、成长过程为身边的先进事例，进一步调动和激发学生为民族复兴而学、为国家安全和社会和谐而学的内在热情。

教学总结思考

课堂是教学的重要阵地。在课堂专业教学中引入国情教育、思政教育，鼓励学生透过具体的知识内容，挖掘蕴含在知识背后的科学思想、精神价值和文化意义，引导学生增强社会责任感，培养创新精神和实践能力，形成积极、健康、乐观向上的人生观和价值观，成为有理想信念、敢于担当的人，这是课程思政教学改革对既有教育模式的补充和支撑。因此，课程思政是一种教育理念、一种思维方式、一种教育实践，是将“立德树人”融入教育教学全过程的系统工程。

我们在课程结束时，对 4 个班的 156 名学生进行关于课程教学改革的评价问卷调查，并对 143 份有效问卷进行统计（表 1）。结果表明，大部分学生能够适应以学生为主的教学方式转变；课程教学培养了学生的科学思维意识，提高了自主学习的能力；基础实验和开发性实验激发了学生的创新意识，树立了自信心，提高了团队合作能力；探索性实验培养了学生的研究能力，培育了学生的工匠精神；辩证唯物主义思想指引学生认识世界，思政元素让学生充分意识到自己的责任感和使命感。

表 1　课程教学改革的问卷调查评价统计情况　　%

序号	评价项目	非常满意	满意	基本满意	不满意
1	课前教学方式满意度	81.33	10.50	3.03	5.14
2	课堂教学方式满意度	86.39	6.63	3.03	3.95
3	实践教学方式满意度	82.88	11.01	4.17	1.94
4	对自信心和责任心培养满意度	90.91	3.03	3.03	3.03
5	对自主性学习能力培养满意度	81.82	7.58	6.06	4.54
6	对计算思维和系统思维培养满意度	84.85	6.06	6.06	3.03
7	对创新意识培养满意度	80.30	7.58	7.58	4.54
8	对团队合作能力培养满意度	84.85	7.58	4.55	3.02
9	对研究能力培养满意度	80.30	6.06	7.58	6.06
10	对工匠精神培养满意度	90.91	7.58	1.51	0.00

课程思政在“计算机网络”专业课程教学中的应用

（计算机科学与通信工程学院　李峰）

课程思政背景

“计算机网络”是计算机科学与技术专业的专业基础课。网络技术的发展大大推进了人类社会的发展与进步，计算机网络应用已经进入了人类社会的方方面面，在改变人们衣食住行的同时，也对国家安全、社会安定产生着重要影响。也正因为如此，将课程思政元素切入到“计算机网络”课程的教学中有着许多自然贴合点。本文以“计算机网络”课程中第一章“计算机网络历史、现状和介绍”“网络安全概述”两个教学内容（2 学时）为例，对课程思政融入专业课程教学的教改思路进行梳理和分析。

该章节主要知识内容是对计算机网络技术的发展历史进行介绍，讲解计算机网络安全的相关知识和原理，以及物联网应用等网络新技术，使学生对计算机网络技术有较全面的认识，同时，了解计算机网络技术对社会发展、人民生活水平提高的重要作用，以及对国家安全、社会安定的重要影响。在教学中，我们将华为、腾讯等典型案例引入对我国通信与网络技术产业发展历程的讲解与研讨，以网络安全的典型案例作为思政教育元素，将思政案例与网络技术发展、网络安全与防范、网络系统的应用，以及我国互联网应用现状等课程知识内容进行有机结合，让学生了解我国在互联网、移动互联网技术等高科技领域所取得的成就和所处的地位，扩展视野，树立国家自豪感，同时认清我国信息产业目前存在的问题，以及当前复杂的国际环境对我国信息产业发展的影响。课程思政的融入使学生认识到作为未来 IT 人才其自身的使命与任务，增强其社会责任感，强化学生自力更生、为国家贡献力量的意识和决心。

课程教学设计

【思政元素选择】“计算机网络”作为一门介绍计算机网络技术基本原理及其应用和发展的课程，其诸多内容既受人的思想观念和思维方式的影响，也反过来会对学习者的思想观念与思维、行为意识产生影响。因此，在教学中融入课程育人的教改理念，实现思政教育和知识教育的有机统一、价值引领和技能培养的有机统一，即教书和育人“润物无声”的有机统一，是我们进行课程教学改革时要着力探索的。

以“计算机网络历史、现状”“网络安全概述”两个环节的教学为例，我们将培养学生良好的职业操守和历史责任感，强化信息安全意识，严守网络“国土安全”，特别是守住 IT 行业的“做人”底线等育人成才的思想政治教育任务融入课程教学的内容中（表 1）。

表 1　思政教育与计算机网络课程教学的内容融合

教学环节	课程专业知识	课程思政内容
计算机网络历史、现状	计算机网络形成过程与阶段，标志性技术成果，计算机网络的发展与应用的现状及未来展望	介绍互联网时代的发展现状，IT 行业发展的现状及前景；介绍我国相关知名企业，了解网络科技领域的“中国地位”，树立专业自信和国家自信；分析信息产业面临问题的复杂性，认清作为 IT 人的使命与责任
网络安全概述	了解造成计算机网络安全问题的原因，了解网络安全对国家与社会的影响	培养学生良好的职业操守，守住网络“做人”底线，不为个人利益做危害他人、社会和国家的事情；增强信息安全意识的同时，培养学生的家国情怀

【教学模式设计】在整个教学过程中，我们针对不同的教学环节，有侧重地选择了不同的教学方法。

（1）“翻转课堂”教学

在进行计算机网络历史、现状讲解过程中，借助“翻转课堂”教学方式：

——课前要求学生主动了解人们每天使用的计算机网络的发展及现状，特别是了解其中的里程碑事件和突破性技术，了解华为、百度和阿里等 IT 企业的成长历程和技术特长；

——在“学习通”课程网站上发布引导性的文献供学生阅读，为后续课堂教学做准备；

——在预习准备的基础上开展课内讨论，主要讨论问题包括：计算机网络的本质特征是什么？里程碑技术有哪些？目前的发展现状，以及对国民经济和社会生活的影响有哪些？华为、百度和阿里各自的技术特点、专长，以及它们对社会的影响如何？

（2）案例分析教学

案例分析教学可以以更贴近现实的方式来引导学生增强信息安全意识。在“网络安全概述”部分的内容教学中，首先引导学生分析目前的 TCP/IP

协议存在的安全问题，了解具体的解决方案与技术措施；然后利用“学习通”课程网站提供有关“内鬼式”攻击案例、“DDoS”网络攻击案例和“挂马网站”案例等相关教学案例资料，引导学生分析其中的原理，并探讨网络安全的防范技术；最后在课内对上述案例的防范方法进行分析讨论，并进而引申到对整个网络安全问题的分析与探讨。

无论是采用哪种教学方式，学生在学习讨论中都会受到各种问题的引导而进行思考，思政元素由此在潜移默化中发挥了“课程育人”的教学作用，实现了教改目标。

教学总结思考

立德树人是新时代高校工作的根本任务。“课程育人”教育教学改革是贯彻落实习近平总书记在全国高校思想政治工作会议上的讲话精神和提高学校思想政治工作实效性的一项重要探索。课程思政建设是一种全新的教育理念、一种创新的思维方式、一种崭新的教育实践，更是一个整体的系统工程，需要各专业教师从理论到实践再到理论地反复探索和提升。在“计算机网络”课程的教学过程中，我们在典型教学内容环节中尝试课程思政与知识传授的有机融合，授课过程中引入思政案例内容，在进行专业知识与技能传授的同时，将社会主义核心价值观等思政教育内容贯穿课程教学的各个环节。这种教学改革不但提高了学生的思想觉悟水平和综合素质，也强化了授课教师的思想站位意识，从部分学生的课程教学评价中不难看出，教学改革产生了较好的效果（图 1）。

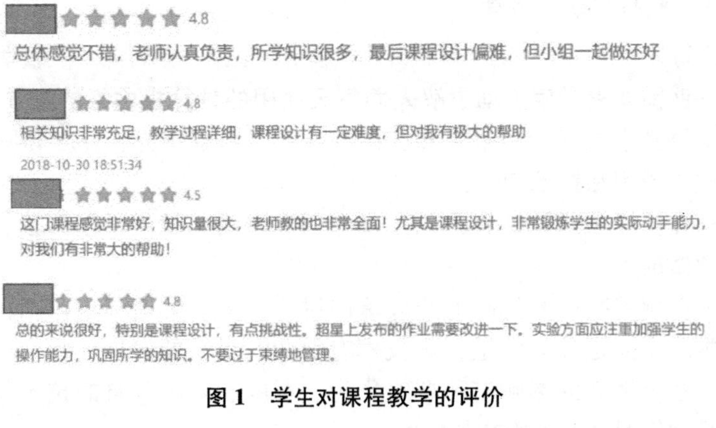

4.8
总体感觉不错，老师认真负责，所学知识很多，最后课程设计偏难，但小组一起做还好

4.8
相关知识非常充足，教学过程详细，课程设计有一定难度，但对我有极大的帮助
2018-10-30 18:51:34

4.5
这门课程感觉非常好，知识量很大，老师教的也非常全面！尤其是课程设计，非常锻炼学生的实际动手能力，对我们有非常大的帮助！

4.8
总的来说很好，特别是课程设计，有点挑战性。超星上发布的作业需要改进一下。实验方面应注重加强学生的操作能力，巩固所学的知识。不要过于束缚地管理。

图 1　学生对课程教学的评价

当然，课程思政工作一直在路上。在今后的课程教学工作中，我们还需要进一步拓展社会主义核心价值观主流思想意识的育人渠道，在知识传授中弘扬科学精神和爱国精神，为培养适应新时代要求、具有爱国情怀和科学精神的高素质综合性人才而不断努力。

移动互联网技术开发正能量

（计算机科学与通信工程学院　朱轶）

课程思政背景

“移动互联网开发”是一门讲授移动开发技术的专业课程，是通信工程专业三年级学生的专业必修课。课程教学内容在常规 Android 开发的基础上，面向 IT 产业所需的热门移动开发技术与在校大学生创新活动需求，围绕 Cordova/jQuery Mobile 移动跨平台开发和 Arduino/WCF/Android 物联网移动应用开发两方面开展特色教学。通过课程学习，学生可以系统掌握 Android 开发技术，能针对信息通信领域特定需求完成相应的软件系统设计，并在设计中体现创新意识；能够针对信息通信领域的复杂工程问题，开发、选择恰当的技术、资源、现代工程工具和信息技术工具，并理解其优势与不足。

本课程教学内容紧扣移动应用与社会生活及经济产业息息相关、覆盖面空前广泛的典型特征，从技术开发角度引导学生学习和掌握移动互联网 APP 开发技术，特别是基于 Android 系统的开发技术。在知识和技能的教学中很自然会遇到大量对 APP 技术的正确认识和有效利用问题，以及对国外移动操作系统垄断地位的反思、对国产操作系统需求的必要性与迫切性等问题。因此，教学中将以 APP 技术弘扬社会主义核心价值观、让移动互联网传播正能量的思想全面融入课程内容，并围绕移动操作系统技术的国产化，引导学生思考如何让移动互联网技术更好地服务社会主义建设，增强学生的爱国主义情怀与科技强国的信念。

课程教学设计

【课程内容组织】我们选用清华大学出版社的《名师讲坛——Android 开发实战经典》作为课程教材。本文以课程教学的特色章节“物联网移动客户端开发”为案例进行教学方案介绍。

现代大量智能化应用多以物联网的方式展现，并以移动 APP 作为客户端，实现对远程物联网设备的感知与控制。因此，物联网移动客户端开发技术是课程的重要教学内容，也是开展大学生创新活动的重要支撑技术。“设备层+平台层+应用层”是物联网系统的典型结构，教学中选择开源硬件 Arduino 作为设备层、选择阿里物联网云作为平台层、选择 Android 客户端作为应用层，构成一个完整物联网移动开发技术的教学框架，具体包括：创建物联网云上产品与设备、配置云上服务实现云上数据流转、Arduino 设备上云、Android 客户端程序接入云、Android 客户端经由云远程感知与控制 Arduino 设备。

本章节在知识层面的预设教学目标：在知识学习方面能从整体上理解开发一个完整物联网应用所涉及的技术环节，掌握其中的关键技术，为开展各类创新活动奠定知识基础；在知识运用方面能运用物联网技术设计“远程感知与控制”解决方案。

在能力形成层面的教学目标：能够在混合式学习过程中，提高大学生解决问题的能力；能够针对指定主题，自主发现问题、设计解决方案、自主完成开发任务；能够将 IT 技术与自身专业学习结合，培养参与各类创新竞赛项目的 IT 工程能力与创新能力。

【思政元素选择】结合具体的教学内容，从课程育人的角度看，在移动互联网时代，快速发展的网络信息技术具有“双刃性”，它在为社会主义核心价值观教育提供全新传播方式的同时，也给大学生的观念塑造带来了严峻的挑战。为此，我们在课程知识教学内容中融入思政元素，在课程教学中设置了专题讨论环节，以受美国技术和政治打压的“华为事件”为案例，引导学生深入思考和讨论，唤起大学生内心的科技独立自强的使命担当意识和技术报国的家国情怀。

思政元素的组织从两个方面开展：一是移动应用作为互联网信息传播的重要媒介，是宣传社会主义核心价值观的重要工具，移动应用技术开发要服务社会主义建设、积极传播正能量，这是课程思政的第一类思政元素；二是 Android 系统作为应用广泛的移动终端操作系统，是关键技术受制于外的典型，“华为事件”所警示的技术和安全隐患提醒人们，科技自立方可国家自强，这是课程思政的第二类思政元素。

【教学模式设计】课程团队在“学堂在线”平台建设了“移动互联网开发”课程，并在 2018 年年初上线，目前在线选课人数达 1.7 万余人，该资源支撑了课程的知识教学。课程教学实施线上线下混合式教育，课程思政教育也融入线上线下教学当中。

（1）课前导学

教师在每次课程教学结束前，围绕下次课的教学内容布置若干任务，引导学生进行在线学习，如 Arduino 接入物联网云、云上设备创建、云上规则引擎等。同时，要求学生主动去调研国内知名移动互联网企业与代表人物，了解其基本情况和主要事迹。

学生根据教师布置的任务，学习在线课程的对应章节，为下次课的教学做内容预习。

（2）课程线下教学

教师首先概述本次课的核心知识要点，之后通过播放视频介绍华为、中兴、阿里等国内知名移动互联网与物联网云企业及其代表性人物、典型事迹。对国内移动互联网产业格局、现状的了解使学生增强了民族自豪感与爱国主义情怀。然后，学生动手完成课前预习内容所涉及的基础实验，在此基础上，教师再根据学生完成的情况布置两三个进阶实践任务，如物联网云控制舵机、微信小程序接入云等，使学生通过自我实践巩固所掌握的物联网移动开发知识技能。

（3）组织线下课堂讨论

结合移动应用技术开发实践，围绕未来 IT 行业工作者树立社会主义核心价值观、明确科技强国的时代使命等问题，组织大学生展开思考和讨论。

（4）课后线上学习和讨论

为了服务课程教学，课程组自主开发了“基于物联网云的创客技能实训”虚仿实验系统，支撑了课程的线上实践。系统提供智能家居、农业物联网两类场景，学生可在场景中自主创建 Arduino 设备、在线编程并连入阿里云，进而开发微信小程序，实现真实手机对虚拟场景的感知与控制，让学生在无硬件条件下也可开展自主学习。学生在完成“学堂在线”上的在线课程作业后，可利用虚拟仿真实验系统进行课后线上实践和学习。

本课程在“学堂在线”平台所开设的慕课吸引了广大的社会生源，在这一板块的学生十分活跃。因此，课程讨论区专门开设了一个话题区讨论课程思政内容，在教学中向广大社会生源辐射社会主义核心价值观和科技强国使命感的正能量。

结合课程思政教育，我们在课程考核中设置了 20%分值的课程思政评价，要求每位同学：

① 围绕“移动应用开发+思政”自选一个主题，录制 5 分钟的个人汇报视频（10%）；

② 在课程报告中撰写一节对于“移动应用开发+思政”的个人理解与体会（5%）；

③ 根据在线讨论区上每位同学发表个人讨论的次数与深度情况给出评价分（5%）。

教学总结思考

推进课程思政教学改革以来，多样化的课堂教学组织形式和思政元素融入，充分激发了学生上课的积极性，学生的“抬头率”明显提高。学生形成了正确的世界观、人生观、价值观，社会使命感和主人翁意识增强。思政元素的融入使学生对移动应用开发所承担的传播正能量的职业使命有了更为深入的认识，对当前我国在移动开发领域存在的“卡脖子”问题有了更加深刻的了解，增强了学生科技强国的信念，相当一批同学在课堂讨论发言中表示要积极投身祖国的科技事业，为建设 IT 强国做出贡献。从在线课程平台的课程思政话题讨论区回帖中，可以明显感受到学生的参与热情与思想认识的巨大提升（图 1）。

图 1 “学堂在线”设置的课程思政讨论话题及回帖

重大工程与生活实践相结合的流体力学线上课程思政教学

（能源与动力工程学院　霍元平，王军锋，王晓英，王贞涛）

课程思政背景

“流体力学”是航空航天、船舶海洋、流体机械、土木工程等专业必不可少的专业基础课，主要内容包括流体静力学、流体运动学基础、流体动力学基本方程、黏性不可压缩流体的管内流动、相似理论与量纲分析、黏性流体动力学等。

流体力学课程在工科人才培养体系中的地位非常重要。通过课程的学习，在知识目标方面，学生能够掌握流体平衡和运动的基本规律、基本方程、基本计算方法、基本实验技能；在能力目标方面，学生能够运用基本原理分析流体运动现象和建立模型求解，根据专业方向将理论分析熟练应用于科学实验研究及工程实践分析，建立解决工程问题的实践应用能力；在素质目标方面，学生能够在课程学习中认识和掌握辩证唯物主义思想方法，树立正确的思想政治观和人生价值观，在提升专业素养和工程素养的同时提升思想素质。

在高等工程教育“新工科”建设背景下，为实现课程育人的教学目标，我们将流体力学课程教学内容与流体力学的重大工程应用及生活实践案例进行了教学结合设计，将都江堰水利工程、三峡工程、西气东输工程、高铁“复兴号”动车组、“蛟龙号”载人潜水器、C919 大飞机等作为教学案例吸收到课程教学当中，将课程思政资源转化为立德树人的链接点，把社会主义核心价值观的培育融入课程育人全过程，从而培养学生的民族自豪感及自信心，激发学生的学习动力，养成求真务实的科学精神，促进学生的全面、健康发展，提高学生的综合素质和社会责任感，实现高等工程教育的育人宗旨。

课程教学设计

【课程内容组织】流体力学知识普遍存在于自然现象及工程应用领域，

这为课程的案例教学提供了丰富的素材。我们针对教材的各个章节组织案例资源，在绪论部分阐述流体力学应用与发展的历史时，融入了大量的思政资源。在讲述绪论的核心理论——流体的黏性时，列举了一系列生活实例引发学生的学习兴趣；我们还组织了“诗画流体”来拓展和升华绪论的课程内容。在流体静力学部分，在相关章节分别设置了案例分析，突出静压强分布规律在液压传动上的巧妙应用。在讲解流体力学的基本概念——恒定流时，给学生分享了一个流水静止如冰柱的假象视频，直观了解恒定流所表现的流动现象。在讲授流体动力学基本方程的 4 个方程表达及应用中，引入了一些与伯努利原理有关的流动现象，为伯努利方程的推导埋下了伏笔。在第五章“黏性不可压缩流体”的管内流动课程内容中，以西气东输的工程案例强调能量损失计算的重要性。在“相似理论与量纲分析”中，以三峡大坝的工程案例引导学生培养辩证唯物主义思想。在第七章“黏性流体动力学”的边界层的分离与减阻的介绍中，以一系列边界层减阻实例解析流体力学知识在生产生活当中的广泛应用。

【思政元素选择】“流体力学”课程的课程思政目标是培养学生的爱国情怀和民族自豪感及自信心，培养学生的辩证唯物主义思想和科学创新精神，将重大工程和生活应用实例充分融入理论知识教学，激发学生的兴趣，提高教学质量，达到教学目标。

流体力学理论在气象、水利、船舶、飞行器、叶轮机械和核电站，以及在天体物理等众多领域有着广泛应用，很多中国的研究和创新成果造就了“世界第一”或领跑全球，成为中国“智造”的闪耀名片，如中国高铁、中国航天、中国桥梁、“华龙一号”核电站、C919 大飞机、“蛟龙号”载人潜水器、海洋重器“振华 30 号”，还有三峡大坝、国产航母、“两弹一星”等，都离不开流体力学理论的身影。另外，2200 多年前修建的都江堰水利工程是流体力学应用的历史经典，我国著名科学家钱学森在空气动力学领域为流体力学发展做出巨大贡献，这些案例内容不仅为学生所津津乐道，而且极大地激发了学生的爱国情怀和民族自信心，增强了学生的社会使命感。

辩证唯物主义思想是科学思想观和方法论，在流体力学理论的相似准则的选择中，渗透着“抓住主要矛盾，解决关键问题”的自然辩证法思维，是培养学生辩证唯物主义思想的自然路径。以相似理论与量纲分析章节为例，量纲分析法将有量纲的量变成无量纲的准数，减少变量的数量可以使问题简化，使其更能反映物理现象和物理过程发生、发展的变化规律，找到物理量之间的内在本质联系。相似理论中，近似相似可保证对流动起主要作用的力相似，这就是模型相似律的选择原则，相似理论的典型应用范例就是三峡工程在建设前期曾进行的大量模型试验研究。

培养学生求真务实的科学创新精神是课程教学的基本要义。西气东输工程在几千公里的管道运输过程中产生能量损失，导致天然气压力降低，因此每隔数百公里就要设置压气站对天然气进行加压。教学中以这个实例介绍有能量输入的伯努利方程，伯努利方程的理论计算为确定压气站的位置提供了依据，这个表明管路损失计算重要性的实例使学生很快进入水头损失相关知识点的学习情境（图1）。生活中与流体力学基本方程密切相关的流动现象很多，教师引导学生观察、联想并进行理论解释，启发学生利用基本方程设计一些有趣的流动现象实验，在此过程中获得科学成就感。对流体力学的一些基本方程的学习不应忽略对方程提出者的介绍，比如欧拉、帕斯卡、伯努利、卡门、雷诺等，这些科学家对流体力学发展所做的巨大贡献能够引发学生对科学家的崇拜和对科学的敬畏，也进一步激发他们不断追求科学创新的勇气和信念。

图1　西气东输工程案例

【教学模式设计】

（1）教学平台与教学资源

针对新冠疫情时期的实际情况，我们完成了超星泛雅线上授课平台的搭建（图2）。案例教学采用“线上直播+录制精品视频资源自学”的混合教学模式。根据教学日历，有序安排各章节的线上教学，并按照课时重新制作PPT教案及授课视频资源，做到一课一案，将课程知识在理论体系内碎片化、细致化。通过架构在超星泛雅授课平台上的江苏大学网络教学平台，提前两周上传录制的各章节视频教学资源，学生通过手机或电脑终端的“学习通”软件预习和复习教学内容。在后期内容搭建中逐渐增加了课堂测验题库（图3），便于对知识点的考察，强化了线上课堂的互动性，充分调动了学生的学习积极性。

流体力学
首页
课程章节
流体力学

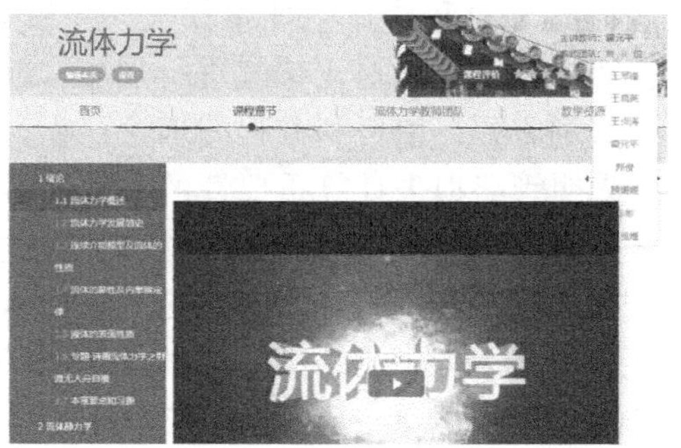

图 2　超星泛雅平台上的流体力学课程门户

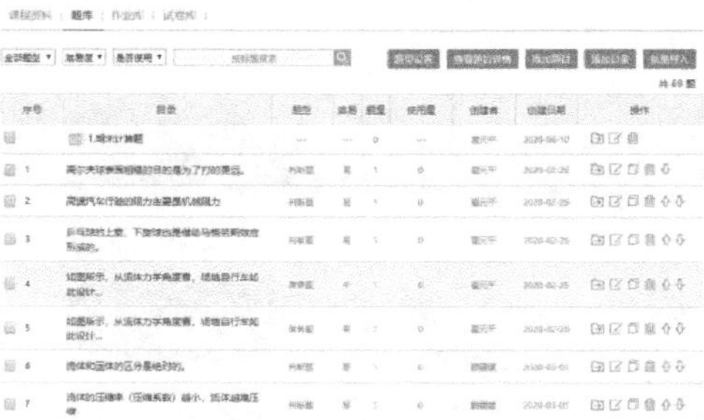

图 3　课堂测验题库

（2）课前准备

线上直播采用腾讯 QQ 群直播。提前一天发布群公告，通知学生下次课的教学环节与教学内容安排，督促学生提前做好课程预习。每次开课前 5 分钟教师端共享屏幕界面，设置 5 分钟倒计时签到并再次提示学生本次课的授课安排（图 4）。

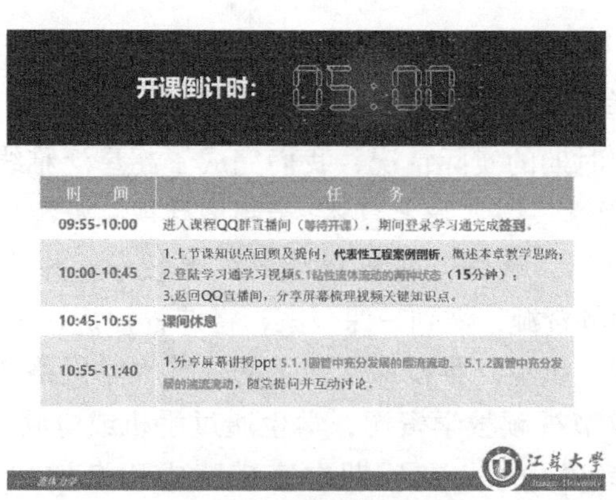

开课倒计时：
05:00
时　间
任　务
09:55-10:00
进入课程QQ群直播间（等待开课），期间登录学习通完成签到。
10:00-10:45
1.上节课知识点回顾及提问，代表性工程案例剖析，概述本章教学思路；
2.登陆学习通学习视频5.1粘性流体流动的两种状态（15分钟）；
3.返回QQ直播间，分享屏幕梳理视频关键知识点。
10:45-10:55
课间休息
10:55-11:40
1.分享屏幕讲授ppt 5.1.1圆管中充分发展的层流流动、5.1.2圆管中充分发展的湍流流动，随堂提问并互动讨论。
江苏大学

图 4　5 分钟开课倒计时

（3）线上教学

上课前设置了知识点回顾环节，通过与学生连麦的方式抽查学生对上节课知识点的掌握情况，梳理上节课的学习重点，提示学生课后复习。每节课的开篇剖析一个代表性工程案例，通过对工程案例和生活实践现象的讲解，将本章核心知识点抽象的理论变得更为具体化、更通俗易懂，从而增加学生的学习兴趣。

从案例的剖析引导到教学内容的展开，让学生对本章节的知识体系有一个整体的把握，然后再循序渐进地一个一个知识点展开，有效避免“只见树木不见森林”，使得知识点的运用更灵活。

若课程中设置了视频自学，则引导学生在规定时间内完成视频知识点的学习，并要求在规定时间内完成基于视频知识点的测验，教师通过后台实时分析学生对视频知识点的掌握情况（图5），再回到直播间时能够有针对性地对疑难点进行细致讲解，提高视频教学的有效性。课时结束前，如果内容条件允许，可设置生活案例分析讨论环节，引导学生综合运用理论知识解决实际问题。最后进行课堂小结，梳理教学内容以便于学生课后复习。

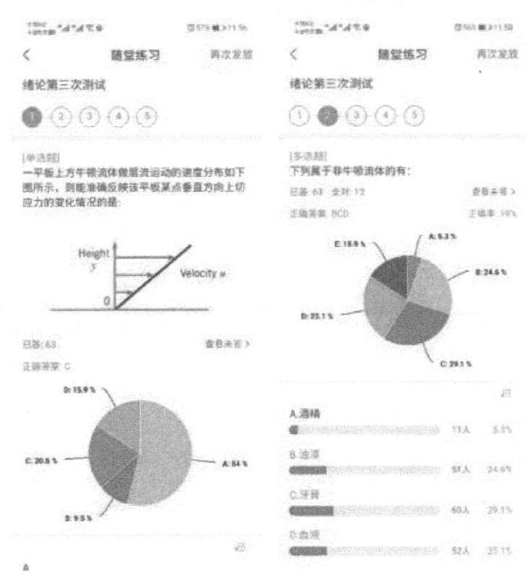

图5　课堂测验

（4）课后作业与答疑

每章教学结束后，教师会及时在超星平台发布作业题集并提醒学生在规定时间内完成提交，之后对照教师发布的详细答案进行自我纠错，同时完成同学间的互评任务。教师通过QQ与学生进行课后互动，及时解答各类疑难问题和课后作业问题，做到有问必答。此外，教师应给予学生必要的人文关怀，把学生当成朋友，拉近彼此的距离，让他们更加阳光。

教学总结思考

“流体力学”课程理论性强、教学内容抽象，这使得教学效果经常难以保证。学生在学习时多多少少会存在一些畏难心理，从而降低学习兴趣，教学融入感不强。尤其是在线上教学环境中，由于缺乏面对面的师生互动和教师的课堂监督，学生会习惯性走神甚至厌学，这些都可能导致学习效率大打折扣。因此，疫情期间的线上教学极具挑战性。

丰富多彩的课程思政资源融入线上教学打破了人们对流体力学知识课程教学的固有认知，激发了教师教和学生学两方面的内在动力，提升了学生学习的积极性，改善了教学效果。从期中教学评价结果可以看出，绝大多数同学非常认可教学方法的改革，能积极主动地参与课程学习，并很好地掌握课程的核心知识点，同时对教师教学节奏的把握比较认可，对教学效果的满意度高，实现了深化专业认知、活化综合能力和强化思想素质的课程育人目标。

课程思政点燃能动专业激情

（能源与动力工程学院　康灿）

课程思政背景

能源动力是极为重要的国民经济基础，关系到国家的经济发展和战略安全。“能源与动力工程测试技术”课程侧重对学生的动手能力和工程思维能力的培养，强调多学科知识交叉的综合运用。通过课程学习，学生能够应用能源与动力工程专业的知识理论、测试技术的原理与方法解决实际工程问题。

“能源与动力工程测试技术”是一门具有趣味性的课程，很多教学实例来自于工程实践，这有助于提升学习兴趣，从而获得较好的教学成效。正因为许多教学应用实例源于工程实践，与时代发展紧密关联，也就更加便于思政教育自然融入教学。我们以“三个结合”的形式将思政元素与专业知识有机结合在课程教学的全过程中，即将能动专业的重要程度与国家发展和战略安全的重要性相结合，将能动专业对科学技术发展的贡献度与大学生的高尚专业情怀相结合，将个人发展与国家命运和社会发展相结合，这使得课程思政教学改革更符合时代发展和学生成长成才的要求。思想引导和专业教学的相互结合与相互促进，将有效助力实现高等教育立德树人，为社会主义伟大事业培养建设者和接班人的根本宗旨。

课程教学设计

【课程内容组织】课程思政的教学模式在本课程教学中的应用由来已久。追溯至20世纪80年代，该课程名称为“水力机械测试技术”，当时我校的课程教学就已经将老一辈叶片泵设计专家在艰苦条件下为突破国外技术垄断而发奋工作的场景引入课堂。几十年的课程教学中，这些催人奋进的内容从未被专业教学忽视过。在如今课堂讲授的课程知识点中，80%以上都包含有思政元素的闪光点。

（1）以课程思政提升学生对国家发展和国家战略的认识

能源动力关系着国家的未来，关系着国家的安全。新时代的青年学生关注能源动力领域的发展就是关注国家的可持续发展战略，也就找到了青年人奋斗未来的起始点和努力方向。立足能源动力这一关键领域，勇敢面对未来的挑战，是本课程教学内涵的基本精神要义之一。

（2）以课程思政引导学生对专业课程的理解

教学中的课程实例在向学生传授测试原理和技术方法的同时，也让学生认识了能源与动力工程测试技术在我国的重大装备研发中发挥的重要作用。另外，教学中还列举了第二次世界大战中的空气动力学测试实例和人物事例，从另一个方面向学生传达重要信息：知识是一把双刃剑，它可以推动技术发展，为国家发展做出贡献；但是如果被用于破坏和平，知识就变成了危险的工具。

（3）以课程思政向学生展示我国在能源动力领域的成就

本课程讲授中所用的专业素材，尤其是测试技术方法及应用、测试仪器和测试过程实例，大部分来自于国内学者的科研成就，其中相当一部分是本校教师的工作成果，并且就陈设在学院的实验室内。通过近距离的实验观察和体验，学生不仅感受到测试技术的应用和知识的作用，还同时看到中国的技术水平可以达到与国外相当甚至超越国外，消除了自身对国内外技术水平差别的错觉，增强了科技报国的自信心。

（4）以课程思政让学生意识到挑战无处不在而困难从不可怕

从能源与动力工程测试技术的发展历程看，专业进步并非一帆风顺。某些测试技术从雏形到成熟的艰难过程、近几年流体机械行业发展的起伏等，对这些课程实例的解读，使学生对科学研究和产品开发的艰辛、无处不在的挑战以及实现成功后的喜悦等有了特别的感受，这从内心唤起学生的恒心与毅力，激发他们迎难而上、越是艰险越向前的斗志。

【思政元素选择】根据课程的教学进度与教学内容安排，教学中的思政元素主要从四个精神维度穿插引入。

——探索与钻研精神。工程实践问题往往比较复杂，能源与动力工程领域尤为如此，更加需要探索和钻研的勇气和毅力。缺乏钻研精神，就不可能开展具有开拓性和创新性的工作。在课程知识体系的传授中不仅要探究问题背后蕴含的规律，更要层层发掘其中的励志要素，引导学生克服消极思想，培养和树立迎难而上的信心和勇气。

——忠贞不渝的爱国精神。我国老一辈科技工作者对祖国的深厚情感蕴藏在能源动力工程领域的无数事例中，一些重要的能源与动力工程测试技术目前受到某些国家的出口禁运或限制，这些案例使学生意识到先进技术必须要自主掌握才能不被他国牵着鼻子走，国家的需要就是专业学习的目标，爱国就是要把个人理想同祖国的前途和民族的命运紧密联系在一起，每个大学生对民族的归属感、认同感、尊严感与荣誉感要高度统一。

——责任意识与使命担当。青年学生具有较强的学习能力，也存在着以自我为中心、合作意识弱、责任担当不足、遇难易退缩的问题。本课程中的实验设计和操作需要学生开展合作、交流，各自担责同时相互配合，共同面对和解决问题。教学中要提取并凝练其中的思政要义，引导学生走出专业看使命，培养青年学生对国家和社会的责任意识与担当精神。

——坚定理想和信念。在经济社会快速发展的时代里，对物质享受的追崇与学习目的的功利性在学生群体里有所蔓延。课程思政教学改革就是要发掘和融入思想观念教育的要素，让学生在学习测试技术知识中领会理想和信念的真实意义，去除价值观念中的浮躁，让远大理想和坚定信念成为大学生不断拼搏、努力实现人生价值的原动力。

【教学模式设计】课程的教学过程包含了教师讲解、师生交流、学生合作、线上学习、实验室操作五种基本的教学场景。

为将思政元素与课程专业知识教学有机地融合在一起，要根据课程内容类型与内容的差别对知识点进行全面梳理，按照思政元素的层次和引入次序将知识点分为基础知识点、具体的工程测试技术、创新型实验教学三大类。在此基础上，针对每类知识点的特点，引入相应的思政元素，通过课堂教学结合多媒体技术、翻转课堂等方式将思政教育融入课堂教学。

课程中注意具体问题具体分析，既强调教师的课堂讲授，又强调学生的自主学习与思考，注重培养学生的人文素养和表达交流能力，引导学生从认知模式、学习方式和交流讨论三个方面对思政元素进行深入理解。

课程专业知识的学习主要通过课堂讲授、线上学习和课后学习三种方法的综合运用来实现，思政内容与专业知识有机地穿插在一起。值得一提的是，线上课程平台和虚拟仿真实验教学为专业知识学习和思政教育提供了很好的平台环境。教学团队对线上课程内容严格把关，确保为教学提供支撑。在线上学习过程中，还可以开展教学互动、讨论交流、考核评价、教学建议等活动。课程结束后，在考核学生的专业知识的同时，还对思政教学的效果进行调查与分析，并与部分学生进行座谈。

课程思政教学资源包括多媒体教学课件、教学微视频、虚拟仿真实验教学平台、课程教学录像以及拓展性资源，其中，拓展性资源包含了与本课程思政内容相关的知识和案例，目的是拓宽学生的视野。教学实践表明，多种形式的拓展性资源有助于学生认识国家经济发展和行业科技创新的动向，并引导学生寻找奋斗未来、报效国家、实现个人价值的努力方向。

教学总结思考

“能源与动力工程测试技术”课程的思政教学改革是对课堂教学的促

进，不但达到了预期的思政教育目标，也很好地实现了专业知识和能力培养的目标。以下是2016级学生在修读完“能源与动力工程测试技术”课程后的调查统计结果（图1）及学生课后感想摘录。教学评价结果表明，学生对于能源与动力工程专业的认识达到了新的高度，他们能够结合发展形势形成正确的专业见解，树立专业报国的决心和信念，在思想上将个人发展与科技进步、国家发展融为一体，达到了课程育人的基本教学要求。

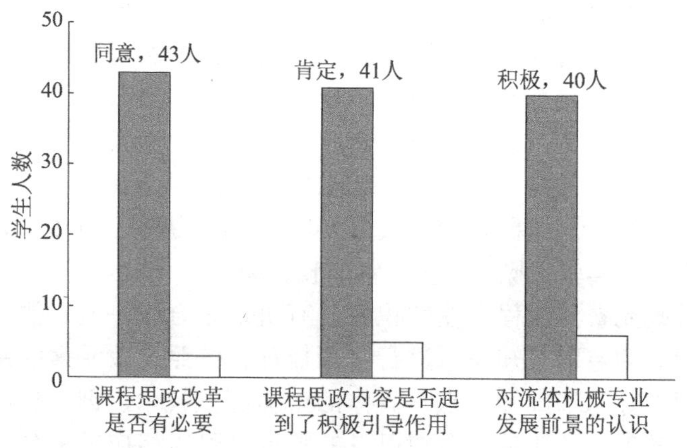

图1　2016级学生的课后调查统计结果

学生课后感想摘录一：每次看到工程中的重大装备都让我激动不已，我意识到能源与动力工程测试技术能够为国家的发展和科技进步做出贡献，这更坚定了我努力前行的决心。（流体卓越1601班邹子文，曾获国家奖学金和校长奖学金，连续三次获得江苏大学一等奖学金，三次获评江苏大学“三好学生”）

学生课后感想摘录二：生长在好的年代，干出一番事业是我们这一代人的使命，在社会主义伟大事业中有所作为是我们的梦想。在这门课程的学习过程中，我发现能源动力就是我们梦想实现的依托。（流体卓越1602班蒋建，曾获中日韩创新工程训练“Technical Excellence”奖项，获江苏省机械创新大赛三等奖，曾赴宁夏回族自治区支教）

学生课后感想摘录三：我原来认为科研仅仅是一种兴趣，在学习了能源与动力工程测试技术课程后，我深刻地意识到，科研更是一种责任，这种责任是为了国家、为了社会。我很自豪，我选择了能源动力这个领域，我将在这个领域内为了责任而不懈奋斗。（流体卓越1601班徐子耀，曾获评江苏大学“三好学生”，获江苏大学二等奖学金）

“诗画”流体力学

（能动学院 流体力学教学团队）

课程思政背景

“流体力学”课程讲授流体力学基本概念与基本方程及其应用技能，主要内容包括对流体静力学计算与分析、连续性方程、运动微分方程、伯努利方程、动量方程的理解与应用，相似理论与量纲分析在实验方案设计中的应用等。通过课程学习，学生能够在专业范围内对流体力学现象做出合乎实际的判断，获得解决工程问题的实际应用能力。

流体力学课程教学团队提出了“诗画”流体力学的教学新模式，以“野渡无人舟自横”为题设计了“诗画”流体力学专题教学案例，按照“诗画赏析—流动规律—实际案例—社会责任”四位一体的教学思路，使学生在学习中能够将流体力学课程内容与诗画意境有机融合，同步提升学生的科学素养与人文修养，同时强化社会责任意识教育，帮助学生激活知识，将知识内化为思想智慧、外化为行动能力。

专题案例教学内容和目标为：① 品味《滁州西涧》诗意之美；② 发现诗词意境与流体力学理论的契合点，掌握针对“舟自横”等现象建立流体流动模型的方法；③ 了解圆柱绕流、儒科夫斯基变换及保角变换法，了解椭圆柱体绕流合力及合力矩计算方法；④ 掌握平衡位置稳定性分析方法。

课程教学设计

【课程内容组织】教学从唐诗《滁州西涧》中的“春潮带雨晚来急，野渡无人舟自横”意境出发，对“舟自横”现象进行模型简化，应用圆柱绕流、儒科夫斯基变换及保角变换法，分析椭圆柱体绕流，计算椭圆柱体绕流时的合力及合力矩，获知平衡位置并分析各平衡位置的稳定性（图 1）。结合“东方之星”游轮沉没事件、桂林龙舟翻倾事件，师生互动讨论，加深学生对船体在河流中稳定的平衡位置的理解。引入对滚水坝漩涡旋向、离岸流、河流底部暗流等现象的流动分析，使学生逐步掌握流动规律的分析方法，并引导学生利用所学知识对实际生活中的流动现象开展分析。

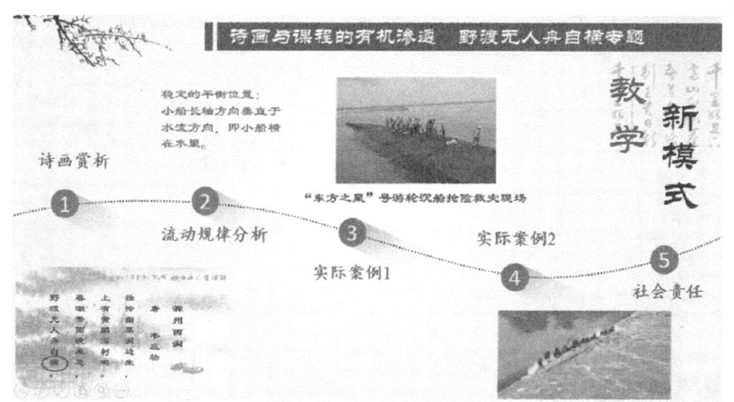

图1　“野渡无人舟自横”专题授课内容

【思政元素选择】“诗画”流体力学教学模式以“赏中华诗词，析世界名画，品流体力学之美”为基本特征，分享诗词之趣，感受画作之美，从中体验和认识流体力学的规律，在接受优秀文化熏陶的同时，激发对流体力学的学习兴趣。学生的学习从被动接受转变为主动探索流体流动现象并总结流动规律，从传统的知识“接受”转变为知识的“乐享”和应用，学生能够从知识探究中获得快乐感和成就感。“诗画”流体力学教学模式在提升学生科学素养与人文修养的同时，结合生活实际介绍、分析和总结流动规律，通过含有思政元素的现实案例教育学生保护自己、关爱他人，培养学生的社会责任意识。

【教学模式设计】该专题案例课程采用线上线下混合式教学。

(1) 线上教学

精心录制“野渡无人舟自横”专题教学视频，并将视频上传至中国大学MOOC平台。学生登录中国大学MOOC平台并选择“江苏大学SPOC课程—流体力学A”，进入绪论的“诗画流体力学—野渡无人舟自横”专题即可点击观看视频。该教学视频内容主要体现“四位一体”教学思路中的“诗画赏析—流动规律”：

① 展示无人看管的小船，仔细观察小船长轴与水流方向的关系。

② 引入唐诗《滁州西涧》，解读“春潮带雨晚来急，野渡无人舟自横”的意思。

③ 提出问题：为什么在河中荡漾的船总是横在河里呢？

④ 为便于学生理解物体在平衡位置的稳定性问题，先以直立在桌子上的细杆和悬挂着的直杆为观察对象，两者均处于平衡位置。当它们各自受到扰动时，直立在桌子上的细杆偏离原来的位置，其平衡位置是不稳定的；而悬挂着的直杆发生晃动后最终回到了原来的位置，该平衡位置是稳定的。

⑤“舟自横”问题此时就转变为物体在流体中处于平衡位置的稳定性问题。

⑥ 提出“舟自横”现象的流体力学简化模型，即椭圆柱体绕流，合力和合力矩的计算涉及教材第六章第六节（圆柱体绕流）、第十二章第四节（儒科夫斯基翼型与保角变换法）的内容。用一椭圆柱体代替小船，计算流体对椭圆柱体的作用力和力矩，找到它的相对平衡位置分别是0°和90°。

⑦ 讨论平衡位置之一的0°位置，也就是水流方向与小船长轴平行的状态。小船受到扰动后，小船长轴与水流方向有一夹角的变化，合力矩增大，并导致小船长轴与水流方向的夹角进一步增大。因此，0°位置是不稳定的平衡位置。

⑧ 讨论另一个平衡位置即90°位置，也就是水流方向与小船长轴垂直的状态。小船受到扰动后，小船长轴与水流方向有一夹角的变化，合力矩增大，但合力矩的增大反过来使小船长轴与水流方向的夹角变化减小，小船最终回到原来的位置。因此，90°位置是稳定的平衡位置，即“舟自横”现象中小船获得的稳定平衡位置是自然形成的。

(2) 线下教学

在线下课堂教学中，教师结合社会热点话题或者典型流动案例，基于学生知识水平提出相关问题并展开研讨，引导学生分析流动规律，总结研究方法。在此环节，以面对离岸流、滚水坝漩涡流动等情况为例，启发学生基于掌握的流体流动知识提供救助方法指导，防止他人进入危险流动区域，以关爱他人唤起学生的社会责任意识，也就是“四位一体”教学环节中的“实际案例—社会责任”。

本课讨论的思政案例主要有三个：

① 2015年“东方之星”号游轮在长江中游的湖北监利水域突遇强对流天气而沉没。戴世强教授发现，尽管沉船不完全垂直于江岸，但它与江岸的夹角为75°，处于王振东论文提及的45°~90°流动稳定区中，此时沉船的稳定性毫无问题，不必在急流中固定沉船。戴世强教授的意见被及时传送到救灾现场并得到了采纳，为抢险救援争取了宝贵时间，最终有12人先后获救。

教学中的互动研讨环节设问包括：

——“野渡无人舟自横”的“横”（小船的长轴方向与水流方向夹角）怎么理解？（图2）

——“舟自横”的稳定位置是否只有船长轴方向与水流方向夹角为90°的位置？

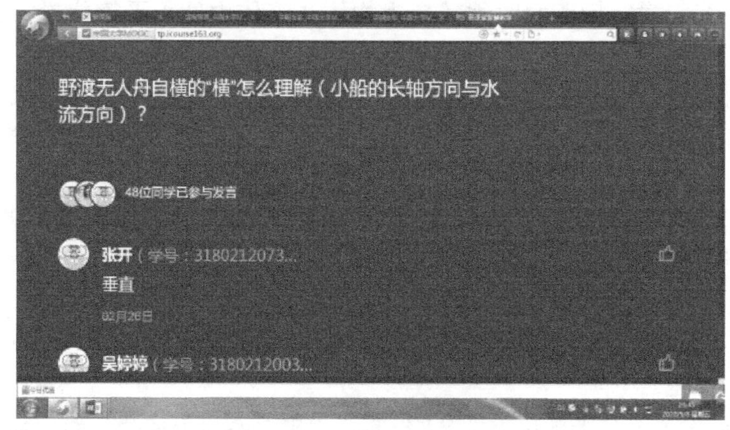

图 2　慕课堂讨论区

② 2018 年 4 月广西桂林发生龙舟翻倾并造成 17 人死亡的特大事故。参赛的龙舟未能顺利冲过滚水坝而横在水面上，在滚水坝复杂的水流区域里龙舟翻倾了，队员们跌落水中。十多名水性良好的队员未能游向岸边，这与滚水坝水面下的致命漩涡有关。师生一起研讨滚水坝后的漩涡旋向以及人员可能的逃生方法。

教学中的互动研讨环节设问包括：

——龙舟逆行未能冲过滚水坝时，为什么一定会横在河流中？

——滚水坝附近区域水流漩涡旋向是什么样的？分析漩涡旋向形成规律（图 3）。

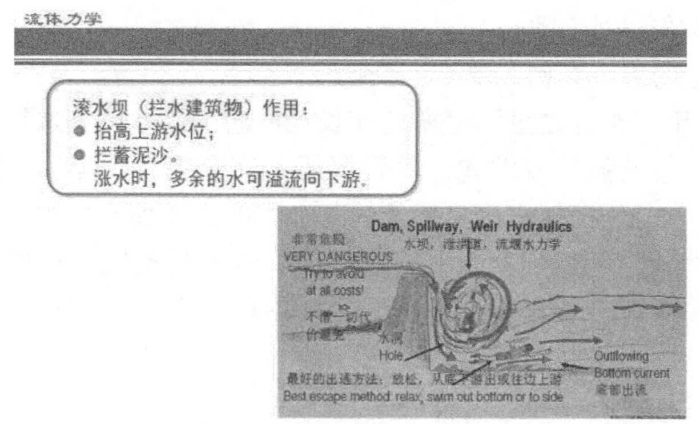

图 3　滚水坝下游漩涡旋向讨论

——不幸跌入滚水坝漩涡区时如何逃生？拼命向岸边游是否有助于逃生？

③ 结合离岸流、河床底部暗流涌动等流动现象，开展水上安全知识教育，以所学的流体流动知识分析河流安全警示区域流动特征，用科学知识

分析进入危险水域的行为，保护自己，关爱公众，承担社会责任。

教学中的互动研讨环节设问包括：

——观察离岸流图片，总结离岸流的特征。遇到离岸流，应该采取哪些救助措施？

——“随波逐流”这个词在应对离岸流时有何特殊意义？以采砂船采砂后河床底部结构特征引起的流动漩涡为例，讨论词语“暗流涌动”。

——讨论离岸流特征与夏天“野游”现象，说一说掌握流体力学知识的大学生能够做些什么。

在线下互动环节中，慕课讨论区的内容可长时间留存，讨论按问题归类，便于学生回顾总结，而线上教学平台评论区的讨论发言相对比较零散，系统不会自动整理。因此，具有应用价值的知识点研讨，在慕课讨论区中实施效果更佳。

专题案例教学的慕课讨论较传统教室讨论更加热烈，学生的参与率也更高，通常能达到60%以上（英才班学生互动参与率为100%）。一些学生还会在讨论过程中多次发言，不断修正自己的意见，这是平时在教室中上课未曾有的现象，令人欣喜。

疫情防控的影响一定程度上倒逼教师实施线上线下混合教学的模式变革，教学形式的改变和优化让教学过程更加具有趣味性，知识的传递过程不再停留在纸面上，而是更加活跃、更具实践性，这将是未来一段时间内流体力学课程教学改革的方向。

教学总结思考

“诗画”流体力学新型教学模式让枯燥的流体力学课堂变得生动活泼，使知识的传递与接受过程变得有情趣，学生在感悟诗词之美、画作之雅而提升人文素养的同时，能体会到流体力学之美，从而加深对流体力学基础理论和知识应用的理解，激发和培养学习积极性、主动性和创新意识。

教学强化了理论知识与社会生活实践的联系，使学生在学习知识、应用知识，将知识内化为思想智慧的同时，增强了社会责任意识，将知识外化为行动能力。

“诗画”流体力学的教学尝试，让学生感悟到知识是有力量的，知识还是有温度的。学有专长，小人物也能有大贡献，也能为祖国的繁荣富强贡献自己的力量。学生有感而发：在工科生的世界里，不该只有数字和逻辑，也应该有一方温柔的泉水缓缓在心中流淌。“诗画”流体力学只是一个开始，那么未来，便是我们的生活。

农业装备智能化给农业现代化插上科技的翅膀

（农业工程学院　路欣）

课程思政背景

“农业装备智能化技术”是农业机械化及其自动化专业的专业选修课程，主要讲授计算机控制技术、精确农业3S技术、总线技术、先进农业传感器及检测技术、智能算法等智能化农业装备的共性技术，及其在育苗设备、耕作与收获机械、植保机械、设施农业等领域的应用。通过课程学习，学生能够掌握精确农业的基本概念，掌握现代智能农业装备的基础知识，树立集约型农业、高效农业的现代农业工程观念，具备现代智能农业装备技术的应用与开发能力。

毛泽东主席“农业的根本出路在于机械化”的著名论断和习近平总书记“大力推进农业机械化、智能化，给农业现代化插上科技的翅膀”的重要论述为我国农业现代化指明了发展方向，也是我们开展课程育人的教学指南。我校农机专业具有悠久的办学历史，学校的发展历程蕴含了许多思政教育元素。在“三全育人”教学改革的背景下，在重视学生实践创新教育及工程能力培养的同时，将思政教育元素有机融入课程教学，能够强化学生的农机专业自豪感、自信心和使命感，以“知农爱农，强农兴农”的精神理念增强学生牢记专业初心、坚守专业特色的内在动力，引导学生树立为掌握专业知识技能，瞄准世界农业装备智能化的先进水平，为发展我国现代高效智能农业装备而努力学习、刻苦钻研的坚定信念和责任意识。

课程教学设计

【课程内容组织】绪论是课程的开篇之讲，我们在绪论阶段就将思政教育内容进行了有机融入，以此调动学生的学习兴趣，理解专业意义，树立专业自信和专业志向。绪论部分的主要内容包括农业装备智能化的需求和发展现状、智能化农业装备的体系结构、国内外智能农业装备的技术概览等。

【思政元素选择】思政元素的选择主要从两个方面考虑：

① 毛泽东主席的“农业的根本出路在于机械化”的著名论断和习近平总书记的“大力推进农业机械化、智能化”的重要论述，具有鲜明的时代特征；

② 回顾江苏大学农机专业发展历程，介绍学校在智能农业装备方面的教科研成就及贡献，其中既有农机人的光荣传统和奋斗精神，也有新时代农机人赶超农业装备先进水平的智慧和荣耀，这些身边的思政案例，具有生动的教育效果。

【教学模式设计】 教学过程采用多媒体辅助技术展开，其中穿插教师积极引导、学生主动参与的师生互动环节。

（1）课程的性质、智能化农业装备的体系结构

教师利用 PPT 重点讲授课程的性质、智能化农业装备的体系结构等内容。

在师生互动的教学环节中采用“视频播放+互动交流”的方式，介绍农业装备智能化的需求和发展现状，以及习近平总书记 2018 年 9 月视察黑龙江七星农场北大荒精准农业农机中心的情景，引出课堂互动讨论的主题：为什么说“中国人的饭碗任何时候都要牢牢端在自己的手上”？我们的饭碗为什么必须主要装“中国粮”？农机和农业有什么关系？农机人应该如何做？

课堂互动研讨以教师主导、师生互动方式开展，最后由授课教师进行总结，引导学生认识到大力推进农业机械化、智能化，这是“给农业现代化插上科技翅膀”的必由之路。

（2）国内外智能农业装备发展情况

在介绍智能农业装备在国内外的发展情况后，播放 2018 年 6 月我国首次农业生产全过程无人农机作业试验在兴化启动的视频（图 1），然后继续课堂互动讨论的话题：江苏大学农业工程学院多个智能化无人农机项目参加了本次作业试验，你对哪个项目感兴趣？你对农机智能化是否有新的认识？“农业装备智能化技术”这门课程该如何去学？你是否愿意毕业后进一步学习深造？

本轮课堂互动研讨与前面以教师为主导的方式不同，这个环节以学生自主研讨的形式为主，并且由学生进行总结，使学生深入了解江苏大学农业工程学院目前在智能农业装备方面所开展的创新工作，通过这种潜移默化的专业思想教育培养学生的农机情怀和专业认同感。

图 1　我国首次农业生产全过程无人农机作业试验在兴化启动的视频截图

教学总结思考

课程专业知识与思政内容在教学过程中的有效结合，赋予专业技术类课程时代气息。农机专业是我校的传统专业，在漫长的办学历程中，农机教育事业通过我校一代又一代农机人传承和发展。教师可结合专业教学讲好身边的农机人、农机事，这些人和事具有天然的亲近感，学生易于接受，对学生人生观、价值观的塑造和农机情怀的培养具有不可替代的作用。

理论教学结合课程实验和农业装备生产实习的现场教学，使学生对农业装备智能化的概念理解更加清晰。思政内容与专业课程的有机融合，使农机专业学生在学习专业课程的同时对我国的国情和“三农”问题有了更深入的了解，对我国农业机械装备与世界先进水平的差距有了更清晰的认识，从而能够明确未来学习和努力的方向，使其学习智能农装、应用与创新智能农装的内在动力得以增强。

教学成效改观的一个具体表现是学生在课程报告中表述的心得与收获更加充实，学生参加大学生智能农装比赛及大学生科研创新项目的积极性普遍提高。近年来，我校农机专业学生毕业后在农机行业就业的人数不断增加，毕业生进一步在农机专业深造的意愿也在提高，考研录取率屡创新高，学生对专业满意度评价排名始终位于前列。由此可见，课程思政对推动专业课程教学改革具有十分显著的积极作用。

案例课程：道路交通安全工程

“人—车—路”系统中的课程育人教学改革案例

（汽车学院　刘志强，倪捷）

课程思政背景

“道路交通安全工程”是交通类专业的核心课程，主要内容包括“人—车—路”系统的交通特性及其与交通事故的关系，交通安全系统分析，交通安全设计、管理和评价等内容。通过课程学习，学生能够了解国内外交通事故发生的特点和交通事故发生的规律，理解“人—车—路”交通环境在交通系统中的特性及其对交通安全的影响，认识交通事故发生的机理，掌握交通安全系统的分析和评价方法。在掌握知识理论的同时，学生应具备将交通安全基本理论、技术及方法实际应用于交通安全领域，并且能够综合分析和处理各类交通安全问题的基本能力，以及从事专业领域技术、管理工作的实际工作能力。

为引导学生形成正确的世界观、人生观和价值观，以“课程育人”的理念培养学生的综合素养，提高学生的沟通能力、学习能力、团队合作能力，培养责任意识和专业使命感，我们在课程教学中从专业认同、社会责任、社会主义核心价值观等方面深入挖掘“道路交通安全工程”课程所蕴含的思政要素，强化价值引领、知识传授和能力培养的“三位一体”，充分发挥课堂教育主渠道作用，激发学生的内生学习动力，切实将思想价值引领贯穿教育教学全过程，构建专业课程与课程思政同行同向的育人新格局，提高教育教学质量和水平。

课程教学设计

【课程内容组织】本课程内容按体系分为三大部分：“人—车—路”系统的交通特性及其与交通事故的关系；交通安全系统分析；交通安全设计、管理和评价。

32 课时的教学计划组织方式包括课堂教学（23~24 学时）、实验（4 学时）、实习（2 学时）、答辩及座谈（2~3 学时）。

为课程教学组织的教学资源包括：超星尔雅学习平台（手机“学习通”）；除教材之外的参考资料、拓展材料电子文件；学院的车辆工程虚拟仿真实验教学平台（图1）；中心实验室开展的相关实验课程（驾驶员复杂反应测试、模拟驾驶实验、道路交通管理模拟沙盘教学、交叉口管理设计实验、眼动仪实验等）。

图1 车辆工程虚拟仿真平台

【思政元素选择】“道路交通安全工程”课程内容与高速发展的社会经济生活紧密关联，我们从“人—车—路”系统的角度出发，以“交通安全现状”“交通事故机理”“紧急救援”等课程内容为切入点，引入学生易接受的教学案例，将课程思政元素与“道路交通安全工程”课程内容有机结合，用辩证唯物主义的认识论和方法论在潜移默化中引导学生，达到“润物细无声”的育人效果。

【教学模式设计】课程教学的基本模式是以案例引导，借助现代教学技术手段，运用基于问题的PBL教学方法（Problem-Based Learning）进行教学设计，建立“多维度立体化教学模式”体系，有效地推进课程教学。

（1）3C2F多维度立体化教学模式

在课程目标的实现过程中，我们贯彻“新工科”建设思想和成果导向教育OBE（Outcome-Based Education）理念，以学生为本，推进教学方法的改革，提高教学质量。在具体的教学实践过程中，努力推进课程思政进教室，建立多维度立体化教学模式，构成课程思政融入课程体系、理论教学和实践相结合、课内和课外教学相结合、线上和线下教学相结合、科研与教学相融合的“3结合（Combination）+2融合（Fusion）”（简称3C2F）的教学模式（图2）。

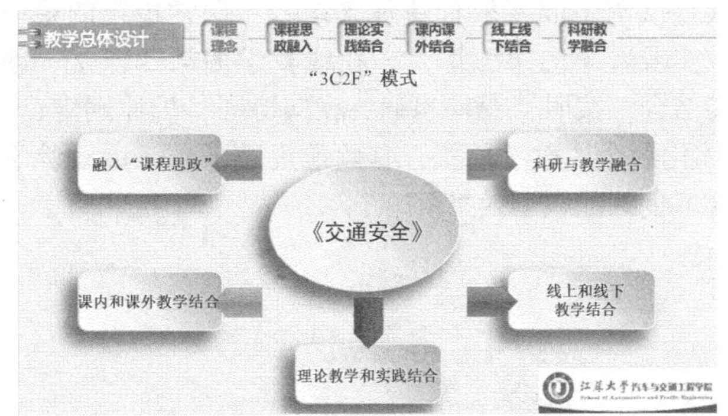

图 2　3C2F 多维度立体化教学模式

(2) 思政内容整合与教学理念改革

课程思政是当今高校开展思想政治工作的新理念、新模式，课程育人是实现教育立德树人根本目的的重要路径。落实高校“三全育人”教育改革就是将思政教育融入课程教学之中，从多个环节着手，将思政教育贯穿专业课程教育教学的全过程（表 1)，实现对大学生“树人”教育前提下的“成才”教育。在课程讲授过程中，教师应努力传播正能量，积极引导学生树立正确的世界观、人生观和价值观，将“课程思政”融入整个教学过程，坚持“立德树人”的根本宗旨，真正做到“教书育人”。

表 1　专业课程教学与思政教育的内容融合

课程内容	思政教育内容
课程的背景：分析目前国内外交通安全的现状和面临的交通安全形势	解读作为交通类专业大学生所要承担的任务，增强学生的使命感和责任意识
交通事故现状	教师和学生一起探讨生命的意义和价值，强化“交通人”的责任意识
交通事故发生的机理	强调运用系统工程的思想分析和处理问题
紧急救援	着重引导学生产生价值认同
交通安全评价和管理	强调“公平公正”的社会主义核心价值观
实践实验环节	充分利用课堂外的实践实验平台，把实践作为认识的基础，理论联系实际，充分认识并掌握辩证唯物主义的认识论和方法论

(3) 课程改革实施方案

① 构建“五课堂+3C2F”立体化教学体系。教学改革过程中坚持以学生为中心的教学理念开展教学设计（图 3)，纵向按课程展开的时间序列、逻辑关系设置，横向按照教学实施、课程考核同步或交错展开（图 4)。我

们将互联网教育技术手段与教育新理念结合，探索传统的第一课堂、课外的第二课堂、实践教学的第三课堂、在线教学的第四课堂、创新学习的第五课堂的虚实结合，按照“纵向贯通，横向协同”的原则构建了“五课堂+3C2F”的立体化混合式教学模式，有效地规避了现有课程教学过程中存在的问题，取得了良好的教学效果。

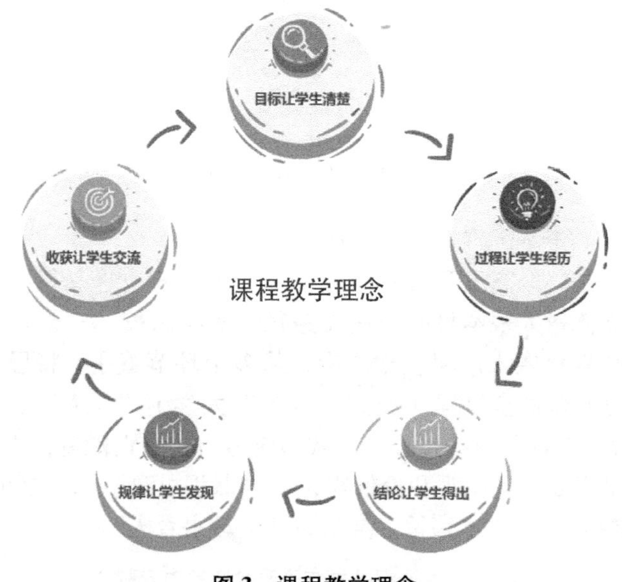

图 3　课程教学理念

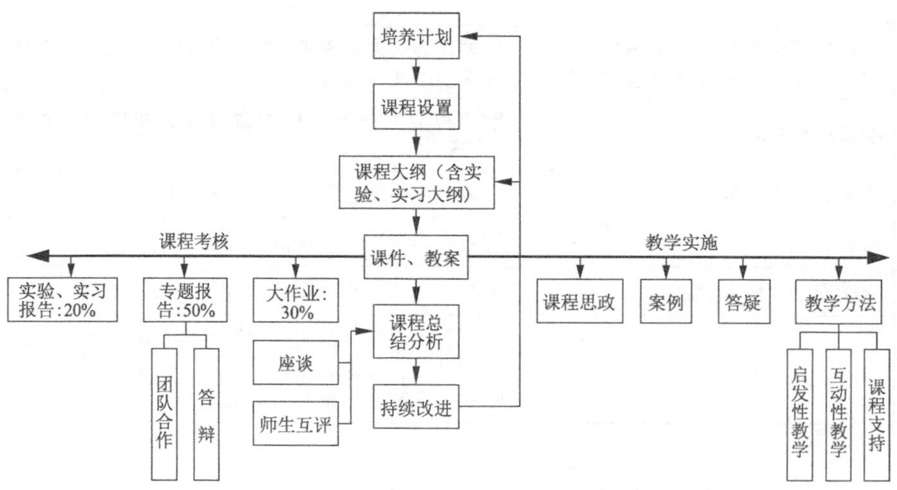

图 4　“交通安全工程”课程教学模式设计

② 建立“三动一学”创新实践体系。“三动一学”创新实践体系（图 5）注重培养学生理论联系实际的工作作风，提高学生的沟通能力，培

养团队合作精神，引导学生树立正确的世界观、掌握科学的方法论。

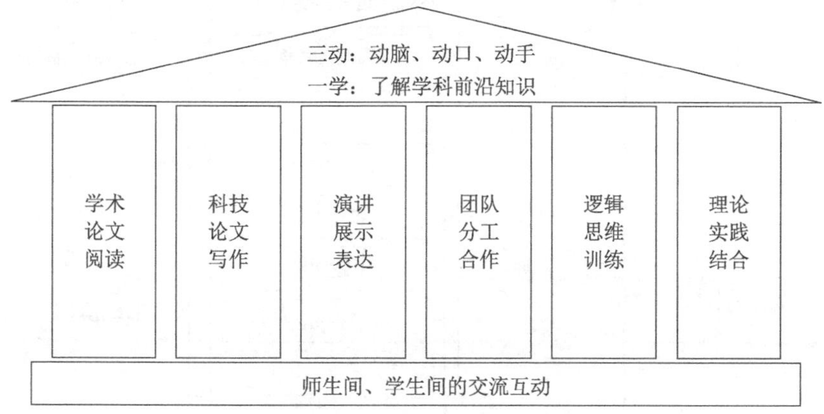

图 5 “三动一学”创新实践体系

③ 实施“五星教学标准”的教学流程再造。针对目前在线教学、多媒体教学或者 E-Learning 学习中只重视信息呈现而忽略有效教学特征的问题，课程借鉴了美国 Brigham Young 大学夏威夷分校的梅瑞尔（M. David）教授近年来一直倡导的新教学理论“五星教学标准”（Five-Star Instructional Design Rating，图 6），综合“指引方向”“动机激发”“协同合作”和“多向互动”四个教学环境因素，开展教学流程再造（图 7），并按照（回顾）理论、案例、研讨、分析、总结（思考题或作业）的方式开展教学。

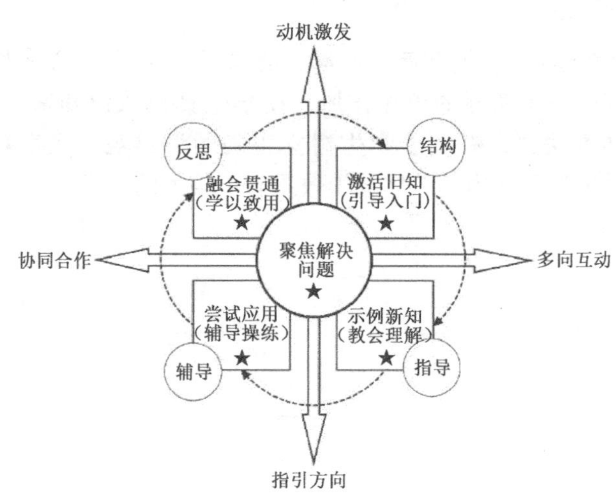

图 6 五星教学标准

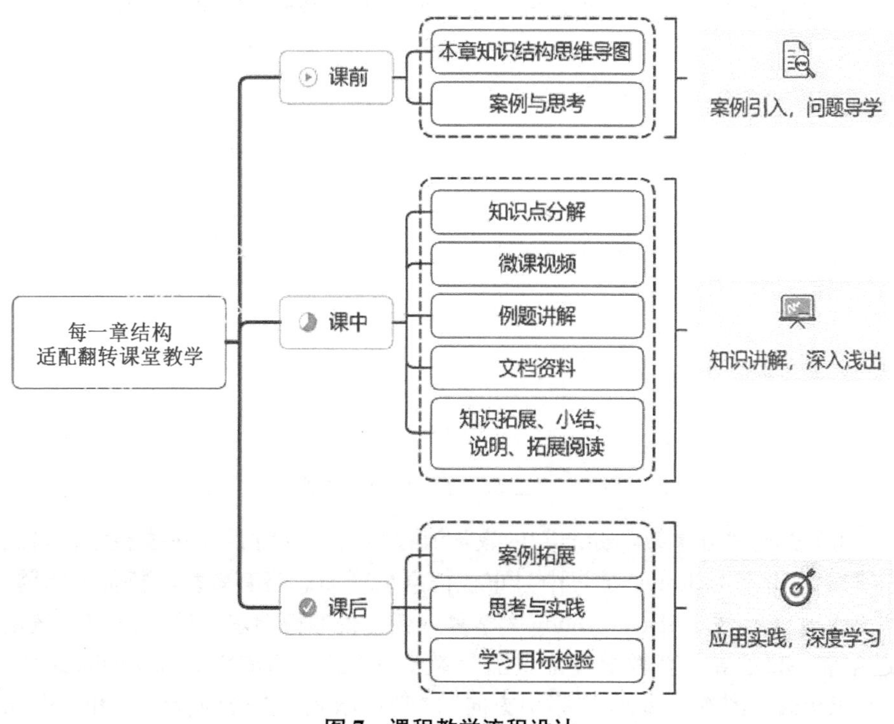

图 7　课程教学流程设计

教学总结思考

课程思政教学改革的实施，整体上增强了学生的使命感和责任意识，培养了学生理论联系实际的工作作风，使学生真正认识和掌握辩证唯物主义的认识论和方法论，有利于学生树立正确的世界观、人生观和价值观，激发学生的内生学习动力，总体教学效果有了较大的提升。

见微知著，溶盐于汤

——基于混合式教学的课程思政探索与实践

（环境与安全工程学院　许小红，朱姗颖）

课程思政背景

“环境微生物学”是环境工程及环保设备工程专业的专业基础课程，其主要内容包括微生物基础知识和微生物在环境污染物处理中的应用两部分。通过学习本课程，学生能够掌握常见微生物的培养方法和特征、微生物在不同环境中的生态学特征、环境污染控制与治理中的微生物学原理等理论知识，具备筛选、分离和鉴定具有不同污染物降解功能的环境微生物，利用微生物学原理分析生物处理系统中的关键问题并解决处理过程中与微生物有关的复杂问题的能力，形成应用自然规律解决实际问题的观念意识和基本技能。

案例式教学能够促进学生知识的巩固及工程能力的提升。本课程在讲授过程中引入了著名微生物科学家的故事、“两面派”的抗生素、活性污泥的“惊鸿一瞥”、“娇贵”的地衣等教学案例，将课程思政元素与专业知识自然融合，在培养学生科学思维能力和解决复杂环境问题能力的同时，培养学生强烈的社会责任感和良好的职业道德，树立社会主义核心价值观，增强投身生态文明建设的使命感。

课程教学设计

【课程内容组织】在“环境微生物学”课程教学中，学生需要了解微生物与人类的关系、微生物学的发展史，掌握微生物的形态结构特点及环境生存特性，理解微生物在控制环境污染等方面的作用。科学是环境保护和生态文明建设的重要依托，为此，课程团队梳理了课程内容中所蕴含的思政教育元素及其所承载的思政教育功能，将社会热点问题、科学家事迹等案例融入课堂教学，使之与专业知识自然结合起来（表1），唤起环境专业学生的社会责任意识，培养社会公德及职业道德意识，实现课程的育人职能。

表 1　环境微生物学课程中的思政教育设计

教学内容	思政教育元素	思政教育目标
环境微生物学发展史	国内外著名微生物学家的事迹	科学发现服务社会；科学精神；人文精神
微生物与人类的关系	微生物对人类有益和不利的作用	科学思辨
微生物的特点	细菌的抗药性和抗生素的生产	职业伦理和道德；环境保护；辩证思维能力
微生物间关系	“娇贵”的地衣；人体内的正常菌群	环境保护；人与自然和谐共生；辩证思维与客观理性
病毒	某生物疫苗事件	遵守操作规范；社会责任感；伦理道德
微生物的生理	生长曲线	珍惜资源与保护环境
微生物的新陈代谢	生物杀虫剂与生物可降解塑料	节约资源与保护环境
微生物降解污染物	活性污泥	工匠精神

【思政元素选择】环境微生物学发展史及微生物在人类生活生产中发挥的作用是课程内容的主要组成部分，我们在四个方面构造了课程思政的引领方向。

（1）提升人文素养：梳理名家事迹，传播正向价值

科学发展离不开人的努力，科学家的学术成就为后人传承，而其内涵的精神要义更值得我们学习与倡导。课堂传播正能量就是要培养学生坚定忠诚的爱国主义情怀、积极向上的人文精神素养和高尚健全的职业道德意识。在环境微生物学发展史中，有许多追求真理、甘于奉献并在人类历史上留下光辉一页的科学家：被誉为“沙眼之父”的汤飞凡，克服简陋的实验条件困难，在战乱中依然努力为人类谋福祉；“偶然”发现了活性污泥的英国人克拉克和盖奇，开发了活性污泥污水处理工艺……看似幸运之神眷顾了这些科学家，实质是他们多年如一日认真细致的工作态度和执着于科学研究的工匠精神成就了他们的非凡。以这些案例为课程思政的载体元素，可以引导学生认识到踏实勤勉是一个人获得成功的重要前提，志存高远也是当代大学生需要培养和具备的基本素质。

（2）强化科学思辨：培养科学思维，辩证认识世界

环境微生物学具有很强的理论性和实践性，要求学生具备较强的科学思辨能力来正确认识客观世界。

在课程中挖掘展现思维逻辑性和科学性的案例，引导学生分析探讨，

同时锻炼学生用辩证唯物主义思考问题，不仅对学生掌握学科知识非常重要，对其后续成长也同样重要。

微生物具有“吸收多，繁殖快，适应性强，易变异”等特点，以青霉素为代表的各种抗生素在疾病医治方面发挥了关键作用。但随着时间推移，耐药菌甚至“超级细菌”的出现，以及抗生素所引起的环境污染问题也告诉我们，微生物是一把“双刃剑”，既可以造福人类，也可能会威胁到人类社会。学生要用辩证思维看待微生物与人类的关系，利用所学知识充分发挥微生物对人类的有利作用，有效控制其对社会产生的危害。

（3）规范伦理道德：遵守职业规范，遵从社会公德

社会行为规范是文明社会的重要标志，但是在现实生活中难免有一些不和谐的情形。例如，在某生物疫苗事件当中，涉事企业不按照规范操作，甚至编造生产记录和检验记录，违法违规生产疫苗，给我国疫苗生产和接种带来巨大的信任危机。我们将这一反面案例作为思政元素引入病毒章节的课程教学，发掘案例教育的本质价值，强化伦理道德教育，让学生意识到规范有序、职业道德不是简单的口号，在科学研究和职业生涯中，遵守规范是做人的底线，要树立强烈的社会责任感。

（4）建设生态文明：珍惜资源环境，人与自然共生

在微生物的共生关系中，地衣是典型的真菌与藻类的共生体，由于其对环境十分敏感而显得非常“娇贵”。当生长环境受到污染时，地衣就会消失不见。在人类利用和改造自然的过程中，自然界有许多的珍贵物种渐渐消失甚至灭绝，这反过来又对人类的生存和发展产生了影响。地衣的“故事”告诉我们，为了实现可持续发展，珍惜资源和保护环境是人类刻不容缓的发展要务。通过合成生物学技术合成生物杀虫剂，通过微生物发酵生产可降解塑料……这些案例都提示着学生，科学技术是保护环境的手段，而建设生态文明是今天课堂学习的最终目的，环境专业的学生应该有自己的专业自豪感和专业使命感。

【教学模式设计】“环境微生物学”课程依托中国大学 MOOC 平台建立了在线课程，教师通过视频教学、章节作业、课堂测验、讨论、学生点评等手段组织教学，创新了课程教学方法。为达到全方位的课程育人目的，“环境微生物学”课程通过“课前预习—课中讨论—课后反思”及线上线下混合式教学模式提升教学效果，同时融入课程思政元素，对学生进行全方位“成才先成人”的引导。

（1）课前：线上预习

通过“慕课堂”提前发布一些课程思政案例供学生自学，比如“探讨对生物杀虫剂‘双刃剑’的认识和感受”“基因工程在环境保护中的应用”

“疯牛病的发展”等，要求学生课前进行资料的搜集、整理和总结，制作PPT在课堂上进行交流和讨论。

（2）课中：翻转课堂

在翻转课堂上，采用专题研讨式、案例列举式等教学方法，将枯燥的理论知识融于现实案例中。列举案例时，导入案例发生背景、科学研究现状、案例发生的原因（包括是否与职业操守有关等）、问题解决过程（包括科学探究过程，以及解决困难和瓶颈问题过程中的科学精神与职业操守等）。整个教学过程既传授了环境微生物学的专业知识，又兼容锤炼学生心志、培育品行素养，活跃教学气氛的同时激发了学生的学习热情。

（3）课后：交流反思

教师除了在教学中与学生面对面地交流讨论外，还将相关主题上传到课程网络教学平台上，让学生利用课余时间，将自己的看法、发现的问题和感悟发表在网站上与大家分享。在相互讨论交流中，学生可加深对知识的理解并形成积极的世界观和价值观。

教学总结思考

在“课前预习—课中讨论—课后反思”的教学组织过程中，课程育人与知识育人的自然融合，发挥了“润物细无声”的教学作用。

（1）线上线下混合，提高学生的自主学习和思辨能力

课程采用混合式教学模式，充分利用了丰富的线上资源，调节了课堂教学氛围。学生对教学内容学习的积极性和主动性提高了，对思政案例的思考与讨论也表现出极大的热情。除了知识的获取，很多学生还认为课程内容正确引导了他们对人生观和科学观的认识，使他们在今后的生活和学习中可以对与微生物相关的现象进行更理性的分析与思考。

（2）教学相长，提高教师教学育人能力

在混合式课程教学中，教师通过课程的反馈了解学生对于课程学习的心得体会。教师要考虑学生的知识基础、兴趣、积极性、心理和自学能力，有针对性地选择合适的教学策略，设计不同层次的思政案例、知识点及习题，这对主讲教师提出了更高的要求。教学给予教师压力的同时也会激发教师的授课热情，教师在学生的疑问和反馈中发现自身的不足与亮点，对授课内容进行全面深入的研究，进一步促进教师为真正的“传道、授业、解惑”而努力，最终实现教学相长。

让“航天精神”融入课堂

（环境与安全工程学院　朱方）

课程思政背景

“安全人机工程学”是安全工程专业的基础课程之一，主要内容包括人的基本特性、人机系统和界面、安全作业环境、人的疲劳与差错、人机系统可靠性及安全性设计等。通过学习该课程，学生能够掌握从“人—机—环”匹配的角度探究导致事故的作用机理及预防方法，能综合运用人体测量学、生理学、心理学、生物力学等研究方法和手段解决人机结合面的安全问题，能分析、评估、创建舒适宜人的工作环境，在提高生产效率的同时确保劳动者的安全。

高等学校“三全育人”的教学改革思路要求课程教学在传授专业知识的基础上，将学科知识资源转化为课程育人资源，通过转变教学理念、改进教学方法、完善课程考核等途径，把课程思政理念贯穿教育教学全过程，着力解决高校“培养什么样的人、如何培养人、为谁培养人”的根本问题，实现价值引领与知识传授的有机统一。

航空航天工程是典型的安全人机工程学理论应用场景，我们在“安全人机工程学”课程教学过程中，结合中国载人航天工程中神舟飞船的改进设计、航天员选拔与训练方法的创新等案例，将课程内容与航天精神有机融合，以无怨无悔的奉献精神、精益求精的工匠精神、顽强攻坚的战斗精神来感染和引导学生，激发学生努力奋进的崇高精神力量。

课程教学设计

通过课程及案例学习，使学生进一步理解安全人机工程学的研究对象和内容，掌握安全人机工程学的方法及其在工程中的应用，形成“人—机—环”系统安全的观念，提升解决复杂安全工程问题的能力，增强学生为实现中国梦而努力的崇高理想信念。

【课程内容组织】“安全人机工程学”是学生最早接触的专业基础课之一。课程的绪论往往是一门课的“开场白”，教师通常会在绪论教学阶段给学生列举安全人机工程学应用的成功案例，在给学生留下深刻印象并帮助他们建立感性认识的同时，激发起学生的学习兴趣。

《安全人机工程学》（廖可兵主编）绪论部分的主要教学内容包括：① 人机工程学及其研究内容、发展概况；② 安全人机工程学及其研究对象、内容、方法和目的；③ 安全人机工程学与相关学科的关系。

习近平总书记在全国高校思想政治工作会议上指出，“好的思想政治工作应该像盐，但不能光吃盐，最好的方式是将盐溶解到各种食物中自然而然吸收”。我们在进行课程思政的教学设计时，增加了有关中国载人航天工程的人机工程学研究内容，对比教学目标，选择了三个题材案例（表 1）：一是中国第一批航天员的选拔（人员的选择涉及人的生理、心理特征），这部分内容涉及教材的第二章“人体的人机学参数”和第三章“人的生理心理因素及生物力学特性”的教学内容；二是执行“神舟七号”飞行任务时，景海鹏沉着应对并防止出舱事故，这部分内容涉及教材第三章的教学内容；三是介绍神舟飞船座舱内部人机环境，这部分内容涉及教材第四章“安全人机功能匹配”和第五章“人机系统的安全设计与评价”的教学内容。所选的这些案例内容生动且鼓舞人心，与课程教学内容关联紧密，既能实现思政教学目标，又没有生搬硬套的痕迹。

表 1　安全人机工程学绪论的思政教学设计

教学内容	能力目标	思政教育内涵
安全人机工程学的定义，研究对象、内容、方法、目的	了解人机工程学的起源与发展	航天精神是无怨无悔的奉献精神
中国载人航天工程的人机工程研究进展：中国第一批航天员的选拔；景海鹏沉着应对并化解出舱事故；神舟飞船座舱内部人机环境等	理解“人机系统”的含义，掌握安全人机工程学的定义	航天精神是精益求精的工匠精神
安全人机工程学与相关学科的关系	了解安全人机工程学的研究目的、研究对象、研究方法	航天精神是顽强攻坚的战斗精神

【思政元素选择】航天精神是建设航天强国、实现航天梦的崇高精神力量，也是实现中国梦的崇高精神力量。教师在介绍中国载人航天工程的人机工程研究进展时，向学生传播其中蕴含的中国航天精神。

（1）*无怨无悔的奉献精神*

中国航天人为了祖国的航天事业长期默默奉献，成就了中国航天事业的长足进步，使中国的航天事业在国际上占有一席之地。我们每个人都要学习航天人的奉献精神，把这种精神融入具体工作的点点滴滴，践行到尽忠职守的方方面面。

（2）精益求精的工匠精神

载人航天工程是一个系统工作，必须在设计、制造、试验、测试各环节，把工作做深、做细、做透、做到极致，排除一切可能存在的风险，才能确保万无一失。我们在学习工作中就要具备这种严谨细致、精益求精、深耕细作的工匠精神，用航天人的标准丈量工作的水平。

（3）顽强攻坚的战斗精神

中国发展航天技术走的是独立自主、自力更生道路，是在一穷二白的基础上逐步发展起来的。我们学习航天精神，就是要学习他们的战斗精神，勇于担当、善于担当，充分发挥自己的专长，在自己的领域做出更好的业绩。

【教学模式设计】课程思政的目的是在对学生进行知识、能力培养的同时实现价值观的引导，要坚持高阶性、创新性、挑战性的基本原则，采用问题导向、探究式学习等培养高阶能力的教学模式，通过任务驱动、案例教学、课堂讨论等方法实施教学，把握教学内容、教学模式和方法设计、课程考核、教学反思四个环节，将教学内容与思政元素渗透融合，实现“育人”和“育才”的统一。

① 把握教学内容：依据教学目标，选择最能实现教学目标的内容切入点。能够反映航天精神的素材很多，要选择和安全人机工程学研究内容相关联的素材，同时还要考虑教学内容的时代性、前沿性、创新性。在钱学森先生的倡导下，新中国的人机工程研究率先在航天飞行器设计研究中采用“人—机—环”系统观点，并取得了辉煌的成绩。教学中应将安全人机工程研究在中国航天工程中的成功应用作为课程思政教育资源，与课程知识点有机串联结合，在“润物细无声”的知识学习中融入理想信念层面的精神指引，实现社会主义核心价值观融入课堂教学的教学目标。

② 把握教学模式：结合网络信息技术开展多形式的互动教学，开展以学生为中心的个性化教学、探究式教学和翻转课堂式教学等。教学模式的创新可以使课堂活跃起来，从而提升学生的学习效率和学习质量，培养学生的创新性和批判性思维能力。教学方法的设计对于提高课堂的教学效率至关重要，教师要转变教学观念，以学生为中心，积极搜集和运用多媒体资源来辅助教学。除了运用传统的讲授方法外，还要引入在线短视频、雨课堂等互联网数字资源和教学案例，综合运用互动式教学和学生自学、讨论、练习、角色扮演等多样化的方法，摒除“一言堂”“满堂灌”的教学弊端，提高教学互动性及学习主动性，激发学生的求知欲。比如，在授课的

开始，播放“神舟七号”航天员翟志刚成功出舱，实现中国历史上第一次太空行走的短视频，调动学生的爱国热情；紧接着展示一组第一代航天员的照片，让学生从人体尺寸角度讨论航天员的特点，同时让学生自我总结为什么会有这些人体尺寸的要求；接着讲授“神舟七号”飞行任务中，航天员遭遇的“出舱时舱门打不开”和“轨道舱连续响起火灾警报”两个意外后成功化解危机的事例，让学生在理解人的心理因素对安全的影响的同时，领悟航天英雄的战斗精神；最后给学生展示神舟飞船内部的人机环境，然后布置课后任务，让学生查阅资料并设计理想的航天员、仪器仪表及舱内空间的人机环境系统，在后续课程教学中将采用翻转课堂的方式展示和评讲人机作业环境。

③ 把握课程的考核方式：考核对于学生的学习投入具有导向性作用，为保证课程思政背景下的教改效果，必须相应地改革课程考核方式。我们采取多元考核办法，将客观量化打分与主观效果评价结合起来，打破学习成绩仅由考试成绩单一构成的传统，提高形成性评价在总成绩中的占比，以学生平时上课的表现、综合作业的完成情况反映课程思政的学习效果，用科学评价促进教学效果提升。

④ 把握教学总结和反思环节：主要是对教师教学过程的总结和反思。教师要对教学各环节的实施情况、教学效果进行客观评价，持续进行教学改进，在下一轮教学中进一步完善。教学反思要求教师在完成各章节内容教学后对教学目标达成情况、教学过程组织情况、学生重点掌握情况、难点解决情况及需完善的情况进行总结和梳理。

教学总结思考

“安全人机工程学”课程思政教学改革尝试在课程目标、教学内容、教学手段、课程项目综合训练、考核评价方式等多个维度融入“航天精神”的思政元素，重新组织教学，推动专业知识教学与思想政治教育紧密结合，获得了教学相长的教学效果。

(1) 形成了良好的学风，提高了学习主动性

为实现教学目标，在线上线下混合式教学中采用了重庆大学司鹄老师主讲的“安全人机工程学”线上课程（该课程入选首批国家级一流本科课程），超星学习通在线教学平台学习情况统计分析显示，绝大部分同学能及时完成在线课程学习。在线上学习的资源保障下，有较为充足的课堂教学时间开展翻转课堂的教学模式改革探索，按照“问题引领、资料收集、设计方案、课上讨论、总结评价”五个步骤组织教学，提高了学生学习的主动性，锻炼了学生解决复杂安全工程问题的能力。

课程教学改革后，学生对教学内容学习的积极性和主动性提高了，上课的“抬头率”明显提高，许多学生开始大胆提出自己的问题和想法，并通过软件绘图、手绘图片加文字说明等多种方式形成解决方案；在课堂交流发言环节，学生对自己的设计结果进行解释说明，课堂气氛热烈。最关键的是，正确的世界观、人生观、价值观的引导，大大增强了学生的社会责任感和主人翁意识。学生在教学平台上对本课程的评价总体满意度超过90分，大部分学生对课堂教学给予了肯定，教学达到了预期效果（表2）。

表2　学生对教学效果的评价及分析

评价指标	满意度	情况分析及改进方向
教学态度认真，遵纪守时，教书育人	95.0%	大多数同学满意，继续保持认真的教学态度
教学准备充分，内容熟悉，授课顺畅	91.2%	进一步熟悉教学内容
讲课条理清晰，重点突出，语言生动	92.4%	进一步熟悉教案，做好教学设计
课件设计合理，板书工整，层次清楚	92.6%	大多数同学满意，进一步调整课件，突出层次
作业批改认真，关心同学，答疑到位	93.0%	教学中增加答疑环节
理论联系实际，师生互动，气氛活跃	92.0%	大多数同学满意，继续增加授课中的实例内容
对任课教师教学效果综合评价	92.5%	大多数同学满意，继续保持

（2）促进教师深入学习

教学改革激发了学生的学习热情，而高强度、有挑战性的教学模式也激发了教师的授课热情。教师需要凝练出适合课堂教学、有一定难度的工程问题，还需要针对学生的解决方案，点评优点及不足，在与学生互动中很容易发现自身的不足，从而促使教师对授课内容进行全面深入的研究，促进教师自身的成长。

思政元素与课程内容的有机融合与协同育人

（化学化工学院　黄燕）

课程思政背景

“三聚氰胺毒奶粉”事件虽已过去很多年，但仍旧时常被人们提起。在新时代高等教育“三全育人”理念引导下，我们在复合材料与工程专业一年级的专业基础课程“分析化学”的教学改革尝试中，以“酸碱滴定法的应用”中凯氏定氮法测定蛋白质中氮的含量等课程内容为切入点，将“毒奶粉”事件作为课程育人的思政教学案例引入课堂，培养学生“人而无信，不知其可也”的诚信价值观和“绿水青山就是金山银山”的新环保理念，以润物细无声的方式引导学生形成严谨的科学态度和明辨是非的能力，让积极参与生态文明建设、共建人与自然和谐共生的美好家园的美好愿望转化为学生的责任担当意识，引导学生树立正确的人生观、价值观和世界观。

课程教学设计

【课程内容组织】“酸碱滴定法的应用”是分析化学课程中的重要章节，主要内容之一是凯氏定氮法测定蛋白质中氮的含量。在该教学环节中，将使用 NH_3 和浓 H_2SO_4 进行测定。以此作为切入点，我们将“绿水青山就是金山银山”的环保理念与生态文明建设观念作为课程思政元素引入课程教学，将课程知识与“美丽中国”的美好愿景相结合，培养学生保护环境、建设美好家园的公民意识和职业责任与担当意识。同时，在教学中引入“三聚氰胺毒奶粉”事件案例，以不法分子人为在婴幼儿奶粉中加入三聚氰胺以提高氮含量的不法行为作为警示，教育大学生“人而无信，不知其可也”，不可趋利忘义，帮助学生树立正确的人生观、价值观，提高明辨是非的能力并形成严谨的科学态度。

【思政元素选择】

① 提出“在凯氏定氮法测定蛋白质含量的过程中会产生有毒有害物质吗”，在教学中融入“绿水青山就是金山银山”的环保意识和绿色可持续发展理念；

② 结合“三聚氰胺毒奶粉”事件，教育学生树立“人而无信，不知其可也”的诚信价值观，遵守不可趋利忘义的道德规范。

【教学模式设计】

该教学案例的主体环节设计如图 1 所示。

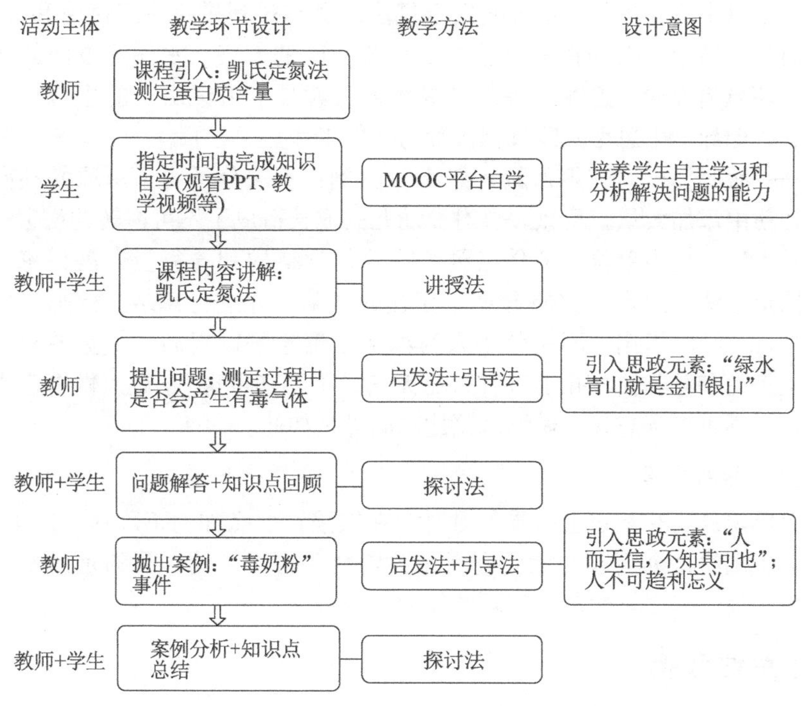

图 1　课程思政教学设计

（1）课前准备

学生熟悉线上 MOOC 平台操作流程及各种功能，准备学习资料；教师在 MOOC 平台上传教学大纲、课件、教学视频等教学资料，方便学生自主学习。

（2）课程开展

① 第一阶段：课程引入。

——回顾无机铵盐中氮含量的测定方法；

——介绍有机蛋白质中氮含量的测定方法（凯氏定氮法）。

② 第二阶段：课程内容教学。

——以学生为教学主体，在 MOOC 平台结合教学视频自学凯氏定氮法，提高自主学习的能力，并能够提出问题和分析问题。

——以教师为教学主体，讲授凯氏定氮法的测定方法及过程，并就知识点本身解答学生的疑问。

③ 第三阶段：提出思政案例并设问，由知识教学向课程思政提升。

——教师提出问题：凯氏定氮法测定过程中会产生有毒有害物质吗？会污染环境吗？

学生以小组为单位，结合凯氏定氮法的测定过程进行小组讨论和总结，并得出最终结论。教师在思政总结中介绍我国的大气、水体等方面的污染状况及环境治理的急迫性，结合“绿水青山就是金山银山”的生态文明建设理念，倡导学生思考并能够积极参与环保工作。

——教师提出“三聚氰胺毒奶粉”案例：不法分子为了牟取暴利向婴幼儿奶粉中添加大量三聚氰胺，对婴幼儿的成长造成了不可逆转的伤害。

学生以小组为单位，结合三聚氰胺的化学结构和含氮量开展讨论，分析凯氏定氮法在测定蛋白质含量时存在的缺陷，并进行总结。教师对案例分析进行总结时指出：不法分子人为添加三聚氰胺以提高含氮量的犯罪行为完全是由利益驱使，孔子曰“人而无信，不知其可也”，做人做事应当讲究诚信，不可趋利忘义，做学术搞技术同样是如此。

(3) 课后思考

凯氏定氮法在测定蛋白质含量时存在缺陷，那么如何消除这一缺陷呢？要求学生围绕这个问题在课后查阅相关资料并得出结论，目的是激发学生学习的兴趣，提高学生解决问题的能力。

教学总结思考

从教师角度来看，课程思政教学改革要求教师对课程内容进行系统梳理，促使教师转变传统的授课模式，从以教师为主的“填鸭式”教学转变为引导式、启发式并结合案例分析讨论等以学生为主体的教学，优化教学设计，寻找课程思政元素的融合点，以期能够真正地达到“润物细无声”的课程育人效果。同时，新的教学目标进一步要求教师创新教学手段，促进教师对课堂教学进行改革，提升教学质量。

从学生角度来看，思政案例引入课程内容不仅使学生对知识点的掌握和记忆得到强化，还对专业知识的学习具有扩展作用。结合教学问题和现实案例的引导，不仅提高了学生分析问题、思考问题和解决问题的能力，使他们更好地掌握了专业知识，还促进了学生树立正确的人生观、价值观和世界观，培养了学生的科学素养，提升了学生的综合素质，真正实现了课程内容与思政元素协同育人。

思政元素与专业知识的“化学”融合

（化学化工学院　邱凤仙）

课程思政背景

“分析化学”是化学与化工类、环境生物与安全工程类、食品药品类、医药卫生类、农业工程类、材料科学与工程等专业的重要基础课程，主要内容包括分析化学中的误差与数据处理、四大“滴定法”（酸碱滴定、络合滴定、氧化还原滴定、沉淀滴定）和重量分析法。通过课程学习，学生能够系统掌握分析化学的基础知识和基本技能，具备发现、提出、分析和解决分析化学及相关问题的能力。

习近平总书记指出，将“立德树人”全过程、全方位贯彻到高校全员教学之中，推动思政课程与课程思政协同前行、相得益彰，构筑育人大格局，这是当前中国高校面临的重要任务之一。为此，我们结合专业培养的基本规律与课程思政的基本要求，通过挖掘“分析化学”课程思政教育元素和丰富课程思政资源内容，强化思政教育意识和责任感，改革和优化课程教学模式，梳理了科学史实与探究精神、爱国情感与文化自信、环境保护与绿色发展，以及辩证唯物主义思想观念等方面的思政教育元素，编写了“分析化学”的课程思政教学案例。结合案例教学，设计了基于问题教学（PBL）、探究式教学、导入式教学等方法，切实将课程思政教育深度融入分析化学专业知识教学，实现课程教学与课程思政的融合，引导和帮助学生培养辩证的思维、科学的方法、正确的世界观和价值观，形成严谨求实的科学态度，提升学生的思想道德水平，实现知识传授与思想价值引领的同向同行，造就符合在中国特色社会主义新时代社会和经济发展所要求的高素质专业人才。

课程教学设计

【课程内容组织】“分析化学”是许多本科专业的专业基础必修课程，具有完备的知识体系，蕴含着丰富的辩证唯物主义思想观点。比如，基于化学平衡理论的各种滴定分析方法的基本问题、重量分析法的基本原理和应用、分析化学中的数据处理和质量保证等内容，都表达了严格的量的概念。充分挖掘这些思辨性元素，将其融合和渗透于课堂教学过程之中，这不仅有助于学生深刻理解学科知识，还可以培养其辩证的思维、科学的方法及正确的价值观，使专业育人与思政育人同频共振，十分契合当前的课程思政教育理念。

我们在教学组织时以分析化学课程“绪论”和“酸碱滴定法”两章为课程思政教学改革的切入口，在介绍分析化学的任务、作用、发展简史与发展趋势等相关内容的同时，引入了几位获得诺贝尔化学奖的分析化学科学家的科学精神与贡献事迹的教学内容，将思政教育与知识技能教育有机融合（表1），激发学生学习课程的兴趣。科学探究精神、爱国情感与文化自信、理想教育和奋斗精神教育融入教学，实现了课程思政的教学目标。

表1　“分析化学”课程思政元素与教学内容的融合点（以第一、第五章为例）

授课章节	教学内容	思政元素	教学方法
第一章 绪论	（1）分析化学科学家在化学领域的突出贡献——几位诺贝尔化学奖的获得者 （2）几位化学专业出身的著名政治人物	科学史实与探究精神讲解，开展远大理想教育，引导学生树立社会责任感和奋斗目标	导入式教学
第五章 酸碱滴定法	（1）酸碱理论的发展 （2）酸碱滴定曲线 （3）缓冲溶液	量变和质变，科学前沿与研究案例	PBL+探究式教学

【教学模式设计】

案例1：第一章　绪论

分析化学具有多学科交叉的学科特征，涉及化学、物理、数学、信息学、电子学、生命科学等多个领域，在人类科学发展历程中取得了大量的研究成果。在教学中，我们采用导入式教学方法，分别介绍几位获得诺贝尔化学奖的分析化学科学家和化学专业出身的著名政治家及其突出贡献：

（1）分析化学科学家：美国科学家理查兹（Theodore William Richards）从1883年开始研究原子量的测定，极大改进了重量法测定原子量的技术，其实验极为精细。他首先测定了氧的原子量，然后重新测定了铜、钡、锶、钙、锌、镁、镍、钴、铁、银及碳和氮的原子量。他还于1913年证实了同位素的存在，并进一步证实了放射性衰变理论。由于其精确测定了大量元素的原子量，于1914年获得诺贝尔化学奖。

瑞典科学家梯塞留斯（Arne Wilhelm Kaurin Tiselius），研究电泳、吸附分析和血清蛋白，发现了血清蛋白的组分，于1948年获得诺贝尔化学奖。

美国科学家利比（Willard Frank Libby）一生致力于发展放射性碳测年法（Radiocarbon dating），该方法被广泛应用于考古学、地质学、地球物理学及其他学科，他因此于 1960 年获诺贝尔化学奖。

美国科学家芬恩（J. B. Fenn）和日本科学家田中耕一由于发明了一种基于质谱分析识别和分析生物大分子结构的方法而荣获 2002 年度诺贝尔化学奖的一半，他们的工作给新药的开发带来革命性改变，还使某些癌症的早期诊断成为可能。2002 年诺贝尔化学奖的另一半奖给了瑞士科学家维特里希（K. Wüthrich），他发明的核磁共振新技术可确定类似于活性细胞环境中蛋白质分子的三维结构。

这些诺贝尔化学奖获得者的事迹介绍，使学生认识到了分析化学的重要性，也对学生树立理想和奋斗目标产生了激励作用。

（2）介绍几位化学专业背景出身的著名政治人物，如习近平总书记、英国前首相撒切尔夫人、德国前总理默克尔、以色列第一届总统魏兹曼及中国科学院原院长卢嘉锡等。这些政治家的成功说明培养化学学科核心素养的重要性，由此结合学科的特点激发学生的学习兴趣。

分析化学是实验科学，是以实验为基础的、从定性到定量的研究过程。在课程教学中，将我国古代灿烂文明、中国人在化学科学上的伟大成就及其对世界科技产生的深刻影响，与分析化学的研究方法、内容进行有机融合，可以让学生在了解分析化学的发展过程和建立个人知识框架的同时，得到爱国主义思想熏陶，进一步提升了学生的社会责任意识和爱国热情。

案例 2：第五章　酸碱滴定法

酸和碱是分析化学中最重要的基本概念，在人们的日常生活、工农业生产和化学科学的酸碱定量测定中具有重要意义。我们从对酸碱理论发展认识的角度出发，将科学史实与探究精神、主要矛盾与次要矛盾、科学前沿与研究案例等课程思政要素融入酸碱理论的发展、酸碱反应中各物质近似浓度的计算、细胞培养中的缓冲溶液等教学内容。

（1）酸碱理论是阐明何为酸碱，以及什么是酸碱反应的理论。最早提出酸碱概念的是英国的化学家波义耳（R. Boyle），在其理论基础上，酸碱理论不断更新，逐渐完善，其中最重要的有酸碱电离理论、酸碱质子理论与酸碱电子理论。历史上的酸碱理论名目众多，但都是针对有共同特征的一类物质与反应提出的观点。它们各有特点，又相互联系、相互补充，使人们加深了对酸碱本质的认识，这反映了人们对于科学的探索是永不止步的，广大同学要不断培养和造就这种科学探究精神。

（2）量变是逐渐的、不显著的变化，而质变是一种飞跃，往往表现为突变。滴定分析中滴定曲线及突跃范围，体现了量变和质变的辩证关系，质变是量变的逐渐积累和必然结果。而在滴定很弱的酸碱时，却观察不到这种质变，突跃消失，这时教师可用对立统一的观点进行总结，从而得出准确滴定弱酸弱碱的判据。这既让学生深刻理解了理论知识，又使其获得了思维和意识上的提升。

（3）缓冲溶液存在于大自然的方方面面，它对人们的生产生活有着重要的意义。“酸性体质和碱性体质”案例，即美国圣地亚哥法庭判决“酸碱体质理论”创始人罗伯特·杨赔偿一名癌症患者1.05亿美元，这位“养生大师”当庭认罪并表示自己的“酸碱体质理论”纯属骗局的案件。授课中，不仅讲解缓冲溶液的组成、机理、相关计算，更要通过案例引入，将其中的原理和人体机理的重要缓冲对结合在一起，让学生理解人体开放体系是如何实现pH维持恒定的。

教学总结思考

课程思政以构建全员、全程、全课程育人格局的形式，使各类专业知识性课程与思政教育同向同行，形成协同效应，把“立德树人”作为教育的根本任务的一种教育理念。课程思政是有效发挥育人主渠道作用的必然选择。“分析化学”与其他课程一样是育人的重要阵地，教师应当认真把握思政教育的内涵，深入挖掘课程中的思政元素，将“课程育人”内化于心，将思政教育贯穿于教育教学全过程，实现“三全育人”着力培养德智体美劳全面发展的社会主义建设者和接班人的育人目标。

我们选择“分析化学”课程中部分章节的教学内容开展课程思政教学改革，较好地提升了课堂的亲和力，激发了学生的学习兴趣。在提升大学生科学素养的同时，提升大学生的道德意识和社会责任感，培养其分析问题、解决问题的能力及创新精神，帮助其树立正确的世界观、人生观和价值观，这也是对教学质量的真正提升。

案例课程：无机化学 A

“碱金属和碱土金属”中的课程育人

（化学化工学院　朱国兴）

课程思政背景

“无机化学”是化学专业一年级的专业基础课程。无机元素化学是无机化学课程内容的一部分，主要教学内容包括碱金属、碱土金属、硼族元素、碳族元素、氮族元素、氧族元素、卤素及部分过渡金属元素。通过对该课程的学习，学生能够了解物质世界的构成元素、各元素及其化合物的基本物理化学性质。

在课程教学中，我们尝试突破传统思政教育“单兵作战”的孤岛状态，发现课程内容的思政映射点，逐步构建课程思政“教育圈”，以此强化课程育人的教学意识并提升教学质量。

本文的案例教学在讲授 2 个学时的无机元素化学课程内容时，融入了化工科技历史，中国科学家的伟大贡献、爱国情怀和崇高品德等科学人文内容，使学生在学习无机化学知识内容的过程中，加深对辩证唯物主义科学观的理解，同时接受爱国主义的熏陶，树立民族自豪感和自信心，激发学生为祖国发展、社会创新做贡献的热情和社会责任感。学生内在的思想升华又激发了自身的学习热情，进一步提高了课堂教学的效率和质量，达到“课程育人”的目标。

课程教学设计

【课程内容组织】我校教学中采用了高等教育出版社出版的《无机化学》，第 12 章“碱金属和碱土金属”的整体教学内容如图 1 所示。

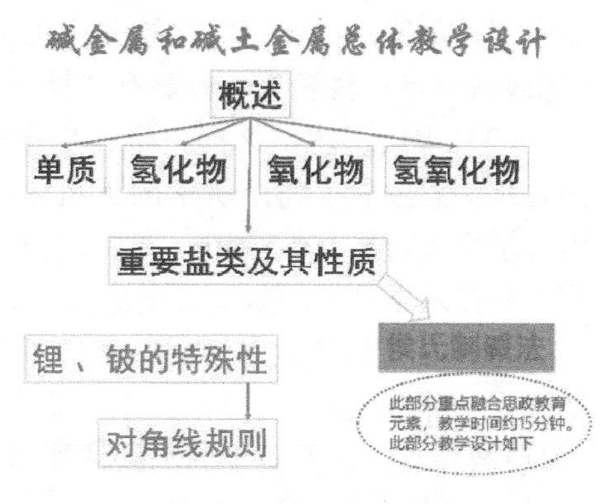

图 1　“碱金属和碱土金属”教学内容

【思政元素选择】侯氏制碱法是本次教学的主要内容之一，我们以侯氏制碱法的发明作为课程思政教育的切入点并从三个方面展开：

（1）介绍制碱技术的历史背景与发展过程。在20世纪初的中国，由于英国卜内门公司的技术封锁，一吨纯碱的价格约合一盎司黄金的价格。我国化学科学家侯德榜摸索出了传统索尔维制碱法技术方案，并在全世界共享技术成果（思政教育点：培养大学生专业学习的使命感和责任感，要勇于挑战和创新，要有“博爱”精神）。

（2）侯德榜在创制侯氏制碱法时，面对着侵华日军的威逼利诱和印度10万美金的高薪聘请，仍坚持致力于中国化学工业的发展（思政教育点：对学生进行民族精神和爱国主义情怀教育）。

（3）侯德榜在大学期间10门课程全部满分；他经历了500多次的试验，分析了2000多种试样，最终成功创制侯氏制碱法。侯德榜的这些故事与化学专业学生的学习与职业发展高度相关，是当代大学生可以近距离观察的榜样（思政教育点：勉励学生不怕苦、不怕难，培养学生自强不息的科学精神）。

【教学模式设计】本节课程的具体教学以问题为导向，将课堂讲授法与课堂讨论法结合，层层深入，在潜移默化中给学生以知识启迪和思想激励（图2）。不同教学内容采用不同的教学安排：

——课堂讲授法：

概述→单质→氢化物→氧化物→氢氧化物→重要的盐及其性质→对角线规则。

——课堂讨论法：

重要的盐及其性质→侯氏制碱法（融入课程思政的内容）。

具体的教学进程安排：

（1）首先介绍传统索尔维制碱法。

（2）当教师介绍侯德榜先生探索出索尔维制碱法的技术方案时，提出问题（思政教育点）：当你解决了一个重要的技术难题时，会怎么做？申请专利还是赚钱？再介绍侯德榜先生的做法——公开技术成果让全人类共享（思政教育点：科学工作者要有“博爱”精神）。

（3）继续讲解侯德榜先生在生产过程中遇到的第二个问题——暗红碱的处理，启发学生利用所学的无机化学知识思考解决办法，结合工业实践引导学生进行探究性学习。在引发讨论的基础上，对侯德榜在当时的时代背景和技术条件下的解决方案进行介绍。

（4）分析传统索尔维制碱法的不足，引导学生思考（思政教育点：创新思维培养）。在此基础上，介绍侯德榜创制侯氏制碱法的过程及相关事迹（思政教育点：培养学生的民族精神和爱国情怀）。

▸纯碱-碳酸钠的重要性 —— 基本化工原料，用量大，在国民经济中占重要地位

▸纯碱制备历史背景简介 —— 索尔维制碱法

英国卜内门公司技术封锁，一顿纯碱价格相当于一盎司黄金。筹建永利碱厂。全世界共享技术成果，彰显“博爱”精神。

暗红碱的处理，引导学生利用学过的无机化学知识思考解决途径

技术缺点：NaCl利用率不高

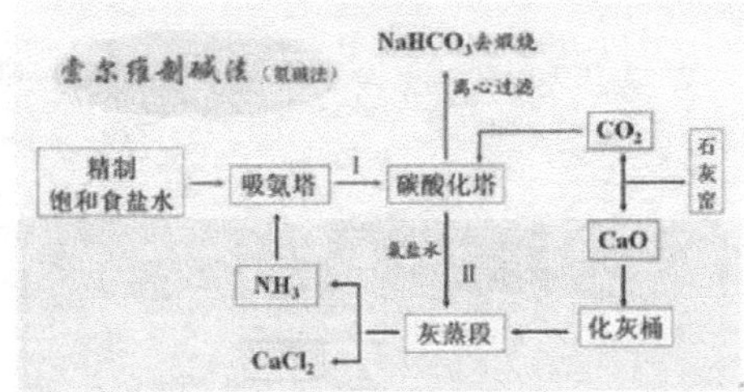

▸创制侯氏制碱法 —— 同时生产化肥氯化铵和纯碱

拒绝日本收买，印度10万美金的高薪聘请 —— 民族大义和爱国情怀

从无到有 —— 创新精神

500多次的试验 —— 执着追求

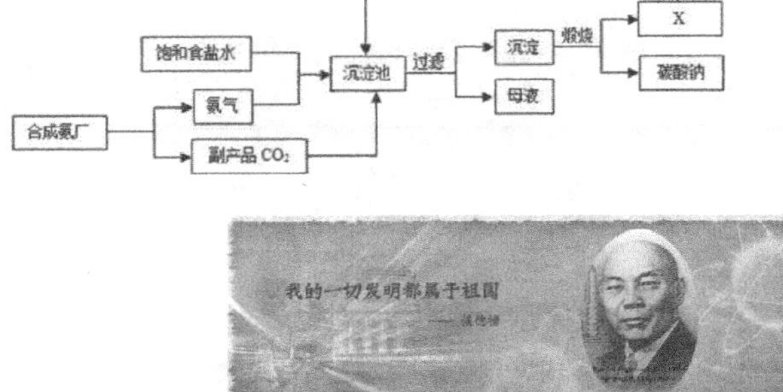

我的一切发明都属于祖国

图 2　以问题为导向的案例教学

教学总结思考

由于新冠肺炎疫情的影响，本课程教学改革借助腾讯课堂的直播教室实施。通过问卷、相关作业检查及学生分享感悟等方式，对教与学的实际效果进行评估。根据学生的评价反馈情况，可以判断课程思政教学改革的

总体效果良好，图 3 是部分学生的信息反馈情况。

回答： 他的学习精神以及爱国精神将永不会过时，值得我们每个人学习。为国家做贡献，为化学事业做贡献，这是一份责任，一份担当。

回答：
学习一方面是为自己的前途考虑，另外一方面，社会是由一个个人所组成推动的，为社会做贡献也是自我实现的一个方面，所以学习，爱国，于己于社会都是有意义有价值的。

回答：

侯德榜——没有进入一线战斗，却为国家赢得了创新一战。在当时风雨飘摇的中国，他靠着坚持不懈、勇于创新的精神，在化学工业做出了卓越的贡献，揭露制碱奥秘，文章是我中华儿女博大胸襟，他真乃伟大！

3. 侯氏制碱法诞生于危机之时，而侯德榜更是在外国人嘲笑中国"永远造不出纯碱"时忍辱负重、刻苦钻研，终成正果。学海深阔，实于兴邦，中国最需要的是求知、博学的青年，是"我的一切研究成果都属于国家"的爱国情怀。这，才是中国的脊梁！

回答：

侯德榜先生为了民族的伟大复兴，刻苦钻研，终于制成中国人自己的制盐方法，打破了外国的盐垄断。他的刻苦钻研精神与奉献国家精神值得我们尊敬，值得我们学习！！

图 3　学生对教学评价的反馈情况

概率论与数理统计全过程育人教学设计

（数学科学学院　范兴华）

课程思政背景

“概率论与数理统计”是研究随机现象的数学科学，也是一门重要基础理论课。通过课程学习，学生应掌握基本概念、理论和方法，具备逻辑推理能力、抽象思维能力、处理数据能力，能够以理性精神、科学态度探究新知识，用随机思想、科学方法解决实际问题。

“概率论与数理统计”课程的自然科学属性决定了其“隐性思政”特点。我们在教学实践中以课程知识为载体，在知识讲授过程中深度挖掘课程所蕴含的思政元素，将课程的知识体系无痕融入思政内涵。在知识教学的过程中，教师引导学生发现知识点的内涵并与实际生活的应用相关联，在穿插我国学者的学术经历与成就事例时将知识进行多学科延伸拓展，结合案例分析开展思想价值观、理想信念和道德品质的教育，使学生的课程学习与科学素质、思想品德的培养相结合，促进学生形成辩证唯物主义思想观，培养学生爱国精神、科学精神、工匠精神、求真求实精神、勇于创新精神，塑造社会主义核心价值观。

课程教学设计

“概率论与数理统计”课程思政教学改革整体设计思路：从育人的本质要求出发，围绕立德树人，将课程的概念、定理和性质等知识点中蕴含的丰富思想、观点和方法与中国辉煌的数学成就和工程管理的应用案例相结合，充分发掘和运用课程教学中蕴含的思想政治教育资源，锻炼学生的理性思维能力，培养创新意识，从知识传授、能力培养和品质塑造等方面进行教学改革。

在教学形式上，以问题为中心，通过提出问题、回答问题、引入新知识解决问题的过程实施思政融合课程教学；通过情境教学和案例教学引入思政元素；注重师生互动与教学反馈，根据学生的学习状态调整教学节奏；以线上线下混合方式进行思政元素与重点知识拓展、能力提升训练的结合。

在具体内容组织和知识传授的过程中，重点从 10 个知识点组织教学资源，进行能力培养和品质塑造的教学改革。

【课程内容组织 1】概率论与数理统计简介。

【思政元素选择】爱国情怀。

【教学模式设计】在介绍该学科的起源、发展及其应用领域的基础上，以多媒体演示方式特别介绍我国在该领域研究的先驱者——许宝騄教授。许教授是世界公认的多元统计分析奠基人之一，他心怀祖国，在海外学成后回国效力，他的事迹告诉了学生“爱国情怀”的真正含义。课后通过自由讨论、扩展阅读、答疑互动等形式深化对教学内容的理解和认识。

【课程内容组织 2】频率的稳定性。

【思政元素选择】工匠精神、创新精神。

【教学模式设计】讲授频率的定义，列举历史上著名的频率试验，数学家通过成千上万次的重复试验获得的科学成就，其中就蕴含着以敬业和专注为特征的“工匠精神”。用 Excel 现场模拟投硬币试验，观察频率的稳定性，提示学生概率的频率定义法存在的不足，大家应具备辩证思维的思想意识。课堂试验的设计与实施、课后布置频率稳定性试验任务，其目的在于培养学生的创新意识和创新精神。

【课程内容组织 3】几何概型。

【思政元素选择】爱国情怀、创新精神。

【教学模式设计】讲授几何概型的定义，从简单到复杂领会科学研究的路径；求解约会问题，启发学生要诚实守信；讲解布丰投针试验求圆周率近似值的方法，介绍中国数学家刘徽、祖冲之的科学成就，使学生获得民族自豪感，增强文化自信；延伸学习蒙特卡洛方法，布置学生小组任务，以设计计算机程序方式求圆周率近似值，培养学生的创新精神。

【课程内容组织 4】全概率公式。

【思政元素选择】科学素质、诚实守信。

【教学模式设计】讲授全概率公式，以唯物辩证法思想领会公式中“全”字的内涵；列举用全概率公式求解实际问题的例子，结合学生在中学时形成的只给出一串数字结果的习惯，培养用严谨的数学语言描述问题、分析问题、解决问题的能力，培养科学素质；介绍敏感性案例，引导学生设计调查方案，培养严谨性与创新意识；以课堂练习——大学生考试作弊问题的敏感性调查，教育学生诚实守信。

【课程内容组织 5】贝叶斯公式。

【思政元素选择】责任意识、诚实守信、友爱互助。

【教学模式设计】讲授贝叶斯公式，领会先验概率与后验概率的本质区别；求解次品追溯问题，培养学生的责任意识；以寓言故事《放羊的孩子与狼》为例引导学生用概率语言来表达故事，通过后验概率的变化说明诚信的重要性，其间穿插“商鞅变法”历史故事进行诚信教育；引入“HIV提案”案例，分析该提案未通过的概率解释，提倡用科学思维而非日常直觉处理实际问题，将理论与实际紧密联系起来；延伸求解入学普查中的真假阳性问题，通过讨论患病率与真阳性的关系培养学生的友爱互助精神。

【课程内容组织 6】正态分布。

【思政元素选择】科学素质、求实创新、实事求是。

【教学模式设计】引导学生讨论误差分布的概率密度函数形状，讲解正态分布概率密度，培养严谨的分析能力；讨论正态分布的分布函数，求解正态分布变量在三倍标准差范围内的概率，引入六西格玛原则，培养学生的创新精神；求解公交车门高度设计问题，求解正态变量的线性函数的分布，通过对χ^2（1）分布的求解培养求实精神。

【课程内容组织 7】随机变量的数字特征。

【思政元素选择】爱国、敬业。

【教学模式设计】讲授数学期望的概念，以计算公平博弈的期望为例引导学生远离赌博，培养敬业精神。介绍目前国际上的研究热点——非线性数学期望以及中国彭实戈教授在这方面做出的卓越贡献，讲解中国科学家的爱国情怀。

学习方差概念，用方差的平方性解释收入差异扩大化趋势，用科学方法解读高质量发展和社会主义体制的优越性。

【课程内容组织 8】大数定律与中心极限定理。

【思政元素选择】辩证思想、敬业诚信。

【教学模式设计】以 Bernoulli 大数定律理解“偶然”与“必然”的辩证关系，以中心极限定理理解从量变到质变的唯物主义观点；“只要不断独立重复地做试验，小概率事件几乎必然发生”，以此勉励学生学习和工作都要有恒心，要有敬业精神 。

【课程内容组织 9】t 分布。

【思政元素选择】唯物辩证、求实创新。

【教学模式设计】t 分布与正态分布概率密度函数的相似性，蕴含着唯物辩证法普遍联系的观点；推导服从 t 分布的统计量，培养理论应用能力。

【课程内容组织 10】假设检验的思想。

【思政元素选择】科学素质、辩证思想、包容和谐、创新思维。

【教学模式设计】学习假设检验的基本思想并结合“女士品茶”故事，在实际问题中培养科学分析的能力；以假设检验中的两类错误为例，引导学生看问题不可绝对化，用唯物辩证法的思想认识生活中的包容性，培养和谐、法治、友善的社会主义核心价值观；对比区间估计与假设检验在处理同一问题上的不同方式，培养创新思维能力。

教学总结思考

“概率论与数理统计”课程具有很强的实际应用性，与生活经验及管理决策密切相关，我们在教学中对每章节的知识传授都引进了现实思政素材，以此扩展知识学习，激发学生的学习兴趣，引导学生提升综合素质。在2020年秋季学期的教学实践中，笔者现场调查了课程教学的效果（图1），结果表明，课程教学改革起到了潜移默化的育人作用，对学生自我品格的塑造、自身修养的提高有较好帮助。

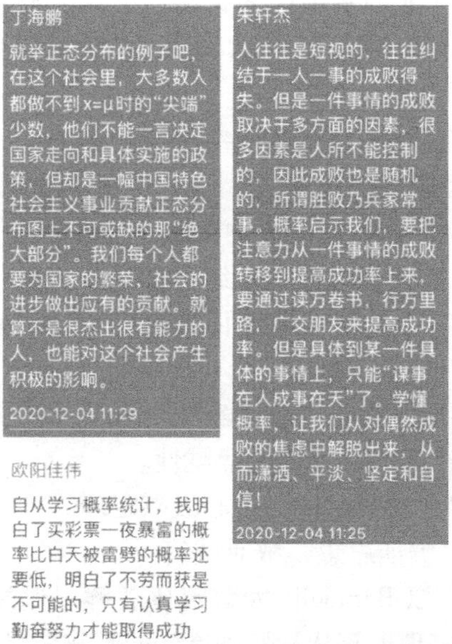

丁海鹏

就举正态分布的例子吧，在这个社会里，大多数人都做不到x=μ时的“尖端”少数，他们不能一言决定国家走向和具体实施的政策，但却是一幅中国特色社会主义事业贡献正态分布图上不可或缺的那“绝大部分”。我们每个人都要为国家的繁荣、社会的进步做出应有的贡献。就算不是很杰出很有能力的人，也能对这个社会产生积极的影响。

2020-12-04 11:29

欧阳佳伟

自从学习概率统计，我明白了买彩票一夜暴富的概率比白天被雷劈的概率还要低，明白了不劳而获是不可能的，只有认真学习勤奋努力才能取得成功

朱轩杰

人往往是短视的，往往纠结于一人一事的成败得失。但是一件事情的成败取决于多方面的因素，很多因素是人所不能控制的，因此成败也是随机的，所谓胜败乃兵家常事。概率启示我们，要把注意力从一件事情的成败转移到提高成功率上来，要通过读万卷书，行万里路，广交朋友来提高成功率。但是具体到某一件具体的事情上，只能“谋事在人成事在天”了。学懂概率，让我们从对偶然成败的焦虑中解脱出来，从而潇洒、平淡、坚定和自信！

2020-12-04 11:25

图1　通过云班课手机端获得的部分学生课程教学效果的反馈

全过程育人的课程教学设计是我们的一个经验总结，其实质就是在整个教学过程中，教师既是知识的传播者，又是价值塑造的引导者，应切实努力把思政元素与课程内容有机结合，放大课程育人导向作用。这要求教师要组织大量与课程相关的信息资源、典型案例，提炼其中的核心育人价值，做到显性知识与隐性思政同向同行，让课程上出“思政味”，形成协同育人效应。

“祖暅原理”教学的课程思政案例设计

（数学科学学院　宋晓平，高安娜，钱骁勇）

课程思政背景

中国古代数学家的思想及其科学成就是“数学教育学”课程教学中值得深挖的思政资源，例如中国古代数学家利用极限思想推导出球体积计算公式，比西方早了近500年，这足以让学生感受到中国数学科学历史上的辉煌，极大增强学生的民族自豪感。

我们在“数学教育学”课程思政的教学设计中，以祖暅原理为例进行教改尝试，基于弗赖登塔尔的数学教育思想，利用Hawgent皓骏动态数学软件动态化、直观化、视觉化的特点，通过直观的动态图像观察认识祖暅原理，以启发式教学探究利用祖暅原理推导柱体、球体的体积公式，引导学生在动态体验中实现知识重现。整个教学过程向学生传递着民族自豪情怀和从特殊到一般、从未知到已知的科学思想，让传统课程教学在精神层面得到一次提升。

课程教学设计

“祖暅原理”课程思政教学的设计思路如下：

① 通过观察分析，让学生经历从“特殊”到“一般”的认识过程，完善认知结构；

② 在发现祖暅原理的过程中，理解和认识从“平面”到“空间”的类比、猜想的数学思想；

③ 由“面积相等”到“体积相等”认识和学习辩证思想的基本含义，培养理性精神；

④ 介绍我国古代数学家研究几何体体积的历史成就，激发学生的民族自豪感，增强爱国意识，提高学习数学的兴趣；

⑤ 了解数学对生产生活和科技发展的作用，增强师范专业学生的责任感和自觉性。

对教学环节的设计见表1。

表 1　“祖暅原理”课程思政教学设计

教学环节 PPT	教学设计与课程思政
苏教版高中必修二第一章第三节 祖暅原理	教学内容：祖暅原理。 教学设计：开门见山，点明主题，介绍南北朝时期的数学家、天文学家祖冲之、祖暅父子。由此引入球面积的计算问题，并得到正确的体积公式，进而据此引出著名的“祖暅原理”。 课程思政：让学生了解我国古代数学家的伟大成就，增强学生的民族自豪感。
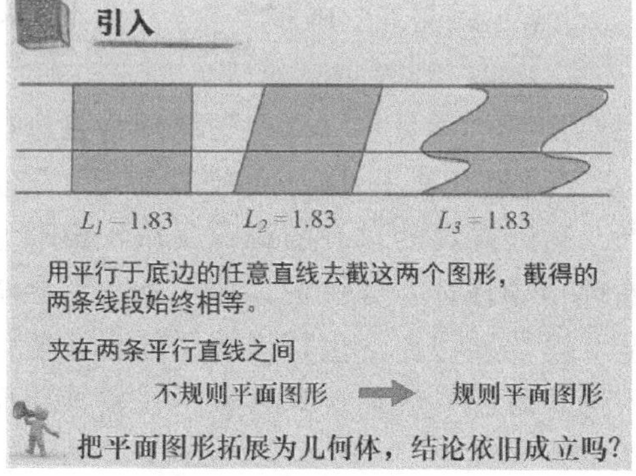	教学内容： (1) 给出两个规则的平面图形，观察得出这两个平面图形面积相等的结论。 (2) 给出不规则的平面图形，发现夹在两条平行直线之间的不规则图形的面积可以转化为规则平面图形的面积并进行计算。 (3) 由此提问：把平面图形拓展为几何体，结论依旧成立吗? 教学设计：通过对平面图形问题归纳总结得出结论，这一过程渗透着“由特殊到一般，由具体到抽象”的科学思想。 课程思政：培养学生的创新意识和探索精神。
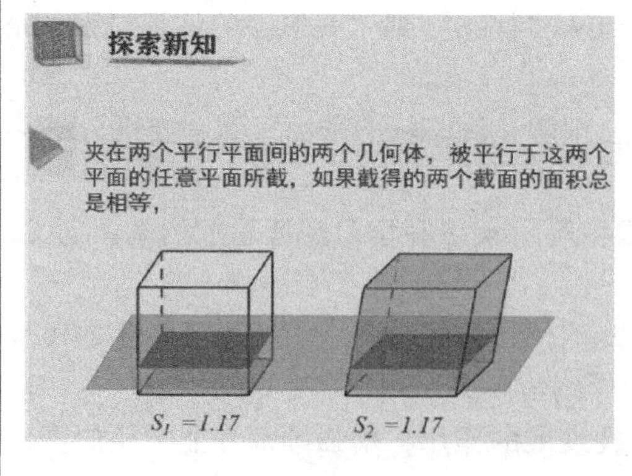	教学内容：针对上一环节提出的把平面图形转化为几何体时结论是否成立的问题进行探讨。 教学设计：给出夹在两平行平面间的两个几何体，被平行于这两平面的任意平面所截，观察所截图形面积之间的关系。 观察发现截面面积相等，此时提出问题：通过类比对几何体体积进行结论探讨，此时，它们的体积相等吗? 课程思政：激发学生探索的欲望，使学生充分利用自己的观察力和空间想象力进行猜想。

续表

教学环节 PPT	教学设计与课程思政
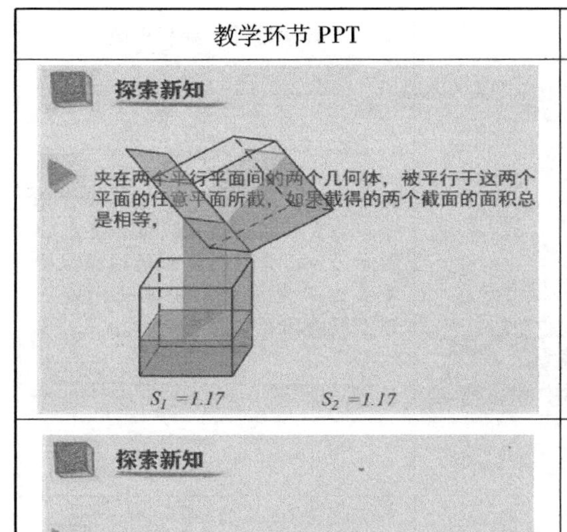	教学内容：根据倒水动画，让学生观察并得出两个几何体体积相同的结论。提出问题：如果将斜柱体换成同底面积等高的不规则几何体，结论成立吗？ 教学设计：利用 Hawgent 动态教学软件直观化、动态化演示柱体倒水的过程。学生更容易从直观的演示中理解知识。 课程思政：以直观性教学激发学生兴趣，培养数学核心素养。
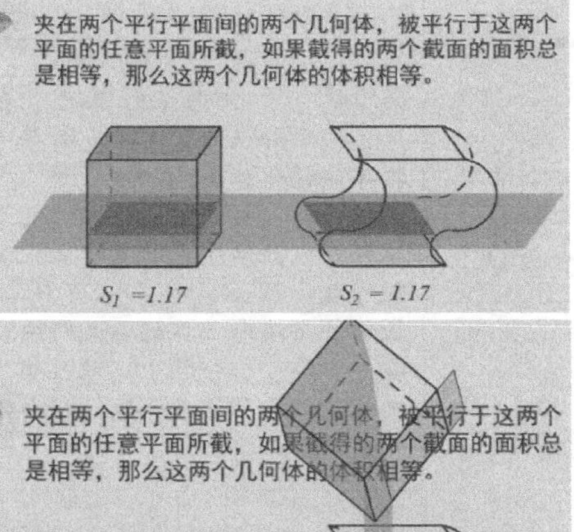	教学设计：根据波利亚的最佳动机教学原则，在学生根据特殊情形进行猜想后，积极引导学生在一般情形中验证猜想。 课程思政：从特殊到一般的思想方法。
	教学内容：观察发现两个几何体体积相同，结论成立。这个结论，就是祖暅原理。 祖暅原理比西方的卡瓦列里原理早 1100 多年。 教学设计：通过简短的视频，使动画与 Hawgent 动态教学软件结合，让祖暅原理更加形象化。 课程思政：直观感受祖暅原理，了解历史，了解我国数学家的伟大成就，有助于学生理解数学的本质，并增强民族自豪感。

续表

<table>
<tr><th>教学环节 PPT</th><th>教学设计与课程思政</th></tr>
<tr><td>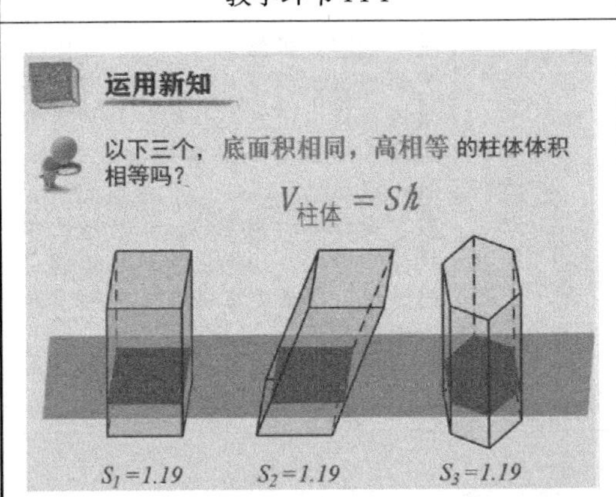
</td><td>教学内容：运用祖暅原理和长方体体积公式，得到柱体的体积公式。
教学设计：掌握新知识后继续探索能够让学生将知识向其他问题迁移，解决问题，探索新知。</td></tr>
<tr><td>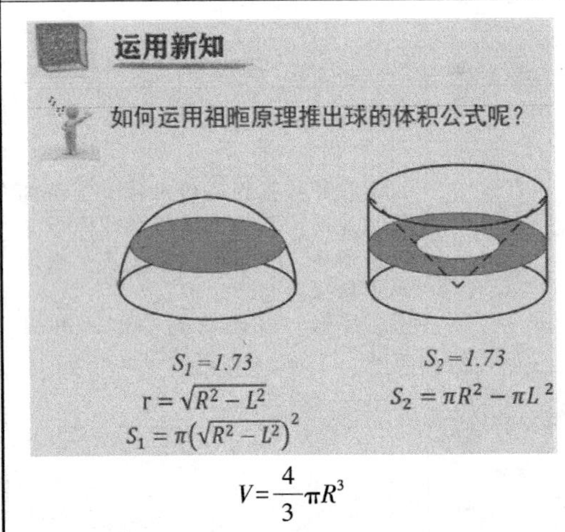
</td><td>教学内容：运用祖暅原理，在柱体、椎体知识的基础上，引导学生推导球的体积公式。
教学设计：截面截取几何体的动态过程可以让学生更加直观地理解祖暅原理。从公式推导，到 Hawgent 软件动态演示，再到公式归纳。
课程思政：引导学生从理性推导到感性认识再到理性判断，培养学生的数学核心素养。</td></tr>
</table>

教学总结思考

本教学案例设计着重处理好课程思政和学科教育体系的关系，增强课程思政的理论厚度，把课程思政内容与学科知识结合起来，将价值引导融入知识传授，根据不同的内容特点进行多样化教学，遵循学生的思想、知识、心理的发展规律，循序渐进，由浅入深，从具体到抽象，从现象到本质，引导学生树立正确的世界观、人生观、价值观。

课程与教学是最基本、最重要的育人形式，承担着立德树人的根本职责。“数学教育学”课程蕴含着丰富的思想政治教育资源，要依托本课程挖掘思政元素，改善教学成效，才能增强课程思政教学的感染力和亲和力。

将“以人民健康为中心”的健康管理与治理观融入课堂

（管理学院　陈義，刘石柱）

课程思政背景

“社会医学”是面向公共事业管理专业三年级开设的专业选修课，主要内容包括现代医学模式、社会卫生及人群健康状况、影响人群健康的社会因素、社会卫生策略等。通过课程学习，学生可以认识现代医学模式并树立科学健康观，熟悉我国及全球的社会卫生状况及其影响因素，具备对社会卫生现象的成因进行系统分析的能力，并能够运用健康行为干预、社会卫生状况评价、健康管理策略等基本方法参与解决社会卫生治理问题。

在“三全育人”教育改革的背景下，我们把深入领会习近平总书记视察镇江时提出的“没有全民健康，就没有全面小康”的重要论述精神和全面理解“将健康融入所有政策”的发展理念列为课程育人教学改革的目标，将健康管理与治理、卫生政策、社会卫生策略等课程理论内容，与新时期卫生与健康工作方针、健康中国战略宏观政策的价值导向等思政元素有机结合，在提升学生运用社会医学的理论、观点及方法分析和解决现实社会卫生治理问题的能力的同时，引导学生明确“以人民健康为中心”的基本价值取向，坚定对中国特色卫生与健康事业发展道路的制度自信，树立投身新时代卫生与健康事业、敬业奉献的理想信念，增强为人民健康服务的使命感。

课程教学设计

【课程内容组织】以李鲁主编的《社会医学》的第十六章“健康管理与治理”为教学范例，该章的基本知识点包括健康管理兴起的背景、健康管理及治理的概念、健康管理实施的主要步骤，教学目标是使学生熟悉和具备健康管理的基本技能，能够分析比较不同层次健康管理与治理的实施策略。在对教学内容进行组织时，按照“历史—现状—问题—对策”的逻辑框架，以“全球健康治理的‘中国方案’”为课程思政主题，形成四个方面的核心知识教学模块，如图 1 所示。

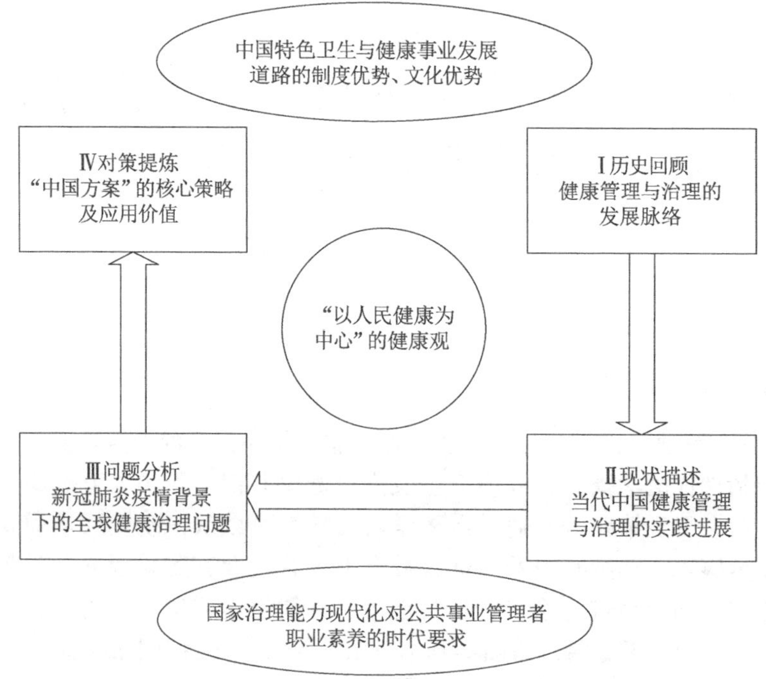

图 1　“全球健康治理的‘中国方案’”课程思政教学内容

（1）历史回顾——健康管理与治理的发展脉络

介绍现代医学模式与疾病谱转变的主要特征，健康管理与治理的理论意义及现实需求。重点分析健康管理、健康治理的内涵，并与医疗服务、预防服务、保健服务等相关概念进行类比分析，突出健康管理与治理在服务主体、客体、理念等多维度的表现特征。

（2）现状描述——当代中国健康管理与治理的实践进展

站在个体与群体、社区、卫生系统、国家、全球等不同层面，总结当代中国健康管理与治理的实施策略。重点归纳中国在卫生系统、国家、全球层面所积累的健康管理与治理经验，所形成的行之有效的制度化成果，并深入剖析产生这些经验及成果的文化背景、制度背景。

（3）问题分析——新冠肺炎疫情背景下的全球健康治理问题

结合新冠肺炎全球范围流行及防控实践的状况，运用“将健康融入所有政策”的理念，站在疾病预防控制、救治、社区治理、交通、经济贸易、出入境检验、物资供应等不同角度，从全球层面系统分析疫情所带来的公共卫生风险及对全球健康治理的重大挑战。

(4) 对策提炼——“中国方案”的核心策略及应用价值

总结中国参与全球健康治理的成功表现，提炼全球健康治理的“中国方案”所包含的核心策略，并围绕“一带一路”倡议、构建人类卫生健康共同体等政策理念，分析“中国方案”对于全球健康治理的推广应用价值，重点提炼“中国方案”背后所体现的制度优势、文化优势。

【思政元素选择】在课程思政元素的选择时主要考虑三个原则：一是牢固树立“以人民健康为中心”的健康观，以此价值导向引导学生树立正确的健康观、民生观；二是重点突出国家治理能力现代化对公共事业管理者职业素养的时代要求，引导学生对社会卫生政策走向及治理难题进行关注和思考，特别是将新冠肺炎疫情防控的话题贯穿教学过程，培养学生的职业素养和职业理想；三是体现中国卫生与健康体制所独具的制度与文化优势，突出中国参与全球健康治理的积极成果，通过对“中国经验”背后的制度成因、文化背景的深入剖析，树立学生的民族自尊心、自信心。

【教学模式设计】本节的教学计划安排为2个学时，对应的教学内容设计为4个教学环节。基于翻转课堂的理念，综合采用了讲授、引导文献阅读、角色扮演与分组讨论、总结性教学评价等教学方法，并结合应用Xmind思维导图、云班课等软件实现课程理论教学及思政教育目标（图2）。

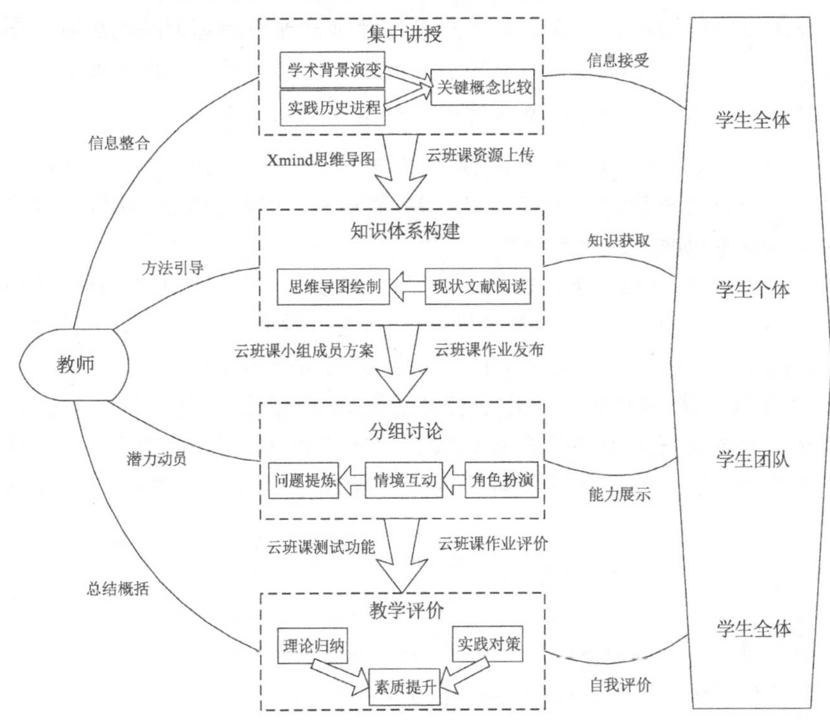

图2 “全球健康治理的‘中国方案’”教学模式设计

教学环节一：知识点集中讲授（15 分钟）

将“健康管理与治理”所涉及的基本概念、基本理论等教学内容进行优化，分为 3 个层面向学生进行集中讲授：

① 回顾和梳理“健康管理与治理”兴起的背景与思想脉络；

② 结合中国传统医学“治未病”思想，以及中国卫生与健康事业发展史上有标志性意义的典型事件，重点解读健康管理与治理的实践发展历程；

③ 从概念的内涵和外延出发，对健康管理、健康治理等相关关键概念进行辨析，让学生明确健康管理、健康治理在服务人群、服务方式、服务理念等不同层面的特征差异。

教学环节二：任务驱动的知识体系构建（30 分钟）

引导学生阅读和整理反映当前健康管理与治理现状的文献资料，并绘制思维导图，自主完成本章节的知识体系构建：

① 利用云班课 APP 资源上传功能，上传涉及个体与群体、社区、卫生系统、国家、全球 5 个层面健康管理与治理现状的 5 篇文献资料，引导学生以精读与泛读相结合的方式进行文献阅读，掌握其中健康管理与治理策略的主要内容；

② 运用 Xmind 思维导图 APP 分享预先设置的思维导图模板工具，由学生根据阅读文献知识，完成 5 个不同层次健康管理与治理策略的思维导图的绘制工作，从而自主构建有关不同层次健康管理与治理的知识体系。

教学环节三：基于角色扮演的分组讨论（30 分钟）

以“新冠肺炎疫情防控中的健康治理问题”作为讨论话题，利用云班课 APP，借助角色扮演的教学方式，培养学生运用理论知识分析、解决现实问题的基本技能：

① 实施小组成员方案，设置不同团队的角色定位，分别以疫情防控中的疾病预防控制机构、医疗救治机构、卫生行政管理部门、社区管理者、物资供应保障部门等职能分工为依据，形成 10 个小组；

② 在云班课 APP 中发布作业任务，要求组内成员围绕本部门的角色，结合新冠肺炎疫情防控中的自身体验、媒体信息等，针对健康治理活动所涉及的治理问题、难点问题及可能的治理策略展开讨论，进行交互式情景模拟；

③ 各个小组对讨论结果进行整理，形成系统性的观点，在 APP 中提交。这一教学环节主要通过团队协作的方式完成，教师的引导作用主要是启发学生对国家的价值认同。

教学环节四：总结性教学评价（15 分钟）

这个环节由师生共同完成：

① 运用云班课 APP 的作业评分功能，由学生进行相互匿名评价，同时完成云班课测试的选择题，测评结果计入平时考核成绩；

② 在学生总结归纳的基础上，教师简要介绍世界上其他国家的代表性疫情防控举措及效果，启发学生对此进行对比性分析，提炼出全球健康治理“中国方案”所具有的“共商、共建、共享”的显著特征，引导学生将健康管理与治理的理论和中国实践融会贯通。

教学总结思考

根据学生作业及课后的反馈，“社会医学”课程思政教学改革尝试较好地激发了学生的学习兴趣，提升其课堂参与积极性，教学成效主要表现在：

第一，坚定理想信念，强化了“以人民健康为中心”的新时代健康观的价值引领作用。学生围绕现实案例，总结、提炼中国在新冠肺炎疫情防控中健康治理策略的突出表现，并从历史比较、国际对比的多重视野，系统认识中国特色卫生与健康事业发展的制度优势、文化优势。

第二，增强能力意识，通过置身社会卫生现实情境培养学生的理论探索与实践创新能力。“医保管理部门”小组指出：“医保管理部门协调其他部门迅速出台相关医疗费用的分担方式……需要充分发挥医疗保障的整体功能。”“科研攻关部门”小组指出：“在控制国内疫情的同时，要外防输入，科研攻关部门要进一步加强与海关口岸等部门联动，重点推动现场快速检测的技术研发……将检测关口前移……为精准防控输入性疫情提供科技支撑。”这些创新思路的提出，反映了学生能够有意识地通过实践应用强化学习能力，提升了学习的获得感，同时增强了学生对于中国卫生与健康事业发展道路的制度自信。

第三，强化担当精神，激发学生解决健康管理与治理领域现实难题的责任感和使命感。除了总结新冠肺炎疫情防控的成功经验，也有许多同学能从不同角度指出疫情防控中的失误教训。例如，“物资供应部门”小组指出要“对市场上防疫物资的质量进行严格监管……确保防控物资的有效性、安全性”。学生在形成全面认识、问题意识和批判精神的同时，也将致力于解决社会卫生及健康治理现实难题的美好愿望转换为提升自身专业技能和职业素养的强大推动力。

总体上看，参与式教学不仅较好地完成了传授知识、提升技能的教学任务，还实现了学术思想与正确价值观念传授的有机整合，提升了学生对于走中国特色卫生与健康事业发展道路、构建人类卫生健康共同体的坚定信心，让学生真学真懂、真信真用，较好地实现了课程思政的教学目标。

医疗保险学的课程思政教学设计

（管理学院　詹长春，王忠）

课程思政背景

“医疗保险学”课程主要讲授国内外医疗保障制度改革与发展方面的内容，包括医疗保险系统、医疗保险范围、医疗保险基金筹集与运营管理、医疗保险费用偿付与控制、医疗保险法律制度、医疗保险监管等。通过学习该课程，学生能够掌握医疗保险基本理论与基本知识，具备分析和解决医疗保险实际问题的基本能力。

在“课程育人”教学理念的指导下，我们针对课程内容与现实问题密切关联的特点，梳理出其中包含的“家国情怀”“社会责任”“法治意识”“合作精神”“职业素养”等思政元素线索，收集思政教学案例，开展教学改革活动，强化学生爱国、忠诚、守法、正直、合作的意识培养，形成正确的医保价值观，增强社会责任感，建立良好的职业道德意识，以法制意识和创新性思维促进学生全面发展。

课程教学设计

【课程内容组织】以本课程的部分章节为例，我们在教学中将实际案例融入教学内容，以利于课程思政的教学展开。主要章节内容及选用案例如下：

（1）医疗保障制度改革与发展：我国医疗保障制度体系改革与发展；国外医疗保险制度改革与发展。

思考案例：中国是一个发展中国家，在几年前就已取得了医疗保障全民覆盖的宏伟成效，而在许多发展中国家，甚至是个别发达国家都未能实现医疗保障全民覆盖。

（2）医疗保险系统：医疗保险系统的构成；医疗保险组织机构；参保方与医疗服务提供方；政府在医疗保险中的职责和作用。

思考案例：镇江市在选择定点医疗服务提供方时，把市区大大小小的200多家医疗机构确定为医疗保险定点医疗机构，但是，只有30余家药店被确定为医疗保险定点药店，而大多数药店被排除在医疗保险定点药店之外，这在医疗保险管理工作中有何妙用？

(3) 医疗保险范围：医疗保险范围的确定；基本医疗的界定；医疗保险医疗服务3个目录的编制与管理；异地就医和转移接续管理。

思考案例："老漂族"异地就医报销难——作为外地居民在本地没医保，"老漂族"害怕去医院，更怕住院，因为异地报销耗时费力。特别是当一部分老人就医负担重、经济状况不是太好时，异地就医报销所面临的重重阻碍就成了这些老人最为揪心的事。

(4) 医疗保险基金筹集：医疗保险基金筹集的标准确定；医疗保险基金筹集的渠道；医疗保险基金筹集的程序；医疗保险基金筹集的方式选择。

思考案例：用人单位为了减少医疗保险费缴纳，故意少报工资基数，上报的职工工资基数往往只是实际工资的2/3甚至1/2。

(5) 医疗保险基金运营管理：医疗保险基金的分配与使用；医疗保险基金的投资运营。

思考案例：涉案金额达百亿元人民币的上海社保基金挪用案；江苏省审计出多起医疗保险基金违规投资案件。

(6) 医疗保险费用偿付与控制：医疗被保险方与医疗保险方的费用偿付方式；中国医疗保险费用偿付方式选择；医疗保险费用控制的本质与途径。

思考案例：镇江市职工基本医疗保险采用门诊费用按服务人次付费方式，分析这种"按服务人次付费方式"的利与弊。

(7) 医疗保险法律制度：医疗保险法律的地位和作用；医疗保险法律关系；医疗保险法律的执行与遵守；医疗保险中的纠纷与处理。

思考案例：湖北武汉某公司因经营困难而拖欠7个月的职工医疗保险费，待其经营状况好转而准备补缴时，产生了用人单位拒缴医疗保险滞纳金的法律纠纷案。

(8) 医疗保险监管：医疗保险监管的方式；对医疗服务供方行为、需方行为的监管；对医疗保险经办管理人员的监管。

思考案例：2018年11月14日，由中央电视台《焦点访谈》节目组曝光的沈阳市两家定点医院骗保案，引起社会广泛关注。

【思政元素选择】本课程以上述8个章节的内容主题作为切入点，收集现实思考案例并从中梳理出与内容呼应的"家国情怀""社会责任""法治意识""合作精神""职业素养"5类思政教育元素（表1），利用课堂教学和网络学习两个教学平台，充分发挥医疗保险学课程思政的育人功能。

表 1　医疗保险学教学内容与课程思政元素的呼应

教学内容	家国情怀	社会责任	法治意识	合作精神	职业素养
国内外医疗保障制度改革与发展	√	—	—	—	√
医疗保险系统	√	—	—	√	√
医疗保险范围	√	—	√	—	√
医疗保险基金筹集	—	√	√	—	√
医疗保险基金运营管理	—	√	√	—	√
医疗保险费用偿付与控制	—	√	—	√	√
医疗保险法律制度	—	√	√	—	—
医疗保险监管	—	√	√	√	√

【教学模式设计】

课程教学设计要尊重学生的教学主体地位，应让学生有效参与教学活动，教师作为教学活动的设计组织者和引导者，要充分运用各种教学方法，将案例中的思政元素和知识点巧妙融入教学，以此实现“润物细无声”的课程育人成效。

基于此，上述各课程的主题内容均安排 2 个教学课时，教学过程包括 4 个环节：知识点讲解（35 分钟）—实例开放式讨论（15 分钟）—角色模拟方式的小组讨论（30 分钟）—教师归纳总结与点评（10 分钟）。

在教学方法上，主要采用实例融合、知识讲授、角色扮演与分组讨论、比较分析、课程作业等方法（图 1）。

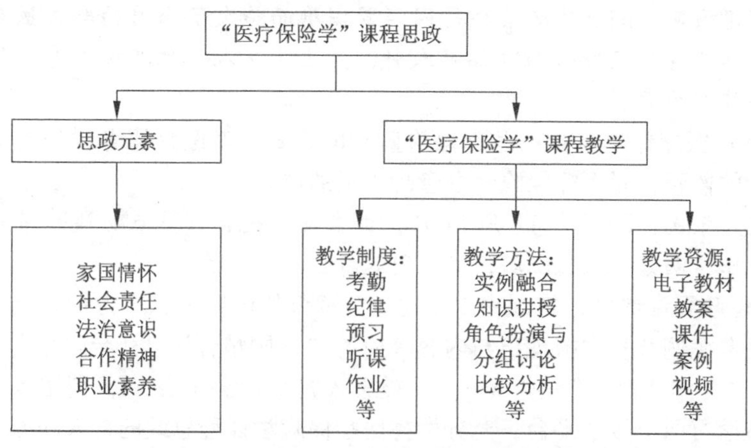

图 1　医疗保险学课程思政教学组织与实施

教学总结思考

（1）教学效果好，学生满意度高。多种教学方法的灵活应用，提高了学生参与课堂教学的积极性，课堂里学习知识和探索思考的氛围浓厚。对2020年医疗保险学的“云班课”线上教学开展的教学满意度调查结果显示，学生满意度高达100%（其中，非常满意73%，满意27%）。在学校教务系统学生评教中，“医疗保险学”课程教学多年获评优秀（A类）。

（2）将专业知识与思政元素有机融合，达到了课程育人的预期目标。在传授医疗保险基本理论知识的同时，授课教师深入挖掘本课程所蕴含的思政元素及其所承载的课程育人职能，让思想价值引领贯穿教育教学全过程，使学生了解我国医疗保障制度改革发展取得的成效，增强其社会责任意识、法制意识和民族自豪感，培养学生的大局意识、协作精神和服务精神，提升学生的职业素养。正如有的学生反馈所说，“老师讲课生动形象、深刻，不仅让我们学到了医疗保险的专业知识，还让我们懂得了作为医保人的责任和担当。”

2019年江苏省评选出了10名首届“最美医院医保人”，我校医保专业的毕业生魏荣荣和张洪成荣列其中（图2）。可见，课程育人的作用不仅对学生在校时产生积极影响，对其毕业后的发展也有长期潜移默化的影响。

江苏首届“最美医院医保人”获奖人员公示

原创：综合 江苏医院医保 昨天

地区	医院	候选人
南京	江苏省人民医院	邱夕来
南京	南京鼓楼医院	张庆红
苏州	苏州大学附属第二医院	张华珍
常州	常州市武进人民医院	梁朝晖
扬州	江苏省苏北人民医院	高同凤
泰州	泰州市人民医院	周杰华
宿迁	宿迁市第一人民医院	臧银善
徐州	徐州医科大学附属医院	张洪成
淮安	淮安市第一人民医院	魏荣荣
连云港	连云港市第一人民医院	江茹

图2 江苏首届“最美医院医保人”获奖人员公示名单

让“健康中国”走进卫生经济的课堂

（管理学院　代宝珍，许兴龙）

课程思政背景

卫生经济学是经济学的学科分支。以最优的资源配置方式保持和改善人民的健康，对卫生费用投入、社会保障及其组织活动进行计划、组织和控制，这是卫生经济学的研究领域。“卫生经济学”课程是面向公共事业管理（医疗保险）专业开设的专业核心课程，其主要内容包括：卫生事业性质、卫生服务需求与供给、卫生服务市场及政府干预、卫生筹资与支付、卫生总费用、医疗服务成本与价格、疾病经济负担、健康保险、卫生人力资源、卫生服务合理组织、卫生经济学评价、药物经济与政策、卫生经济政策与分析等。

党的十九大报告指出，“人民健康是民族昌盛和国家富强的重要标志”。报告明确提出实施“健康中国”战略，这是以习近平同志为核心的党中央立足长远发展和新时代美好生活需要做出的一项重要战略性安排，体现了以人民健康为中心的发展理念。因此，在高校“三全育人”综合改革背景下，我们将“卫生经济学”课程看作是理念引领与知识传授融合、理论学习和实践教学联动的教学改革的重要载体，通过三个方面的努力以实现课程育人的教学目标：

① 知识目标：聚焦中国医疗卫生事业“公益性”的根本属性，认识卫生经济基本规律，了解卫生资源筹集、开发、配置和利用中的经济关系，对卫生经济政策成效做出评价。

② 能力目标：掌握卫生经济学的基本理论与方法，培养分析和解决卫生领域现实问题的基本能力，探索适合国情并提升卫生服务效率和效益的经济策略。

③ 素质目标：深入理解“健康中国”战略的主要目的及其根本作用，全面认识政府主导、社会参与、全民共建共治共享的健康治理新格局，牢固树立为人民服务和维护人民群众健康权益的理念。

课程教学设计

【课程内容组织】

“疾病经济负担”是卫生经济学课程中的一个章节，涉及的基本知识点包括疾病经济负担及其分类、研究疾病经济负担的意义、社会整体和家庭的疾病经济负担测算、疾病经济负担分析和健康投资效益。在教学设计中，采用“课前信息传递—课中理论讲授、问题导向、交流讨论—课后交流讨论、知识点答疑”的逻辑框架形成完整的教学组织模块。

【思政元素选择】

① 健康扶贫：健康贫困是一道全球性难题。教师组织学生阅读 2017 年中国疾病负担研究的学术论文，让学生查阅当前我国家庭灾难性卫生支出的频率和强度的现实材料，使学生理解健康对于个人、家庭、社会、国家的重要性，进而认识到国家现阶段实施“健康扶贫”的战略意义。

② 健康中国行动：观看央视《焦点访谈》栏目《健康中国，你我同行》节目，启发学生思考个人如何进行有效的健康投资，树立以人民健康为中心的职业发展理念，培养社会责任感和职业道德意识。

③ 将健康融入所有政策：“将健康融入所有政策”源于人们对决定健康状况的各种因素的认识不断深入，从而形成人民共建、共治、共享的健康治理新格局。

④ 全民健康：全民健康是全人类的共同愿景，也是共建人类命运共同体理念的重要组成部分，将维护人民群众健康权益、为人民健康服务的理念融入知识讲授之中，最终目标是培养心系社会并有时代担当的复合型专业人才。

【教学模式设计】

本章教学内容共计 4 个学时，教学设计可分为课前资料发掘与云端上传、课中理论讲授（前 2 个学时）与互动讨论（后 2 个学时）、课后作业与知识点答疑 3 个过程（图 1）。

（1）课前资料发掘与云端上传

通过云班课或微信群上传课程参考资料，包括该章节电子教材、由中国疾病预防控制中心与美国华盛顿大学健康测量及评价研究所合作完成的 2017 年中国疾病负担研究的学术论文，还有中央电视台《焦点访谈》栏目 2019 年 8 月播出的节目《健康中国，你我同行》视频（约 15 分钟）。

（2）课中理论讲授与互动讨论

① 理论讲授（2 学时）：系统讲授疾病负担和疾病经济负担的概念及其区别、疾病经济负担分类、研究疾病经济负担的意义、疾病经济负担的测

算指标及测算方法。

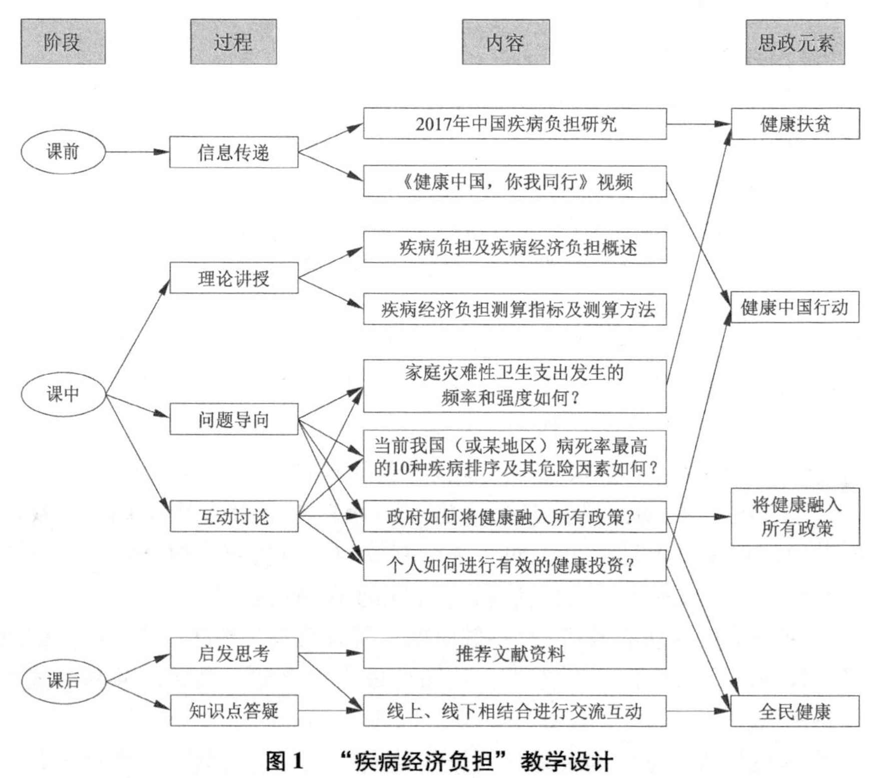

图 1　“疾病经济负担”教学设计

② 启发课后思考：

——当前我国（或某地区）家庭灾难性卫生支出发生的频率和强度如何？

——当前我国（或某地区）病死率最高的 10 种疾病排序及其危险因素如何？

——政府应当如何将健康融入所有政策，从而减少疾病经济负担？

——个人如何进行有效的健康投资，从而实现全民健康目标？

③ 分组研究：将班级同学分为 4 个小组，每个小组成员围绕上述问题搜集资料并进行讨论，制作成研讨 PPT，其中的前两问为必答题，后两个问题可选其一，或围绕其中的某一方面进行深入分析与阐释。

④ 互动讨论（2 学时）：各小组代表轮流进行现场 PPT 汇报，并由其他小组进行提问、点评，重点围绕政府如何将健康融入所有政策、个人如何进行有效的健康投资两个方面展开讨论。4 个小组完成汇报与讨论后，由任课教师进行点评，对本章教学内容与讨论内容进行全面梳理，对汇报与讨论过程中存在的错误与不足进行指正，重点解读当前我国各级政府及政府

不同部门在“将健康融入所有政策”方面的工作举措和实践成效，分析个人应当如何全方位干预健康管理，维护全生命周期健康。

（3）课后作业与知识点答疑

教师结合本章讲授内容及讨论情况，通过微信群或云班课向学生推荐相关文献资料，引导学生思考现阶段我国各地区开展的健康扶贫工作在国家全面打赢脱贫攻坚战中的基础地位与关键作用，分析“健康中国”战略实施的关键步骤与具体目标。鼓励学生采取线上、线下相结合的方式与教师沟通交流，对知识点中存在的疑惑或难题进行讨论与解答。

教学总结思考

公共事业管理1701杜甜：这种授课方式能让我们有机会在课堂上充分发表意见、表达自己的观点，在有效学习专业知识的同时，还让我们知道个人健康对于家庭、社会乃至国家的意义。

公共事业管理1701曼苏尔·麦麦提：近些年，国家开展了一系列如“健康中国”战略、“健康扶贫”“西部支持计划”等行动，我们当地的卫生资源利用效率和医疗技术水平有了较大的提升，居民的健康水平也有了提高。将来我毕业了也想回到家乡（新疆），结合专业所学，为家乡健康事业奉献自己的力量。

这是授课教师随机调查学生的听课感受以及他们对课程的建议所收到的部分反馈，总体看，课程思政教学改革的成效主要体现在三个方面：

① 教学质量提升。这种“信息传递—理论讲授—交流讨论—启发思考”的教学模式激发了学生参与教学、融入课堂的热情，班级到课率一直稳定在90%以上。专业理论知识和思政教育相结合也充分激发了学生的积极性，“抬头率”明显提高，师生互动氛围较好，课堂的活跃度得到有效提升，学生满意度达到95%以上。

② 授课形式更具活力。课前教师提前一周传送相关学习资料并提出学习目标和要求，授课过程中，教师组织和引导学生思考和讨论，线上线下互动联动的教学方式激发了课程思政的活力，使教学更具灵活性与生动性。多种教学方式有助于学生对知识要点的理解和掌握，也能够更有效地促进“知行合一、学以致用”。

③ 思政教育更有成效。思政元素与专业知识的融合，让中国乃至全球疾病负担的现实背景、实施“健康中国”战略的实际意义与课程理论知识讲授贯穿课程教学的始终，能够促进学生更有效地理解和接受理论知识，引导其参与思考与讨论，从“小我”的角度探索如何实现“全民健康”的目标，实现了课程育人的教学目标。

“统计预测与决策”的课程育人

（财经学院　王健）

课程思政背景

“统计预测与决策”是经济管理类专业的一门重要专业主干课程，主要内容围绕统计预测和科学决策展开，是根据社会经济发展要求对市场经济中各种不确定现象未来走向进行分析判断的重要方法论课程。通过课程学习，学生能在熟练掌握各种常用预测与决策方法的基础上，具备综合的经济管理分析能力、系统的数据处理和结果评判或校核能力、对问题提出解决方案并举一反三的多维创新能力和全面的思辨能力。

该课程在大三下学期开设，此前学生已经学习了相关前置课程，对部分统计预测方法已经有所涉猎。按照常规方法授课，容易产生内容重复、缺乏深度等问题，从而抑制学生的学习兴趣，影响教学效果。如果说高校大一、大二阶段的思政理论课发挥着思政教育的核心作用，大二、大三阶段的综合素养课程在思政教育中起到支撑作用，那么大三、大四阶段的专业课程则起到思政教育的发散辐射作用。在立德树人、课程育人的教学改革背景下，“统计预测与决策”课程的教学承担着专业理论知识传授与思政教育深化的双重职责。为此，笔者秉持贴近实际、贴近生活、贴近学生的原则，将社会主义核心价值观和中国优秀传统文化的教育全面融入课程教学，紧扣锤炼品格、学习知识、创新思维、奉献祖国四个维度，促进学生自由、全面发展，形成科学的世界观、人生观和价值观，在日益复杂、瞬息万变的经济形势中使学生具备良好的道德观念、正确的价值立场、全面的思辨能力，在思政教育学深悟透、入脑入心的基础上发展学以致用的能力。

课程教学设计

综合考量该课程的内容设置与学生的学习行为特点，笔者明确了思政潜移默化、案例激发兴趣、内容夯实主体、习题提升效果的教学设计思路：

① 备课环节。从知识点发掘和价值模块整合两个方面挖掘该课程中蕴

含的思政元素，并将思政元素与案例融入各教学内容的总体设计之中。

② 授课环节。每章开始时介绍一两个典型案例，激发学生兴趣。部分小节再增加一个小案例，让学生能与思政教育共鸣，激发出内生学习动力，促进对知识点的理解和掌握。

③ 课后环节。既有常规书本的习题作业，又适当补充以“中国故事”“中国声音”为主题的资料查阅等参与体验式的开放型作业。

中国符号、政策时事、价值追求、学科发展、大师典故等思政教育元素的运用，使学生对预测及决策理论与方法的产生与发展、适用条件、建模实证、结论解读等有了更全面的理解，从而将课程知识与社会经济发展实践，尤其是与中国特色社会主义市场经济发展实践有机结合起来，在实现理论方法能落地、问题现象能分析的双重教学目标的同时，培养学生的家国情怀、时代精神和职业精神，增强学生的专业认同感。

【课程内容组织一】预测概述：预测的概念、产生与发展、作用、原则、分类等内容。

【思政元素选择】中国古人的预测行为；当代专家学者的精准预测案例。

【教学模式设计】“预测概述”为课程的开篇内容，以纯文字描述为主，主要涉及一些基本概念，没有复杂的公式模型。从以往教学经验看，学生容易忽视其重要性。从上课状态看，学生刚从假期放松状态转入教室学习状态，第一次课的注意力不容易集中，听课效果不理想。

针对这些问题，笔者采用案例引领并全面贯穿的教学形式，以打破课堂的沉闷局面，确保学生的注意力能始终聚焦教学核心。

关于预测的概念讲解不再是简单地诵读概念条文，而是从商朝占卜活动使用的甲骨文讲起，强调占卜正是预测活动的起源和决策的萌芽。引用上古农耕文明的产物——“二十四节气”作为案例，强调这是上古先民顺应自然规律，认知一年中时令、气候、物候等的变化规律并应用于农耕预测与决策活动的知识体系，是上古先民智慧的结晶。课程中还讲到了春秋末期范蠡弃官经商的故事，其独特的“水则资车，旱则资舟”的思想正是认识市场商品供求关系变化的有效预测行为。由介绍一系列中国古人朴素的预测行为和理念开始，讲解预测与决策的产生和发展，起到了意想不到的教学效果。跟随的目光、微笑的嘴角、兴奋的脸庞和热烈的讨论，表明了案例内容已经成功地引起了学生的兴趣。学生在一个个生动的案例中，不仅认识了预测与决策的产生、发展与应用，还接受了中华民族悠久历史的潜移默化再教育，课程思政元素的植入达到了“良好的开始是成功的一半”的效果。

关于预测的应用，教师不再简单描述预测理论、方法及其在其他领域应用与发展所产生的社会预测、人口预测、政治预测、科技预测等分支，而是在介绍各主要分支领域时，让学生思考各相关领域的案例。

由于是该课程的第一次课，没有提前布置预习任务，学生在短时间内很难想到相关的案例。因此由教师列举典型案例以释放学生思想焦虑并引起共鸣。比如，在提到人口预测时，列举了南京大学杜闻贞教授1985年在其著作《人口纵横谈》中预测“2015年适合放开二胎”的案例，继而介绍国家从2011年11月开始到2015年10月全面实施二孩政策的相关政策演变（杜闻贞教授也因此被网友称为“预言帝”）。该案例实现了三个教学目标：其一，让学生了解国内著名专家学者的精准预测行为，倾听“中国故事”；其二，让学生了解人口政策的演变，明白人口政策顶层设计的背景，引发学生对“中国方案”的高度认同；其三，让学生了解统计预测与决策理论与方法的应用意义，感受专业魅力，增强专业自信。

【课程内容组织二】定性预测法：定性预测概念，市场调查分析预测法、专家评估法、德尔菲法、主观概率法、交叉影响法等。

【思政元素选择】大庆油田开发初期，日本企业对石油储量的精准预测与中国的国际采购谈判。

【教学模式设计】定性预测的概念在第一次“预测概述”课程中已有所涉及，市场调查分析预测法与“社会调查理论与方法”课程中的部分内容类似。因此，学生在开始该章节内容的学习时，容易产生似曾相识的感觉，从而会“选择性失明”，导致教学效果不理想。

为此，在教学中首先提出了“什么是定性预测法?”“什么是定量预测法?”“定性预测法没有模型如何预测?”“定性预测法的精度如何?”“定性预测与定量预测孰优孰劣?”等一系列问题。提出这些问题并非真正需要学生回答，而是吸引其注意力，防止学生学习态度的“习惯性松弛”。待学生面面相觑时，再讲述日本企业获知大庆油田秘密背后的“故事”。20世纪60年代，大庆油田的位置、规模和加工能力是严格保密的。日本为了确定能否和中国做成炼油设备的交易，迫切需要知道大庆油田的相关信息。为此，日本情报机构从中国的公开刊物中收集了大量相关信息，并在1966年的一期《中国画报》上看到了王进喜站在钻机旁的那张著名的照片。他们从反应塔上的扶手栏杆与塔的相对比例推测塔直径约5米，进而计算出大庆炼油厂年加工原油能力约为100万吨。而在1966年大庆已有820口井出油，年产360万吨，由此估计到1971年大庆的原油年产量可能增至1200万吨。通过对所收集的信息数据进行严格的定性及定量处理后，日本方面得出了有关大庆油田的预测结论（图1）。三菱重工据此做出了中国必定要大量引进采油及炼油设备的判断，并立即集中相关技术力量，设计出了适合中国大庆油田的设备，为参加未来的设备采购招投标活动做好充分的准备。果然，不久后，中国政府向国际市场寻求石油开采设备，三菱重工便以最快的速度设计出符合中国要求的设备，在激烈的国际竞争中一举胜出。案例的讲解引起学生的热烈讨论，使往常平淡的课堂气氛瞬间改变。新中国成立以来国际形势的风云激荡，革命先辈的创业艰辛与来之不易的国家成就，都通过案例的讲解深入学生的内心。案例学习使学生认识到在缺乏数据和模型的情形下，定性预测法是最优选择，定性预测和定量预测都是不可或缺的重要预测方法。

图1　关于大庆油田的预测“故事”

【课程内容组织三】趋势模型预测法：直线模型预测法、多项式曲线模型预测法、指数曲线模型预测法、修正指数曲线模型预测法、成长曲线模型预测法等。

【思政元素选择】改革开放以来国内生产总值的时间序列。

【教学模式设计】趋势模型种类较多，若将各趋势模型割裂开来讲解，学生会面临过多的模型公式，难以透彻掌握并容易产生畏惧心理。若将各趋势模型的内在关系讲解透彻，后续的趋势模型变为前面模型的扩展和变形，这又容易使学生觉得缺少难度挑战而失去学习兴趣。

感知困难和感知简单的两个极端都容易使课堂沉闷。如何平衡兼顾各方法的讲解，把控讲解难度并提升学生兴趣是本章教学的重点。在学习了直线模型预测、多项式曲线模型预测等基本模型后，容易出现学习效率降低的情形。教师针对性布置课后作业，要求学生自行查阅改革开放以来的国内生产总值及三次产业数据，并绘制散点图；在预习后续趋势曲线模型的基础上，初步研判可以用何种预测模型进行拟合；对时间序列变动的关键节点，解释其背后可能蕴含的社会经济意义；对比同期主要资本主义国家的经济增长率，观察变动轨迹的相对关系。

学生在经历了查阅历史数据、探索模型拟合、尝试解释原因之后，对趋势曲线模型的理论方法和实际应用都会有强烈的感知体验。当再次进入课堂之后，能明显感觉到学生情绪高涨，他们体验和发现了查阅数据的不易、最优拟合模型的选择困难、中国经济发展变化之快及其背后的意义，这些略带难度的课后作业让学生明白自己知识技能的不足，唤起了学生的内在学习兴趣，同时让学生跳出狭隘的视角，在整个时间维度上以更全面的角度去观察国家经济社会发展的伟大成就，经历了一次很好的爱国主义教育。

教学总结思考

围绕价值塑造、能力培养、知识传授三位一体的课程思政教学改革目标，寻找思政元素的“触点”和“融入点”，积极探索思政元素与教学内容的融合，通过典型案例的设计运用，以“润物无声”的方式将正确的价值追求、理想信念和家国情怀有效地传递给学生，这一系列课程教学模式的改革尝试带来的最直接的变化就是学生的学习兴趣有了很大提升，对专业知识的掌握有了明显改善，大学生积极的人生观和正确的价值观所内生的正能量在课堂问答、课间交流等环节中不断升华。在各种社会思潮涌动的全媒体时代，在课程教学传授知识的同时，课程思政对学生价值塑造、思想引领发挥潜移默化的积极作用，是高校教师“课程育人”的双重享受。

附：学生学习心得一

从刚开始对于“统计”概念的模糊，到现在逐渐形成清晰的框架，在理论方法学习的背后，正是这样众多实际应用例子将古板的书本理论变得生动形象，让我对抽象的概念有了具象的理解。我们在课堂中学习的不只是知识，更是在实际生活工作中能够运用知识解决问题的能力。

（统计 1701 詹珉珉）

学生学习心得二

案例教学不仅能够调动我们的学习主动性，而且更为生动具体、直观易学，最重要的是能够集思广益。这样一来，老师在课堂上不是“独唱”，而是和大家一起讨论思考，学生在课堂上也不是忙于记笔记，而是共同探讨问题。这调动了集体的智慧和力量，让我们开阔思路，达到良好的学习效果。

（统计 1701 崔静）

“行动中的宪法”的课程教学思考与实践

（法学院　牛玉兵）

课程思政背景

“行动中的宪法”是法律社会学课程教材第四章的内容之一，教师围绕宪法社会学的相关内容展开教学，主要介绍“宪法社会学分析的理论脉络”“立宪过程中的社会博弈”“政治过程中的宪法惯例”“国家机关的制度角色”等，通过比较中西方多个国家宪法的起源与发展，阐释宪法发展过程中的政治文化因素，促进学生对中国特色社会主义宪法特性的认识及对我国宪法发展的曲折性与中国特色社会主义道路建设的密切联系的理解，增强学生对于宪法实践过程中的法律社会学认知，使学生强化对宪法道路的自信、制度自信。为此，我们设定了课程思政背景下的教学目标：

——从社会生活中的宪法现象入手，引入社会学分析视角，帮助学生了解宪法社会学分析的理论脉络，使学生加深对社会现象分析的法律模式和社会学模式之间差异性的理解；

——通过比较的方法，对中西不同国家的立宪过程进行梳理，展现立宪进程中的利益博弈过程，分析中国宪法发展与西方宪法发展的共同性与差异性，加深对于我国宪法民主性的认识，使学生增强对中国宪法选择的道路自信；

——对宪法实践过程中形成的宪法惯例进行梳理，启发学生充分认识宪法文本与宪法实践的关系，加深对我国宪法制度的理解，激发学生的爱国热情；

——分析我国宪法文本中国家机关制度角色的设置，比较宪法实践中国家机关制度角色的实然状况，从而使学生深化对我国宪法实践特殊性的认知，增强对我国宪法建构的制度自信。

课程教学设计

【课程内容组织】本节教学的主要内容包括 4 个方面：① 宪法社会学分析的理论脉络——比较的视角；② 制宪——立宪过程中的社会博弈；③ 行

宪——政治过程中的宪法惯例；④ 文本与现实——国家机关的制度角色。

结合法律课程的内容特点，主要从 4 个角度融入思政教育的元素：① 中西方立宪过程中民主性的比较与差异分析——深刻理解我国宪法的人民性；② 我国宪法起源的社会、经济、政治、文化因素与宪法的发展历史——激发学生的民族自豪感和爱国热情；③ 我国宪法实践的特殊性与宪法惯例的形成——提升学生对国家宪法实践的关注度；④ 理解我国宪法规定的国家机关的制度角色——培养学生关心社会公共事务的热情。

【教学模式设计】

（1）讨论进入课程，给出分析情景

① 提问：宪法是什么？宪法在哪里？（引用《庄子·知北游》中东郭子与庄子关于“道在哪里”的对话。）

② 给出与宪法相关的现象场景。（思政元素：播放 2019 年阅兵场景的视频，激发学生的爱国热情。）

③ 将思政要素融入学生讨论：阅兵中国旗符号的运用有什么宪法意义？该如何理解？

（2）第一部分：宪法社会学分析的理论脉络

① 教师针对学生讨论指出：有关宪法现象的理解和解释，可以有不同的视角。一是从规范出发，即在理论上首先确认权利规范在整个宪法规范中的价值核心地位，进而实现宪法规范向规范宪法的升华。这种视角强调宪法的“法”性，主张从规范的“应然”层面出发。二是从政治角度来解释，宪法的政治属性比宪法的法律属性更为“根本”。政治宪法指最高权力的分配规范，或者称之为主权的具体结构。三是社会学的解释，如强世功教授主张从中国宪法文本与宪政实践之间的背离问题入手，提出了从不成文宪法的角度来理解中国宪政秩序的思路。

② 对中外学者宪法社会学分析研究的有关著述理论进行梳理，如日本上野裕久的《宪法社会学》、法国狄骥的《宪法论》、德国莫洛克的《宪法社会学》，我国学者喻中的《宪法社会学》、郑贤君的《宪法的社会学观》、韩大元的《试论宪法社会学的基本框架与方法》、潘红祥的《论宪法社会学的学科价值、思维方式与研究内容》等。

（3）第二部分：立宪过程中的社会博弈

这部分内容采用讨论式与比较分析式的教学方法。

① 问题导入：制定宪法要回答两个问题，即谁有权制定宪法和宪法怎么制定。对这两个问题，可以有事实（to be）与规范（ought to be）两种思考路径。

② 列出美国宪法和中国宪法的表述文本（图 1），要求学生比较文本的

差异。

宪法的文本表述

- 美国宪法
  - 序言：**我们美利坚合众国的人民，**为了组织一个更完善的联邦，树立正义，保障国内的安宁，建立共同的国防，增进全民福利和确保我们自己及我们后代能安享自由带来的幸福，乃为美利坚合众国制定和确立这一部宪法。
- 中国宪法：
  - 序言：一九四九年，以毛泽东主席为领袖的中国共产党领导中国各族人民，……取得了新民主主义革命的伟大胜利，建立了中华人民共和国。……**本宪法以法律的形式确认了中国各族人民奋斗的成果，规定了国家的根本制度和根本任务，是国家的根本法，具有最高的法律效力。**

图 1　美国宪法和中国宪法的文本表述

③ 梳理中美立宪的历史过程：

——美国立宪的历史过程：1776 年的独立宣言、1777 年的邦联条例、1787 年的制宪会议。费城制宪会议代表的产生方式、阶级属性、政治经历等情况，既直接决定着制宪会议中的斗争，又最终影响着所制定出的宪法的性质。梳理美国立宪的历史，就要对美国立宪过程中的制宪代表及其经济和政治地位、立宪过程中的矛盾、宪法签署的过程进行分析。

——中国的立宪历史：1908 年《钦定宪法大纲》、1911 年《重大信条19 条》、1912 年《中华民国临时约法》、1914 年《中华民国约法》（袁记约法）、1923 年《中华民国宪法》（曹锟）、1925 年《中华民国宪法草案》（段祺瑞）、1931 年《训政时期约法》、1946 年《中华民国宪法》，1949 年《共同纲领》、1954 年及 1975 年、1978 年、1982 年之后多次修订的《中华人民共和国宪法》，这其中，重点讲解我国 1954 年宪法的制定过程。

通过前述立宪过程的史料梳理与展示，重点指出我国宪法立宪具有民主性、真实性、科学性等特点，充分体现了中华人民共和国“一切权力属于人民”的社会主义性质，以及人民代表大会制度等政治制度在充分汇集民意、体现人民意志与要求等方面所具有的制度优势。

④ 融入思政要素，引导学生展开讨论：我国宪法制定过程有哪些明显的特色？体现了社会主义制度的哪些优势？

（4）第三部分：政治过程中的宪法惯例

这部分内容教学以比较分析和提问讨论的形式展开。

① 铺垫：分析什么是宪法惯例，指出宪法惯例成立的三个要件，一是

在长期的宪法实践中形成，二是被反复沿用，三是被普遍认可。

② 提问：英国、美国、中国的宪法实践中各有哪些宪法惯例？在这里要求学生利用“问卷星”平台的二维码链接参与回答问题。

③ 讨论并融入思政要素：宪法惯例得以形成的条件是什么？如何认识我国的宪法惯例？（思政元素：2018 年修改宪法，增加了“中国共产党的领导是中国特色社会主义的本质特征”，请学生结合课程内容谈谈自己的认识。）

（5）第四部分：国家机关的制度角色

这部分内容采用师生研讨式教学：

① 列出宪法文本（第五十七条　中华人民共和国全国人民代表大会是最高国家权力机关。它的常设机关是全国人民代表大会常务委员会。第五十八条　全国人民代表大会和全国人民代表大会常务委员会行使国家立法权）。

问题：实践中人民代表大会的角色是什么？（思政要素：人民主权的象征、立法者、国家与社会的联系纽带。）

② 行政机关的权力属性与多重角色：要求学生举例说明行政机关的权力属性并分析其角色。

③ 讨论：人民法院的角色与职能是什么？

教学总结思考

① 综合运用多种教学方法，提高课程思政与教学内容的融合度。

本课程教学过程中综合采用了讲授法、比较法、研讨法等多种教学方法。其中，讲授是主要方法，其目的在于以宪法的发展历史阐释宪法的原理，使学生深入认识宪法变迁背后的社会原因。比较法主要应用于中西方宪法的对比解读，强化了学生对我国宪法的人民性、主体性的认识，也便于融入课程思政学习内容。研讨式教学便于与线上教学的特点相结合，语音、文字窗口等形式更容易激发学生参与教学的积极性。

② 综合运用多种媒介资源，增强课程思政的教育效果。

课程教学过程中，我们注意引入社会生活实践中出现的宪法现象事例作为课程思政的素材，运用视频、图片等媒介材料，激发学生的学习热情，在顺利导入课程学习的同时实现课程思政的育人目标。

③ 问卷星和云班课等现代教学技术平台在教学中的运用，极大地提高了学生的课程教学参与程度和参与热情，对学生的充分讨论、深入探究和深刻领悟起到了较好的帮助作用。

继承传统法律智慧，坚定现代法治信仰

（法学院　唐华彭）

课程思政背景

“中国法律史”是面向法学专业一年级开设的专业基础课，该课程的教学目标是：帮助学生深刻理解中国法律历史中的相关知识点，有效掌握中国法律历史的发展规律，初步运用法律史学的基本研究方法思考现实法治问题。

在课程育人的教学改革背景下，我们以习近平法治思想为指导，以教育部《法学本科专业教学质量国家标准（2021 年版）》为根本遵循，采取线上线下混合教学方式，通过讲授法家学派、王安石变法、革命法制等课程思政教学案例，引导学生将已然逝去的中国法律历史同正在展开的社会主义法治建设紧密结合起来，加深对中国传统法律智慧的理解和对依法治国事业的体系认识，从专业角度增强学生的“四个自信”，为培养德才兼备、德法兼修的社会主义法治人才奠定基础。我们将课程思政的教学目标设定为：有效增强学生在法学专业领域的民族自豪感，强化学生对古今中西法治的辩证理解，帮助学生坚定对社会主义法治理念的信仰。

课程教学设计

课程选用的是马克思主义理论研究和建设工程重点教材《中国法制史》（高等教育出版社），我们以“古今比较，以古鉴今”为原则，选择了其中的第 4 章第 3 节、第 9 章第 5 节、第 16 章第 1 节等若干典型章节，开展课程思政教学设计。

教学过程的主要教学方式包括：课堂讨论法引发学生的头脑风暴，激发学生的学习热情，拓展其思维空间；插入视频教学或以案说法，通过画面和声音的共同刺激，改善和提升教学效果；借助线上教学平台进行混合教学，扩展课堂教学的时间和空间，拓宽师生的交流渠道并改善交流效果。

典型章节Ⅰ：法家学派

【课程内容组织】法家学派的主要人物（李悝、商鞅、韩非、李斯等），法家学派的主要思想（重刑主义、改革旧法、加强君权、奖励耕战、设置郡县等），法家学派的主要活动（李悝变法、商鞅变法等），法家学派的历史命运（战国儒法相争→秦代法家为尊→汉代外儒内法），法家学派的思想实质及其与现代依法治国思想的比较解读。

【思政元素选择】理解法家学派的思想实质，需要与现代依法治国思想进行比较。这种教学比较，既有利于教学任务的实现，又便于在专业教学的同时引入课程思政元素，发挥课程育人的职能，增强了学生对当代中国依法治国事业的理解与热爱。

【教学模式设计】

① 学生讨论：在教师讲授了主要内容后，组织学生开展对法家思想与当代依法治国思想的对比讨论。学生每人发言三到五分钟，共四五位学生发言，提出若干观点。

② 主题学习（切入思政元素）：2016 年 12 月 9 日，中共中央政治局进行第三十七次集体学习，教师带领学生共同学习习近平总书记在此次集体学习中的讲话精神。

③ 教师总结：教师结合学生讨论情况，根据习近平总书记讲话精神，总结法家思想与当代依法治国思想的主要区别点：

——在法的权力属性方面：一人之法 VS 众人之法；

——在法的目标指向方面：治民之法 VS 治权之法；

——在法的实施力度方面：严刑峻法 VS 罪刑相当；

——在法的实施路径方面：程序缺失 VS 程序保障；

——在法的实施标准方面：结果导向 VS 兼容情理。

④ 布置作业与课后交流：要求学生课后学习《坚定不移走中国特色社会主义法治道路，建设良法善治的法治中国——学习贯彻习近平新时代全面依法治国重要思想》，再结合本课程知识点及讲授情况，通过线上教学平台汇报学习感受，教师通过线上教学平台参与学生交流。

典型章节Ⅱ：王安石变法

【课程内容组织】王安石变法的原因分析（宋代的冗官、冗员、冗兵问题及其根源——宋代的立国思想“事为之防，曲为之制”），王安石变法的主要人物（宋神宗、王安石、司马光等），王安石变法的主要内容（均输法、青苗法、保甲法等），围绕王安石变法的主要争论及政治斗争，王安石变法失败的历史经验教训及其与当代中国改革事业的比较，并以此阐释当代中国改革成功的原因。

【思政元素选择】讲授王安石变法不能局限于这场变法，而要在大历史观的指引下回顾中国的历次重大改革，在此基础上引导学生加深对当代中国改革事业的理解，认识当代中国成功改革的来之不易，让学生增强对改革的信心并以更大勇气投入中国的改革事业。

【教学模式设计】

① 播放视频：在讲解了主要授课内容后，播放《百家讲坛》视频（康震主讲：《不能承受青苗之轻》）。

② 教师提出如下问题并引导学生讨论，学生每人发言三到五分钟，共四五位学生发言。

——王安石变法为什么会失败？

——古代社会的变法为何多以失败而告终？

——当代改革开放的四十多年为何会取得巨大成就？

——当代的改革与古代变法的区别在哪里？

——如何理解习近平新时代中国特色社会主义思想中的“全面深化改革”？

③ 学习经典：教师带领学生共同学习中共十九大报告中的“全面深化改革”部分的内容精神。

④ 教师总结：分析总结王安石变法失败的根源性原因，通过古今比较，从多方面分析改革为啥改、谁来改、改什么、怎么改的问题，反证中国改革开放成功的原因。

⑤ 布置作业与课后交流：要求学生课后学习新华网“学习进行时”的文章《习近平总书记全面深化改革重要思想深刻内涵是什么》，再结合课程知识点的内容，通过线上教学平台汇报学习感受，教师通过线上教学平台参与学生交流。

典型章节Ⅲ：革命法制

【课程内容组织】革命法制的指导思想（马列主义法律思想），革命法制的发展历程（从1921年到1949年的萌芽、初创、发展到成熟），革命法制的主要内容（主要法典与基本制度），革命法制的精神实质（平等、进步）。

【思政元素选择】革命法制是1949年以前中国共产党带领中国人民进行法制建设探索的重要成果，奠定了新中国法制的雏形。其本身既是中国法律史的重要组成部分，也是对学生进行革命传统教育、党史教育、社会主义教育的重要载体，蕴藏着重要的思政教育功能。

【教学模式设计】

① 播放视频：在讲解主要授课内容后，以黄克功案为例，播放教师制作的微课视频《革命法制的平等原则》。

② 教师引导学生对革命法制的精神实质进行讨论，学生每人发言三至

五分钟，共四五位学生发言。

③ 教师总结：教师根据学生讨论的情况进行适当总结，阐释革命法制的精神实质要点。

——革命法制在中国历史上首次真正实现了“法律面前人人平等”；

——中国共产党是中国人民的先锋队组织，共产党员理应接受较之普通公民更为严格的纪律约束；

——中国共产党是平等原则得以实现的根本保障。

④ 学习经典：教师带领学生共同学习《求是》2015 年第 1 期刊登的习近平总书记的文章《加快建设社会主义法治国家》，深入理解“坚定不移走中国特色社会主义法治道路”的内涵意蕴和现实要求。

⑤ 布置作业与课后交流：要求学生课后学习汪永清的文章《坚定不移走中国特色社会主义法治道路》(《求是》杂志 2015 年第 1 期)，再结合课程知识点及讲授情况，通过线上教学平台汇报学习感受，教师通过线上教学平台参与学生交流。

教学总结思考

“中国法律史”课程教学秉持“课程育人”的教学理念，对课程内容和教学方法进行的改革成效显著，依托该课程制作的视频案例《革命法制案例精选》入选教育部学位与研究生教育发展中心优秀案例库。课程思政教学改革的主要成效体现在如下几个方面：

① 消除了学生思想上的模糊认识。以往，部分学生将古代法家思想的部分内容生搬硬套至社会主义法治思想中来，对中国共产党领导和开创社会主义法治道路的艰辛与努力认识不足。“课程思政”帮助学生厘清了思路，消除了思想上的模糊认识。法学 1803 班的宋齐轩同学在认真比较了古代法家之治与当代依法治国后就意识到：“先秦法家所谓的‘法治’究其实质还是‘人治’，实质上是人大于法，权大于法，人在法上，法在人下。”

② 强化了对“改革”的正确理解。当前在校大学生多为“00 后”，在享受着改革开放带来的巨大成果的同时对“改革”的艰难困苦、复杂程度和宝贵价值缺乏认知。通过对“王安石变法”等思政教育案例的解读，强化了学生对“改革”的正确认知。图 1 所示为法学 1803 班的董坤同学的学习总结。

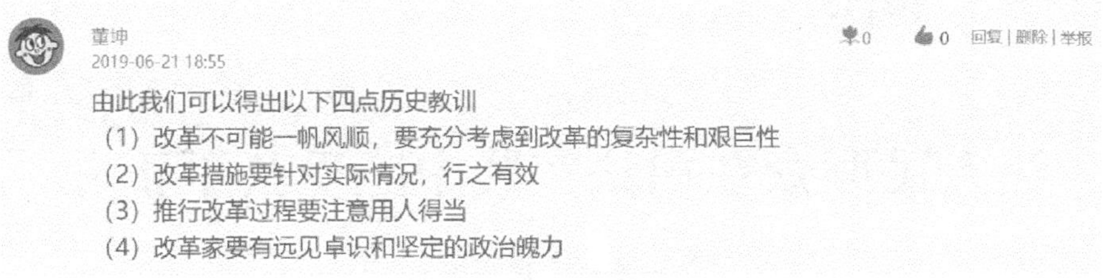

董坤
2019-06-21 18:55
0 0 回复 | 删除 | 举报

由此我们可以得出以下四点历史教训

(1) 改革不可能一帆风顺，要充分考虑到改革的复杂性和艰巨性

(2) 改革措施要针对实际情况，行之有效

(3) 推行改革过程要注意用人得当

(4) 改革家要有远见卓识和坚定的政治魄力

图 1　董坤同学的学习总结（截图）

③ 坚定了对社会主义法治道路的自信。课程思政教学改革借助现代教学手段，以案说法，将革命法制中的经典案例生动呈现、集中讲述，使学生极大地坚定了对社会主义法治道路的自信，更加拥护中国共产党对法治事业的领导。图 2 是法学 1902 班的刘默然同学在学习了微课“革命法制的平等原则”后的总结。

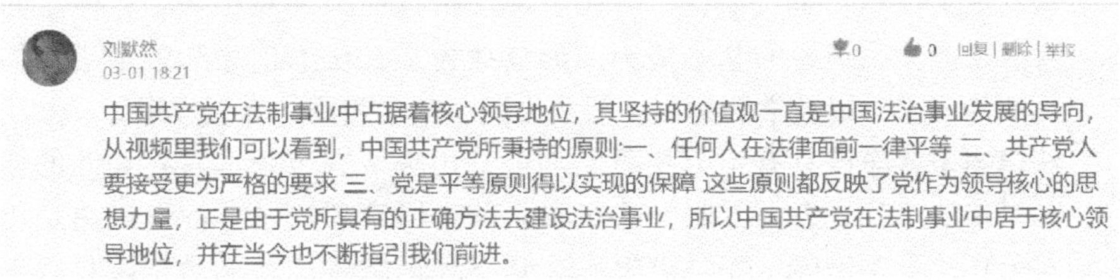

刘默然
03-01 18:21
0 0 回复 | 删除 | 举报

中国共产党在法制事业中占据着核心领导地位，其坚持的价值观一直是中国法治事业发展的导向，从视频里我们可以看到，中国共产党所秉持的原则:一、任何人在法律面前一律平等 二、共产党人要接受更为严格的要求 三、党是平等原则得以实现的保障 这些原则都反映了党作为领导核心的思想力量，正是由于党所具有的正确方法去建设法治事业，所以中国共产党在法制事业中居于核心领导地位，并在当今也不断指引我们前进。

图 2　刘默然同学的学习总结（截图）

④ 激发了学生的学习热情，改善了教学效果。毋庸讳言，“中国法律史”实施课程思政教学改革，改变了理论性课程中学生受应试教育理念影响而缺乏学习热情的教学氛围，多方式多路径激发了学生的学习热情，有效实现了“课程育人”的教学职能。

让人民群众在司法实践中感受公平正义

（法学院　周德军）

课程思政背景

“民事诉讼法”课程是法学专业核心课程，主要内容包括民事诉讼理论知识和民事诉讼司法实践。通过课程学习，学生能够掌握司法实践中的民事诉讼理论知识和实务技能，具备民事诉讼执行能力和解决平等主体之间的人身、财产关系纠纷的基本能力，形成社会主义法治信念和公平正义的新时代法治理念，以及学法为民、司法为民、执法为民的专业理想。

法律本来就应该具有定分止争的功能，司法审判应该具有终局性的作用，如果司法不公、人心不服，这些职能就难以实现。民事诉讼法律是彰显司法公正的重要保障，将马克思主义基本理论融入民事诉讼法课程教学之中，这是新时代建设社会主义法治国家背景下进行“三全育人”教学改革的现实需求。我们在“民事执行程序总论”第一节“民事执行程序概述”的课程讲授中，引入了“琼瑶诉于正案司法判决与执行纠纷”等案例作为课程思政的教学素材，与课程内容有机结合，通过案例教学与翻转课堂、专题研讨等结合的方法，讲授民事诉讼中“执行难”的教学内容，达到课程思政的育人目标。

课程教学设计

【课程内容组织】民事执行是民事审判结果能否实现的根本保障。真正实现“让人民群众在每一个司法案件中感受到公平正义”不仅仅是民事审判程序要解决的问题，也不仅仅是依靠民事审判活动就能够实现的，在新时代中国依法治国的进程中，要让百姓建立法治信仰，就必须确保每一起案件尤其是民事案件的判决执行落到实处。因此，深入理解民事审判和民事执行的关系，深刻领会民事执行的价值，能够有效激发学生的学习热情，有助于提升课程的教学效果。

因此，我们在“民事执行程序总论”第一节“民事执行程序概述”的课程教学中，在融入党的十九大精神尤其是依法治国理念的基础上，广泛结合司法实践案例，激发学生的学习兴趣，有效引导学生思考并深入理解国家法治建设进程，培养学生的专业价值意识，树立法律职业信仰。

【思政元素选择】根据《习近平关于全面依法治国论述摘编》的内容精神，课程思政元素的选择主要基于三个方面的考虑：① 深入领会党的十九大关于“深化依法治国实践”的深刻内涵和精神实质，强化十九大精神的思想渗透与引领；② 让学生领会在民事诉讼领域中“努力让人民群众在每一个司法案件中感受到公平正义”，推进依法治国理念与专业课程学习的精准化融合；③ 丰富学生法律知识，激发其学习热情，引导其职业发展，使学生坚定法治信念。

【教学模式设计】我们在教学过程中将教师讲授与学生互动相结合，在教学策略上突出“情境、融入、互动”的特点，最终实现提升实践应用能力与培养新时代社会主义法治人才的课程育人教学目标。主要教学方法包括：① 翻转课堂：将教学案例提前提供给学生研读思考。② 研讨式教学：在课堂上适时组织学生对争议问题进行研讨。③ 案例式教学：大量融入实务案例，综合 PBL 和 CBL 的教学所长。

以“民事执行程序概述”的课程教学为范例，设计主要教学内容及环节如下：

1. 案例导入（第一节：民事执行程序概述）

选择经典案例“琼瑶诉于正案例司法判决与执行纠纷”（案例 1），引出本次授课的内容。

2. 内容一：民事执行的概念

（1）概念阐释：选择经典案例，进行概念解读（案例 2）。

（2）概念解读中融入“努力让人民群众在每一个司法案件中感受到公平正义”的思政元素（案例 3~5，教学重点、难点）。

3. 内容二：民事执行程序与民事审判程序的关系

（1）课堂讨论：审判公开原则（案例 6~9，由学生发言讨论：审判程序如何体现公平正义?）。

（2）融入十九大精神：社会主义法治的“公正司法”要求。

（3）结合学生讨论进行归纳总结：

① 民事执行程序与民事审判程序的区别（重点、难点）：

——权力基础不同（案例 10，掌握）。

融入十九大精神：社会主义法治的“严格执法”要求（一）。

——任务不同（了解）。

——价值取向不同（案例 11，难点）。

融入十九大精神：社会主义法治的“严格执法”要求（二）。

——程序类型不同（案例 12，掌握）。

② 民事执行程序与民事审判程序的联系：

——二者都属于民事程序法的范畴（了解）。

——二者前后相继（掌握，重点）。

融入十九大精神：社会主义法治的“科学立法”要求。

③ 二者存在大量的通用制度和规则（了解）。

4. 内容三：民事执行的基本原则（重点）

（1）依法执行的原则。

融入十九大精神：社会主义法治的“严格执法”要求（三）。

（2）执行标的有限的原则（案例 13）。

融入十九大精神：社会主义法治的“全民守法”要求（一）。

（3）全面保护当事人合法权益的原则（案例 14，重点）。

融入十九大精神：社会主义法治的“全民守法”要求（二）。

（4）强制执行与说服教育相结合的原则（重点，难点）。

融入十九大精神：社会主义法治的“全民守法”要求（三）（案例 15）。

（5）执行效益的原则（了解）。

5. 本讲小结

在教学最后阶段要对讲授内容进行小结。

本节授课所采用案例都结合年度最新的司法实践活动进行及时调整更换，并在课程教学前一周发给学生并要求其提前自学以便开展翻转课堂教学，同时在教学时根据课时进程灵活调整。

教学总结思考

民事执行是民事审判结果能否实现的根本保障，真正实现“让人民群众在每一个司法案件中感受到公平正义”不仅仅是民事审判程序要解决的问题，也不仅仅是依靠民事审判活动就能够实现的。在新时代中国依法治国的进程中，要切实加强老百姓的法治信仰，就必须确保每一起案件，尤其是民事案件的判决得以真正落到实处。因此，深入理解民事审判和民事执行的关系，深刻领会民事执行的价值，能够有效激发学生学习本部分知识的热情，有助于提升课程教学效果。

在本课程教学改革实践中，我们将法学专业知识讲授和实证教学紧密结合，培养学生的新时代法治意识，以践行中国特色社会主义法治理念引领学生树立正确的世界观、价值观，教学改革具有显著的成效。

1. 校内同行专家对教学改革高度评价

为了广泛听取校内专家对课程教学改革的评价和建议，课程主讲人专门举办了全校公开课，学校教学督导以及文学院等校内多名专家学者莅临现场听课，并给予教学改革高度评价（图 1）。

图 1　课程育人示范教学设计暨教学改革示范教学现场

2. 学生对教学改革的评价意见

通过客观调查问卷和主观意见反馈两种形式了解学生意见。客观调查问卷部分面向授课班级法学专业全部学生征询，对问卷反馈的数据进行分析统计后发现，学生对课程思政教学改革表现出了很大的兴趣，课程思政教学改革示范课取得了良好的教学效果。调研数据显示，本次课程育人示范教学设计得到了同学们的积极参与和广泛认可，取得了较为理想的效果，为今后“民事诉讼法”课程思政教学改革提供了样本和参考依据。

从药物质量标准到“健康中国”的使命责任

（药学院　童珊珊，沈玉萍，戚雪勇，魏渊）

课程思政背景

“药物分析”是药学类专业的基础课程和制药工程专业的专业课，课程的教学目标包括知识目标、能力目标和素质目标三个层面。

知识目标包括了解药物分析的性质、作用和任务，熟悉国际重要的药品质量规范及药典知识，掌握药品质量分析的基本规律与主流技术方法；能力目标是使学生具备运用主流分析技术的实践能力、对经典化学结构药物进行质量评价的能力（掌握抗生素、生物制品、药物制剂、中药及其制剂的质量评价技术）、调研及运用药品质量标准及规范的能力，具有探索性解决药品质量问题的基本思路和基本能力；素质目标是培养学生形成“药品全面质量控制”等理念，发展团队协作能力，认知中医药文化的独特优势并具备追求创新发展的职业意识和道德素养，增强大学生的“健康中国”专业使命感。

教学中我们以“药品质量标准的制定”内容为案例进行教学改革尝试，将课程专业内容与课程育人的教学职责进行对接融合，从文化自信、创新发展、国情观念、职业情怀四个维度对大学生进行价值观塑造和思想引导，实现课程教学与思政育人的相互协调、相互促进。

课程教学设计

【课程内容组织】本文案例的主要教学内容为课程教材的前两章（即“绪论”和“药品质量标准”，共计 6 学时），包括药物分析学基本概念及其任务，药品质量标准制定案例，中国药典发展史及现版药典，主要的国外药典，主要药品质量管理规范及人用药品技术要求国际协调理事会（ICH）介绍等。教学中使用的经典案例包括：从 606 到磺胺酏剂事件；“欣弗”不良事件；尼莫地平片的体外溶出度考察。小组讨论主题为“药典进展及药品质量标准热点话题”，课外活动的主题为“健康中国，我们在行动”。

在前段学习的基础上，在课程的后阶段利用两次课（共 4 学时）以

“某复方制剂质量标准的完善”为案例讨论如何建立科学合理的药品质量标准。在此阶段主要采用 CBL 教学模式让学生探寻药物的结构、理化性质，生产工艺及可能出现的杂质，以及鉴别与含量测定方法之间的关系，同时将相关的理论知识和应用技术知识融入案例教学，分析、解决药品质量问题。

【思政元素选择】教学进程中的主要课程内容、案例、活动及思政要点如下：

① 案例：从 606 到磺胺酏剂事件——从我国的药物分析学科的发展乃至整个人类的药学史来看，药物质量控制的方法须要不断创新、发展。

② 案例：“欣弗”不良事件——职业道德素养的重要性警示学生，不仅应具有扎实的药学专业知识，还要具备调研能力、思考问题的能力，具有一定的风险意识及强烈的责任意识。

③ 案例：尼莫地平片的体外溶出度考察——要具有医药职业的责任感、使命感。

④ 中国药典及国外药典发展史：认识我国药物行业的发展，认识药物质量控制方法的创新与发展。

⑤ 中药质量标准的发展：引导学生正确认知我国的中药文化，认识到中药是当代中国“独特的卫生资源、潜力巨大的经济资源、具有原创优势的科技资源和优秀的文化资源”。

⑥ 小组讨论：从电影《我不是药神》出发，讨论我国仿制药“一致性评价”的意义和将为“健康中国”带来的积极影响，培养学生的创新意识和国际化视野，对我国的医药发展树立信心，并提升对医药职业责任感、使命感的认识。

⑦ 课外活动：开展“健康中国，我们在行动”药学专业活动，引导学生树立牢固的对人民健康负责的药品质量意识。“健康中国，我们在行动”获评“江苏省高校党日活动”优胜奖。

⑧ CBL 课程：通过分组和组间竞争，培养学生的团队协作精神；通过调研和方法设计，了解医药发展对药学专业人员的要求和挑战，让学生从理论到实践，从抽象到具体拓宽视野，将知识技能学习与职业价值观塑造结合，培养药学专业大学生的责任感和使命感。

【教学模式设计】

（1）第一章：绪论

案例讨论：引用“从 606 到磺胺酏剂事件”、“欣弗”不良事件、尼莫地平片的体外溶出度考察 3 个案例开展案例教学。

（2）第二章：药品质量标准

以课程内容讲授和小组讨论开展教学。

小组分组讨论4个议题：①中国药典中溶出度检查方法的进展；②举例说明中国药典中某个中药品种质量标准的变化；③举例说明某个药物制剂在中国药典与美国药典中测定项目和内容的不同之处；④从电影《我不是药神》看中国仿制药的质量问题。

教师在上课前一周下达讨论题目，鼓励学生充分研读专业资料，在课堂上每个议题汇报20分钟，同时鼓励台下的学生提问，根据提问的内容情况对学生的平时成绩进行考评。以讨论的结果再引导学生归纳成要点，进一步引导学生对专业发展的思考。

（3）课外活动

以“健康中国，我们在行动”为主题，联合镇江市药品检验所等药政部门开展健康用药宣传和问卷调研。具体过程包括：① 药学专业宣传：发放用药安全宣传册子；②药学仪器展示和演示：药品快检车；③有奖药学知识问答（结合中英文），活动对象包括不同学院的中国学生和留学生。

（4）CBL课程

每班（58~62人）分4组，每组15人左右。每组由1位教师作为顾问提出导向性问题，控制发言的频次，鼓励内向的学生发言并进行观察评分。每两组学生在一个教室进行汇报讨论。要求学生在课外进行文献资料搜集，初步讨论并预先制作PPT，在课堂上进一步讨论并完善PPT，形成结论并汇报。

主要汇报内容：① 解读本药品的现行质量标准并列出不足之处；② 结合该药的处方组成对现行标准进行补充完善，给出初步实验方案并说明理由。

教师适当引导，及时提示学生对关键问题进行思考并展开讨论，最后教师进行点评、总结及补充，引导学生继续学习和研究。

在时间安排上，第一次课不分班，由主讲教师布置任务并提供已知信息，时间约30分钟，布置学生课后查阅文献。第二次课每15人左右为一组，每位教师负责一个教室的分组讨论汇报（每个教室两个小组）。前30分钟分组讨论：对现行标准的解释，如何完善标准，每组由教师负责观察及引导、评分。后40分钟按组别进行汇报，每组20分钟，列出完善后的质量标准，陈述思路并解释，汇报中学生可自由提问及回答和讨论。最后的时间由教师点评。

整体的教学设计如图1所示。

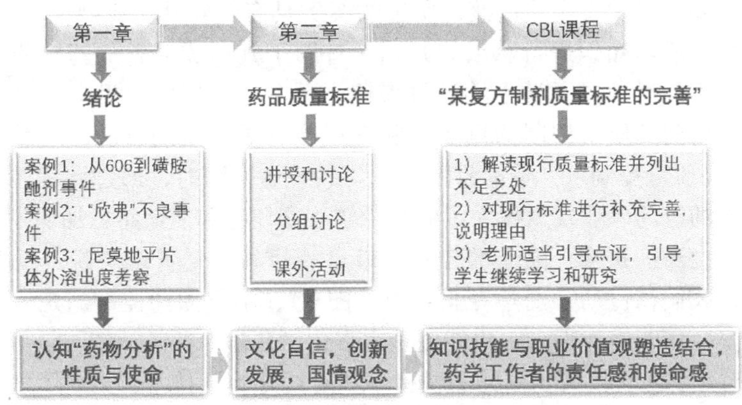

图 1　本文案例的整体教学设计

教学总结思考

课堂作为高校立德树人的主阵地，对课程教学与思政教育有着同向同行的必然要求。我们在“药物分析”课程改革中以“药品质量标准的制定”为案例展开一系列教学活动，获得了较好的教学效果。

一是在经历这一阶段的教学后，采用问卷调查的方式调研学生对学习的感知状况和对 CBL 教学模式的满意程度。共收回问卷 54 份，从表 1 结果可看出，大多数学生对教学满意程度高，课堂教学能够有效激发学生的学习兴趣及主观能动性，培养了学生的分析问题、解决问题及自主学习的能力，并提升了学生的团队协作能力。同时，教学中大约每 15 位学生即配备 1 名教师，学生没有办法在课堂上充当“南郭先生”来“蒙混”过关，学习上适当的紧迫感有助于提高学生的学习动力。

表 1　CBL 课程问卷调查统计结果

内容	满意	比较满意	一般	不满意
激发学习兴趣	38	12	2	2
课堂气氛活跃	50	3	1	0
实践能力提升	38	5	11	0
团队能力提升	31	8	12	3
专业学习动力	36	3	5	10

二是一系列教学内容安排紧密围绕中心议题，突出药物分析在新药开发、药品生产、质量标准建立、质量控制和药品流通等领域中的应用，结

合课堂教学中的专业热点、难点与关键问题进行讨论，使学生的认知从抽象的理论知识向现实实践过渡，所选的案例具有针对性、典型性、综合性，引导学生对所学知识进行总结和归纳，有助于其形成完整的药物质量控制方案。分组探讨激发了学生的学习兴趣，引发了他们独立思考和创新的欲望，使其对药品质量控制的重要性和发展性有更深入的领会，培养了学生“药品全面质量控制”“质量源于设计”的理念。同时，通过课程调研，学生对我国的医药事业发展树立了信心，职业责任感和使命感更加明晰。

三是由药剂系教工党支部与镇江市食品药品监督管理局联合举办“健康中国，我们在行动”药学专业活动（图2），不仅为药监部门走入高校共同宣传安全用药搭建平台，也能使学生强化对药学专业的认知与认可。活动特别针对药学院学生展示了药品快检车和近红外鉴别技术，拓展了学生的专业知识和专业视野，调动了学生对专业学习的兴趣；还邀请药检所资深中药师进行中药材的现场展示和讲解，将人文精神和职业道德的培育纳入药学教育当中，构建课程思政理念下的大思政教育体系，使学生更加坚定了对中医药文化的自信，有利于培养即将承担“健康中国”重任的药学人才。

图2 “健康中国，我们在行动”药学专业活动

本课程教学案例的教学涉及多个环节，学时跨度较长而且前后呼应，课程思政贯穿课程学习的全过程，着重探索在夯实专业基础、提升职业素养的同时，培养具有社会主义核心价值观、扎实理论知识和实践能力的专业人才，摸索构建具有中国特色、服务“健康中国”的药学高水平人才的育人体系，这为专业课程思政教育体系的构建积累了经验。本课程团队以“健康中国，我们在行动”为主题开展的健康用药专业主题活动，先后获评“江苏省高校党日活动”优胜奖和“江苏大学党日活动”一等奖。药剂学系连续4年获评江苏大学“优秀系室”，2次获评江苏大学“青年文明号”。以本课程教师为主体的药剂系教工党支部获评教育部全国党建工作“样板支部”称号和镇江市“五星”先进党支部。优秀的课程思政教学能力、强烈的敬业精神和正确的价值取向，是课程育人的根本保障。

根植中国医药土壤，培育知华、友华留学生

（医学院　封云）

课程思政背景

来华留学生教育是我国高等教育国际化的重要组成部分。“药理学”课程是外国留学生临床医学专业（Bachelor of Medicine and Bachelor of Surgery，MBBS）的重要专业基础课程，其主要内容包括总论（药物代谢动力学和药物效应动力学基本知识），人体各系统相关疾病（如循环系统、神经系统、内分泌系统、内脏系统等）的临床用药基本知识和技能，以及病原性疾病的治疗等。面向留学生的药理学课程英文教学，通过学科知识的传递、课堂的管理、文化的熏陶、情感的联系等手段培养来华留学医学生，在进行专业知识技能教育的同时，确立了课程育人的目标，即根植我国医药文化土壤，培育知华、友华医学留学生（图1）。

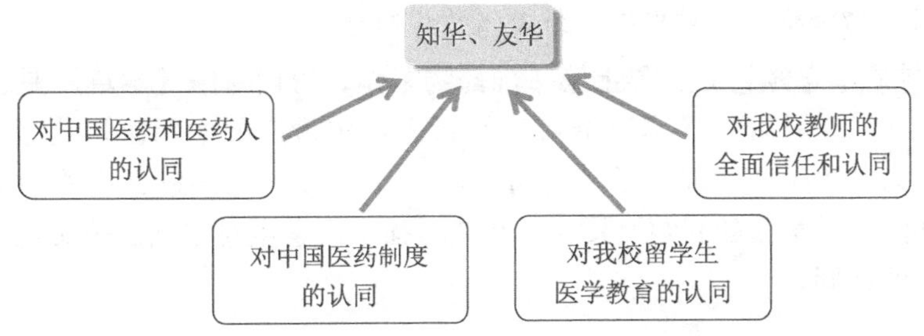

图1　药理学课程留学生教学的知华、友华课程育人目标

为达成教学目标，从四个维度融入课程思政的教学理念和教学元素：介绍中国医药文化历史和现代医药成就，用中国医药学家的故事打动留学生，从而产生对中国医药和中国医药人的认同感；介绍我国基本药物制度、政策和法规，用事实打破传言，增加留学生对中国制度的认同感；介绍通过美国执业医师考试或者获得了归属国执业医师资格证书的优秀毕业生事例，增加留学生对我校留学生医学教育的认同感；以教师对留学生的专业

引领，提升留学生对学校教师的专业信任度。其间，通过课堂课后沟通，解决由于文化差异而给留学生带来的困惑问题，进一步增加留学生对授课教师的信任和认同；教师以自己对学生的关爱引导和培养留学生树立知华、友华的基本信念。

课程教学设计

【课程内容组织】我们以江苏大学出版社出版的教材 *Pharmacology* 第 1 至第 4 章、第 30 至第 39 章为案例，在组织知识内容的同时，从四个方面组织和融入课程思政内容：①中国古代优秀的医药文化和当代医学成就，以及中国医药科学家的故事；②中国基本药物制度、政策和法规，新中国消灭天花鼠疫以及当前抗击新冠疫情中所体现出的中国制度优势；③优秀毕业生尤其是通过美国执业医师资格考试或获得其归属国执业医师资格证书的优秀毕业生的情况介绍；④通过沟通来协商解决留学生由于文化差异、地域差异、时差带来的学习困难，解决诸如穆斯林祷告时间和课堂教学时间冲突这样的教学困难，以细致帮扶建立信任和认同，引导留学生知华和友华。

课程育人目标包括：① 以中国医药文化和中国实践成果增强留学生对中国的认识和认同，培养其知华、友华情怀；② 以教师个人的教育和示范引领留学生培养道德情操和职业意识；③ 通过典型事例的介绍引导学生正确辨识世界各种声音，培养批判性思维能力和科学的世界观。

【教学模式设计】

（1）增强留学生对中国医药文化的认同感

《神农本草经》是世界上第一部药物著作，唐代新修《本草》是世界第一部药典，李时珍的《本草纲目》是世界流传最广的中国医药典籍，2015 年获得诺贝尔生理学或医学奖的著名科学家屠呦呦的事迹，这些中国医药文化和医药科学家的介绍（图 2）有效增强了留学生对中国医药文化和中国医药人的认同。

图 2　中国医药文化和医药科学家的介绍

（2）增强留学生对中国制度的认同感

我国疫苗研究科学家汤飞凡研制了中国自己的狂犬疫苗、白喉疫苗、牛痘疫苗，还有世界上首支斑疹伤寒疫苗，并将沙眼发病率从将近 95%降至不到 10%。新中国成立后，作为新中国疫苗研制的开拓者，汤飞凡的工作成功遏制 1950 年华北鼠疫大流行，他研制出了中国的黄热病疫苗。采用他领导选定的牛痘“天体毒种”以及由他建立的乙醚杀灭杂菌的方法，能在简单条件下大量生产优质牛痘疫苗，为我国尽早消灭天花奠定了基础。1961 年，采用他的研究成果，中国成功消灭天花病毒，这比全球宣布消灭天花病毒早了 16 年。结合介绍汤飞凡和新中国消灭天花、鼠疫的成就，以及现在中国抗击新冠肺炎疫情的理念、举措及成效，医学留学生对中国医药事业的发展及国家的制度优势有了进一步认识和理解，极大提升了对中国制度的认同感。

（3）增强留学生对我校医学教育的认同感

我校医学留学生教育获得了许多优秀业绩，培养了 Keshav Khera，Lee Calvin Yee Fen 等一批通过美国执业医师考试或者获得归属国执业医师资格证书的优秀毕业生。他们获得的成绩在为众多医学留学生树立了标杆的同时，也增添了留学生学习的信心，增强了留学生对我校医学教育的认同感。

（4）增强留学生对我校教师的信任和认同感

优化教学过程增强了留学生的课堂学习获得感，也赢得了他们对学校教师专业能力的认可。同时，教师在课堂教学中尊重不同国家、民族的文化，事无巨细，加强与留学生的课堂和课后沟通，采取投票等方式解决由于文化冲突、地域冲突、时间冲突等产生的问题（图 3），以同理心滋润留学生的成长，也因此收获了留学生对教师的信任和认同。留学生赠送给教师的一件印有老师姓名及 Queen 标志的卫衣以表达他们对教师的认同（图 3 中）。良好的师生关系巩固了留学生知华、友华的思想根基。

图 3　良好的互动增强了留学生的获得感与对教师的认同感

教学总结思考

做好来华留学生教育工作不仅是履行国际义务、传播中国文化、树立中国形象、构建人类命运共同体的基础性工作，还是建设教育大国和教育强国的战略举措。我校按照“扩大规模、优化结构、规范管理、保证质量、强化特色”的工作方针，结合国家政策和生源国需求，以“目标务实、合作共赢、快乐成长”为基本模式，大力培养知华、友华、爱华的实用型国际人才，并为助力“一带一路”建设扩充青年后备人才。

基于这样的背景，留学生临床医学专业（MBBS）“药理学”课程要根植我国医药文化土壤设置课程育人目标，这就要求我们将思想教育融合渗透到留学生的日常管理和教育教学之中，特别是在不同文化背景下开展留学生的课程思政教育，其基本要点为：了解中国文化，掌握中文，遵纪守法，品行端正，学风严谨，身心健康，团结协作，具有较强的事业心和开拓进取精神，具有国际视野，通晓国际规则，具备跨文化交流合作能力及跨国界岗位适应能力，能够促进中国与留学生所在国之间的友好关系。

不同国家和民族有着不同的文化传承、价值观念和行为方式。“药理学”课程教育在学科知识传递、课堂管理、文化熏陶、情感联系等方面进行的思考和实践，在培养和谐友好、互助包容的知华、爱华、友华专业医药人才方面获得了良好成效。留学生对我们的努力给予高度赞扬，很多同学表示为自己的职业骄傲，未来将积极投入全球卫生工作，展现医者“救死扶伤”的医德医风。

临床医学导论的多维度教学体系构建

（医学院　龚爱华，许潇，黄攀）

课程思政背景

“临床医学导论”是临床医学专业学生入校后的第一门专业基础课，医学教育以此为专业起点引导医学生进入医学的神圣殿堂。课程以医学为研究对象，着重从整体的角度来阐述医学的本质、特征、发展规律、内部结构及其相互关系，论述医学的社会地位和社会功能，介绍医学的基本理论和方法，以及医学工作者的思维方法和基本技能。

本课程通过构建“优质网课+系列讲坛+小组实践+PBL 训练营”的全员、全过程、全方位的课程教学体系，并精心设计课堂内外的各个教学环节，激发学习兴趣，培育献身医学的精神，促进医学生知识、能力、素质的全面提高。基于课程育人的教学理念，本课程的教学目标包括知识技能目标和思政教育目标两个维度：

——知识与技能目标：借助引而不发、导而不入、宽而不深的网络课程，使医学生对医学的结构有一个完整的概念性认知；通过系列讲座，使学生了解医生的成长历程；通过在医院进行第二课堂实践，帮助学生了解现代医院的运行概貌和医生的职业状态；通过 PBL 新生训练营，使学生了解医学课程研讨型学习的教学模式。

——思想政治教育目标：医学生培养周期长，课业负担重，一般需经过本科阶段 5 年和规培阶段 3 年的教育后方能开始执业，且工作强度大，薪酬相对低，加上近年来伤医事件屡发，学生普遍信心不足，对学业和职业的发展较为迷茫。因此，“临床医学导论”作为专业导论课程，承担着给学生提振信心、树立志向、扩展视野、强化职业责任意识，以及丰富医学人文底蕴的育人任务（图 1）。

图 1　临床医学导论课程思政目标

课程教学设计

“临床医学导论”课程构建了“网课+讲坛+实践+训练营”的全方位、多维度授课体系（图 2），旨在首先从形式上帮助学生适应大学阶段的学习模式变化，同时也能更好地实现课程育人的教学目标。

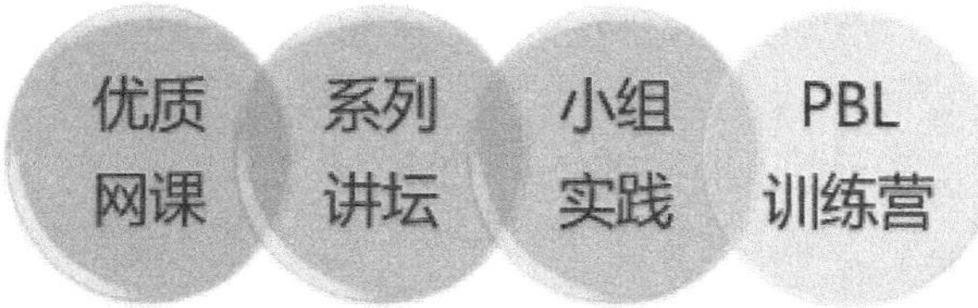

图 2　“临床医学导论”课程思政教学模式设计

（1）优质网课

我们引入校外优质线上资源，选用了天津医科大学在中国大学 MOOC 开设的“临床医学导论”，其内容简要介绍我国医学教育改革和卫生体制改革的形势及所取得的成果，使医学生初步了解医学教育和卫生事业的现状，以及医学及医学教育国际化的趋势。在线课程还对内科、外科、妇产科、儿科等基本概念和前沿进展进行了介绍。在教学中，课程思政元素始终与专业课程内容相伴融合（图 3）。

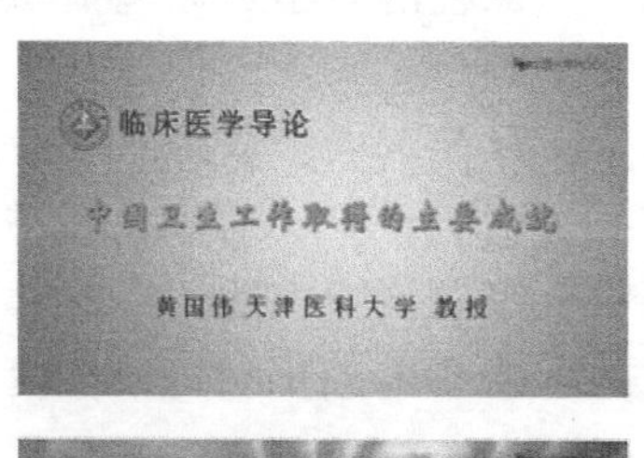

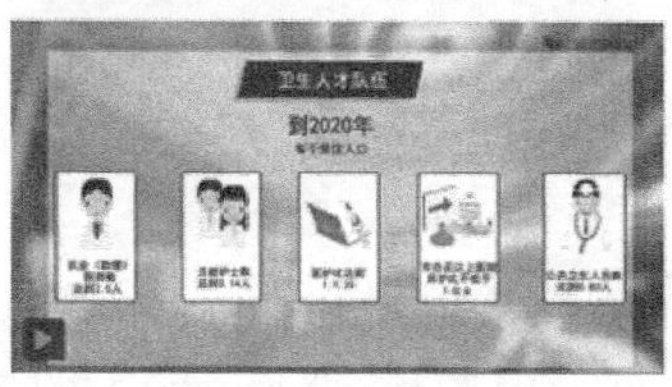

图 3　临床医学导论线上课程的思政元素

（2）系列讲坛

我们还组织观看了杰出专家、知名校友、全国劳模、国学学者的讲坛报告。这些讲坛活动内容引发了医学生对成长路径、职业担当、奋斗目标的思考，同时增加了医学生的人文积淀，获得了热烈的反响，使学生受到了很大的启发和鼓舞。

(3) 小组实践

为了引导医学生“早进入临床”“早接触患者”，让医学生对自己的专业形成感性认识并培养职业自豪感，导论课程设置了课外见习环节。我们将2019级学生每10人编为一个小组，前往江苏大学附属医院与江苏大学附属人民医院实地研学，要求学生观察环境，了解医院的就诊流程，重点访学一个科室并形成小组报告（图4）。医学生在医院见习期间，观察患者的病痛，积极与临床医护人员沟通，认真听取指导意见，加深了对“医者仁心”的理解。

临床医学导论见习登记表

班级______ 小组______ 组长________

组员________________________________

日期______ 地点______________________

内容			时间	楼层分布	主要病种	老师签名
内科	心内科					
	血液科					
	呼吸科					
	内分泌科					
	神经内科					
	消化科					
	肾内科					
外科	普外科					
	胸外科					
	骨科					
	脑外					
	泌尿外科					
妇产科	妇科	门诊				
		病房				
	产科	门诊				
		病房				
儿科	儿保门诊					
	儿科门诊					

图4 “临床医学导论”分组见习

(4) PBL 训练营

临床医学本科专业类课程教学中，PBL、CBL等研讨型学习课程所占比例较大，因此在导论课中专门设置了PBL新生训练营（图5）。通过组长培训、workshop等教学组织方式，帮助学生快速熟悉PBL学习的流程和方法。

图5 “临床医学导论”新生PBL训练营

教学总结思考

“临床医学导论”课程采用在线学习成绩评价、实践评分、提交职业生涯规划和 PBL 训练小结等考核方式。学生对课程中和课程后的各项反馈表明，这样的教学组织能够充分达成知识、技能以及思政教学的目的（图 6）。学业导师通过面谈和回访了解学生对课程中专家讲座的感受，学生的积极反馈表明，课程教学具有较大的激励和感召作用。

学期末课程调查显示，学生对临床医学专业的职业自豪感、从业信心和社会责任感都有显著增强，89.4%的学生认为自己从医是“为了促进祖国医学事业的发展”，99.61%的学生认为自己“能够关爱生命，感悟生命真谛”，100%的学生认为“患者的权利、尊严和人格是执业的追求目标”。

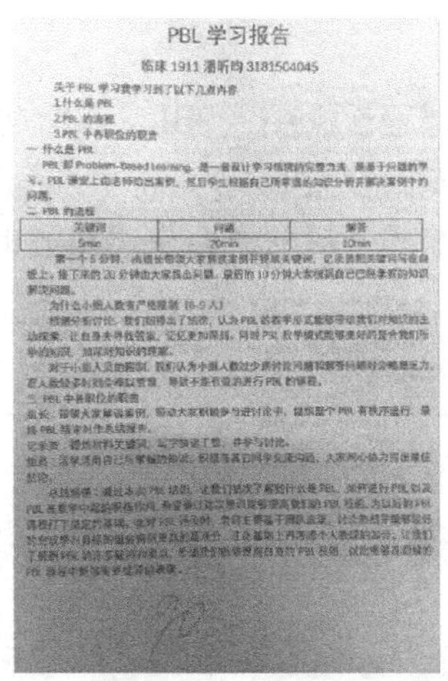

PBL 学习报告

临床 1911 潘昕昀 3181504045

图 6　课程教学的考核与学生反馈

让红旗渠精神在医学领域传承

（医学院　黄攀）

课程思政背景

“消化系统”课程是临床医学专业二年级开设的专业基础课程。在专业教学与课程思政相互融合、协调育人的教学改革背景下，我们以食管癌的内容为例进行研讨式教学改革尝试。该章节的专业教学要求学生能够认识食管癌的病因、发病机制，以及疾病发生发展过程中形态结构、代谢和机能的变化，了解疾病临床表现的病理学基础，培养学生以临床病理为基础的观察问题、分析问题和解决问题的能力。案例研讨式教学能有效调动和增强学生对病理课程的学习兴趣。在该章节讲授中，我们将“1960 年河南省林县修建红旗渠”和“1971 年陆士新院士带领团队扎根林县挖出一条肿瘤界的‘红旗渠’”两个思政案例融入教学，以“自力更生、艰苦创业、团结协作、无私奉献”的红旗渠精神，积极引导医学生在认真学习专业知识的同时，培养“工匠精神”，坚定把医学事业作为自己终身事业的信心，激发学生的学习动力和爱国情怀。

课程教学设计

【课程内容组织】

① 专业基础知识：食管癌的病因，发病机制，病理变化，食管癌的扩散，食管癌的临床病理联系。

② 分享思政案例：20 世纪 60 年代河南省林县群众人工修建红旗渠；1971 年，中国医学科学院陆士新院士带领团队扎根林县，挖出一条肿瘤界的“红旗渠”。

③ 食管癌科学研究进展：食管癌发生和发展过程及关键科学问题，防治食管癌的主要研究方向、研究内容和突破点。

【思政元素选择】

①“自力更生、艰苦创业、团结协作、无私奉献”的红旗渠精神；

② 食管癌病因学研究先驱陆士新院士一生热爱祖国，他身上有着严谨

求实的治学作风、执着奉献的科研追求、耕植医学的“工匠精神”。

【教学模式设计】

本章节的课程教学采用“线上自学+课堂讲授+课堂讨论+总结反馈”的方式，课前通过“线上基地”学习红旗渠精神，课堂教学方式是教师讲授结合课堂讨论，课后采用问卷反馈的方式进行教学总结。

（1）课前线上学习

课前引导学生通过中共河南省林州市委组织部红旗渠精神网上培训基地系统了解红旗渠的建设历史，学习红旗渠精神。1957 年，林县县委书记杨贵向上级反映林县有“三不通”，即水不通、路不通、食管不通，那时的林县缺水问题非常严重，同时，在一些村庄群众的食管疾病也十分严重，食管癌发病率极高。从 1960 年开始，数万林县群众在县委干部身先士卒的带领下，削山头、打隧洞、架渡槽，历时 10 年，克服了无数艰难险阻，终于修通了 1500 公里长的生命长渠——“人造天河”红旗渠，也创造出“自力更生、艰苦创业、团结协作、无私奉献”的红旗渠精神。红旗渠精神是对伟大中华民族精神与现代革命精神的继承和发展，是中华民族共同的精神财富。

学生在学习伟大红旗渠精神的过程中，了解到了过去林县“三不通”中还有一个与本章节专业课程相关联的“食管不通”，这使得专业学习与思政教育有了一个自然的“链接”。

（2）课堂专业基础知识讲授

教学按照“食管癌的病因→食管癌的发病机制→食管癌的病理变化→食管癌的扩散→食管癌的临床病理联系”的逻辑顺序依次展开并逐步深入，其间要准备大量的临床病例病理的图表课件，帮助学生建立临床思维的基本认知和理解能力。

（3）思政案例的课堂分享及讨论

食管癌是恶性肿瘤的一个重要病种。在中国的河南、河北和山西三省交界的太行山地区，食管癌发病率较高，其中河南林县曾经是世界上食管癌发病率和死亡率最高的地区，那时平均每年有上千人发病和死亡。

在林县人民努力解决了水不通、路不通的问题后，“食管不通”的问题也亟须解决。1971 年，中国医学科学院的医疗队来到林县，陆士新院士担任医疗队的副队长，分管现场的基础研究，对林县的食管癌高发区进行了大量食管癌病因学研究。他走乡串户，克服困难，发现林县的环境水土、居民主食（如玉米面等）和副食（如酸菜等）中二级胺、亚硝酸盐与硝酸盐的含量均比非高发区高。他还发现林县人群唾液、胃液和尿液中亚硝酸盐含量极高，食管上皮增生者与食管癌患者唾液亚硝酸盐含量也比食管上皮正常人群的高。医疗队还检测了林县的动物（包括鸡、牛、猪等）体内的硝酸盐和亚硝酸盐的含量，也得到了相似的结果。陆士新院士以林县食管癌病因学的研究结果为基础，提出了五项食管癌预防措施，即防霉、去胺、治增生、施钼肥和改变不良生活习惯。35 年后，陆士新院士领导科研团队在 2007 年再次检测了林县环境中的霉菌数量和人类膳食等的亚硝胺含量，发现均有大幅下降，同时林县食管癌发病率也下降了 50%，证实了预防效果显著。陆士新院士以工匠精神扎根林县基层，开展细致研究，被赞誉“挖出一条肿瘤界的‘红旗渠’”。这样的课程思政教育与医学科学教育相伴同行过程，是专业学习和思政教育的“双收获”过程。

（4）食管癌科学研究进展

本部分内容通过课堂讲授方式，系统介绍了食管癌相关科学研究的历史大事件，并对未来的研究方向、研究内容和突破点进行展望，旨在引导学生形成初步的临床和科研思维概念，培养学生以临床疾病为基础，发现问题、分析问题和解决问题的能力。

（5）课后反馈评价

本章节的内容授课结束后，要求学生通过“问卷星”对课程内容及教学效果进行评价，问题设置如下：

① 通过本章节学习，你是否掌握了食管癌相关的基础知识点？

② 通过案例研讨，你是否知晓了中华人民共和国成立 70 多年来食管癌的防治历程？

③ 通过案例研讨，你是否清楚了修建红旗渠的相关历史背景和意义？

④ 请简述你对陆士新院士“挖出一条肿瘤界‘红旗渠’”的理解和认识。

⑤ 请谈谈红旗渠精神对当代医学生成长成才道路的影响。

教学总结思考

本案例课程采用混合式教学方法，课前要求学生线上学习红旗渠精神，随后关联进入课堂讲解专业基础知识，并对医学前辈对食管癌防治和研究的案例及其精神要义进行课堂研讨，再介绍相关科学研究的历史、进展及未来展望，引导学生理解和分析其中的关键科学问题、研究方向、研究内容和突破点。这样的课程教学设计得到了学生的肯定，学生对学习专业基础知识的积极性得到激发。同时，通过对历史的回望，学生对红旗渠精神和医学先贤的“工匠精神”有了更深刻的体验和认识。这既有利于培养学生初步的临床思维和科研能力，也让学生更加坚定了热爱祖国、追求科学真理、深挖医学领域“红旗渠”的理想信念。

让抗击新冠疫情的中国方案走进药理学课程

（医学院　李永金）

课程思政背景

“药理学”是医学及药学相关专业的核心课程，是基础医学与临床医学的“桥梁”课程，主要内容包括药理学总论，传出神经系统、中枢神经系统、心血管系统、内脏系统、内分泌系统药理学，以及化学治疗药物等。课程教学的知识目标是掌握药理学基本理论知识，认知各类疾病的发病机制和常用药物的临床用途、不良反应、禁忌证等；能力目标是通过 PBL、CBL 训练，使学生具备分析问题和解决问题的能力，能够结合临床病例，将理论知识运用于实际工作，合理用药。

新冠疫情给社会带来重大考验，也对药理学课程教学提出了新的要求。在党和政府的领导下，中国已取得显著的抗疫成效，国家卫健委多次对诊疗方案进行了更新，探索了一套有效的中国方案。我们将抗击新冠疫情的中国方案融入药理学课程教学中，将专业知识教学与课程思政融合，全方位、全过程教育并引导医学生形成正确的世界观、人生观、价值观，增强“四个自信”，全面提升新时代卓越医学人才的综合素质。

为此，我们针对医学生特点重构教学设计，借助互联网教学技术挖掘药理学课程中蕴含的爱国主义教育、医德教育、生命教育、法制教育、团队合作精神等思政元素，研究专业教学与思想政治教育有机融合的药理学课程育人的基本路径与方法，使课程思政做到全方位、全覆盖地贯穿药理学课程教学，使专业课学习与思政教育水乳交融，实现课程育人工作的常态化。

课程教学设计

江苏大学的“药理学”在线课程于 2018 年 10 月 10 日在“好大学在线”上线，2019 年 9 月 2 日在中国大学 MOOC 上线，是江苏省精品在线课程。2020 年初突发新冠疫情后，为确保教学计划正常实施，确保“停课不停学、停课不停教”，我们整合构建了基于中国大学 MOOC、超星学习通、雨课堂及腾讯会议的立体化的药理学课程线上学习体系，从 2020 年 2 月 10 日开始线上教学并取得了较好的教学效果。

在开展线上教学过程中，课程组全体教师站在“两个根本”的高度，将新冠肺炎的防治方案作为药理学课程思政的切入点进行研究与探索，把不断更新的新冠肺炎治疗药物方案补充到药理学课程线上教学之中，初步构建起药理学专业知识和课程思政相互融合、互为促进的教学体系主框架。

【课程内容组织】将国内抗击新冠肺炎的药物知识融入药理学 MOOC 和线上直播教学中，激发学生的爱国主义热情和民族自豪感。具体知识点包括：

① 抗病毒药：中国新冠疫苗五条研发路线（灭活疫苗、腺病毒载体疫苗、重组蛋白疫苗、减毒流感病毒载体疫苗、mRNA 类疫苗）；

② 抗疟疾药：钟南山院士发现磷酸氯喹可有效治疗新型冠状病毒肺炎；

③ 解热镇痛抗炎药：中国科学技术大学生命科学与医学部和附属第一医院联合攻关团队开展的“托珠单抗+常规治疗”免疫治疗方案用于新冠肺炎重症、危重症治疗；

④ 大环内酯类抗菌药：由中国医学科学院医药生物技术研究所研发对新冠肺炎病毒有疗效的新药可利霉素；

⑤ 作用于消化系统药物：李兰娟院士将其人工肝技术用于治疗重症新冠肺炎患者；

⑥ 作用于血液系统药物：康复者恢复期血浆治疗新冠肺炎患者。

【思政元素选择】在抗击新冠肺炎的过程中，中国专家不断发现新药的“救命”价值与该疾病尚未发现治疗特效药的困境，有助于学生理解科技创新发现的重大社会意义，强化学生内心的神圣使命感、职业责任感。专业知识的学习结合润物细无声的思想影响，提升了学生的学习兴趣，增强了专业认同感和自豪感。对比中外疫情形势发展和抗疫措施的成败经验，学生感受到中国的制度优势和中华民族的强大凝聚力，强化了作为一名医学生的初心使命和责任担当意识。

【教学模式设计】立德树人是高校人才培养的重中之重，要把立德树人融入思想道德教育、文化知识教育、社会实践教育各环节，全部教学活动都要围绕这个目标来设计。

结合社会热点事件透彻解析专业知识，并积极渗透家国情怀和责任担当意识，是极为生动而有效的课程育人实践途径：

——充分利用“药理学”中国大学 MOOC 网络平台及线上直播教学平台，结合中国抗击新冠疫情的巨大努力和成功经验，在 MOOC 平台的讨论版块及时发布新冠肺炎药物治疗相关案例和主题信息，引导学生参与讨论

（图 1），充分激发学生分析问题和解决问题的潜力。

——在开展线上直播教学过程中，讲解与新冠肺炎有关的药物时可实时加入一些治疗新冠肺炎进展的视频，在教学 PPT 中及时加入有关新冠肺炎治疗药物的知识点，并插入检测题（图 2）。

——直播课后继续利用 MOOC 平台，引导学生自由讨论，不受时间、空间的限制，进一步在平台学习中培养学生良好的行为举止与思想修养，更好地贯彻课程育人的教学理念。

图 1　中国大学 MOOC 平台“药理学”课程讨论截图

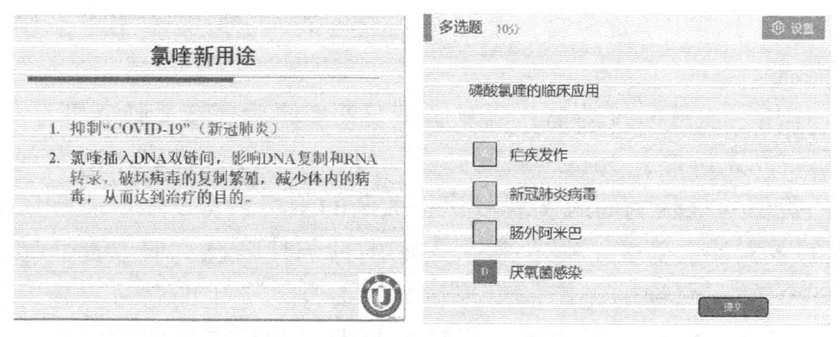

图 2　直播课介绍新冠肺炎治疗药物及随堂检测的截图

教学总结思考

高校人才培养工作的核心是全方位立德树人。教师是实施和推进课程思政的关键力量，在专业课程教学中实现课程育人的效果取决于任课教师的育人意识和育人能力，因此，认真做好专业课程的思政教学设计是专业教师的育人意识由自发提升为自觉的关键一步，也是提升专业课教师课程思政能力的有效途径。我们在教学的课后调查中也发现，学生认为专业课对人生观、价值观的影响作用不弱于思政教育课。因此，教育工作者需要结合时代特点、社会热点事件，因地、因时做好课程思政的教学组织工作。

作为基础医学与临床医学、医学与药学间的“桥梁”课程，药理学课程的授课有其难度和挑战性，我们在专业课中融入新冠肺炎疫情的抗疫内容，拓宽了课程思政的思路，取得了较好的效果。陈薇院士、李兰娟院士、钟南山院士等榜样的事迹，使课堂教学有温度、课程思政有力量，增强了学生学习专业知识的兴趣，提升了民族自豪感和学习责任感，学生对教学的反馈和评价也十分积极（图3）。

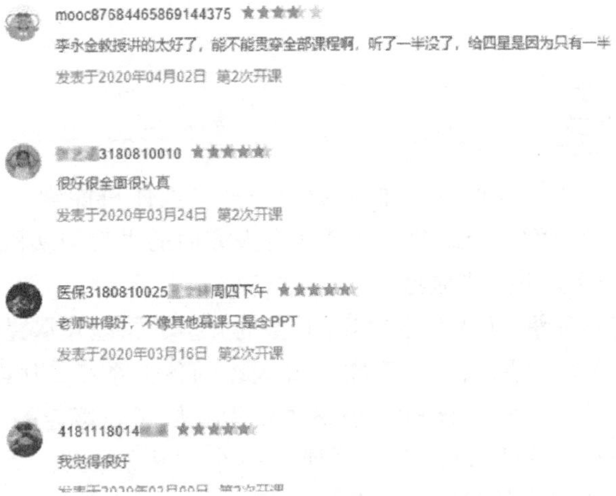

图3　中国大学 MOOC 平台学生对课程的评价

“血型与输血”中的课程育人

（医学院　李月英）

课程思政背景

本文以临床医学专业的专业基础课——“人体机能学”的“血液学”章节内容的教学为例，介绍我们在课程育人方面的思考与实践。“血型与输血”是人体机能学课程“血液学”一章的核心内容之一，这部分内容的教学要求学生能够理解ABO血型和Rh血型的分型、原理并掌握鉴定方法，明晰血型的意义及输血原则。血液联系着人体的各大系统，医学生必须通过对血液知识的学习，对人体有一个整体认识。从能力培养的角度看，医学生须具备通观全局的能力，将来不能做一个“头痛医头，脚痛医脚”的“下医”。从课程育人的角度看，医学生素质教育目标是培养学生的爱国主义情怀和严谨的科学研究作风。

为此，“血型与输血”的教学突出以学生为中心，通过课前视频、发放资料、课堂案例引导及讲故事等多种形式，将真实思政案例与课程知识内容有机结合，让学生从思政案例中寻找力量，坚定理想信念，培养学生实事求是、脚踏实地的职业精神，增强学生的职业自豪感，以饱满的热情和积极的态度投入到医学学习和工作之中。

课程教学设计

【课程内容组织】我们采用人民卫生出版社出版的《生理学》（第9版）作为临床医学专业二年级学生教材，本文以第3章第4节中的“血型与输血”的内容为例进行教学设计说明。

【思政元素选择】在这部分内容的教学中，我们选择了四个环环相扣的思政案例，让学生从历史学习中认识科学成就的来之不易，感受榜样的力量，塑造严谨求实、脚踏实地的科学精神和职业素养，增强学生投身医学事业的神圣使命感，培养学生的爱国主义情怀和自强不息的奋斗精神。

【教学模式设计】本课程采用师生互动、线上线下结合的混合式教学方法，通过视频、文字、图片等信息，将教学内容和思政案例有机融合，将专业知识与历史名人紧密联系在一起，在帮助学生掌握理论知识的同时，激发学生的学习兴趣；在对名人产生敬仰的同时，唤起学生心灵深处的爱国情怀和对社会的责任感；在拓展知识的同时，培养学生实事求是的科学态度。

教学过程分为三个组成环节：① 课前教学设计：安排学生课前预习“ABO 血型和 Rh 血型鉴定及输血”。② 课中教学方法多样：针对两种血型分别提供两个教学案例，进行翻转课堂的教学；根据教学内容穿插思政元素，思政案例不突兀、不牵强附会，强化学生的体验以加深印象。③ 课后教学设计：要求学生查找和学习易见龙教授、白求恩大夫的生平事迹，利用团日活动开展“向易见龙教授和白求恩大夫学习”的讨论。具体教学安排如下：

（1）看视频

输血是挽救大出血患者生命最有效的治疗手段之一，人类血型的发现使得盲目输血飞跃为现代的安全输血，是医学史上的重大进展。组织学生观看诺贝尔奖系列故事的 5 分钟短视频《血迹斑斑的输血史——ABO 血型的发现》。

（2）课堂 PPT 讲解

美国科学家彼得·阿格雷（Peter Agre）从事 Rh 血型的相关研究，在提纯 Rh 抗原时无意间提纯到一种蛋白。经验证，这种蛋白是一种非常重要的水通道蛋白（AQP），阿格雷也因此获得 2003 年的诺贝尔化学奖。“有心栽花花不开，无心插柳柳成荫”的故事告诉学生，科学研究需要实事求是的科学态度，不能弄虚作假。

（3）讲故事

故事《抗战中的生理科学家》介绍的是中国输血事业奠基人易见龙教授。易见龙是我国著名的生理学家和血液学专家，早年从事消化生理和循环生理的研究，后致力于血库工作和血液生理学研究，是中国输血救伤事业的奠基人、现代血库的创始人，毕生为医学教育事业和生理科学事业埋头苦干、铺路开拓。

（4）发资料

向学生发放中南大学基础医学院生理学系罗自强教授编写的思政教育素材《白求恩：八路军野战输血技术的传播者》（图 1）。

白求恩：八路军野战输血技术的传播者

罗自强（中南大学基础医学院生理学系）

诺尔曼·白求恩（1890—1939），国际主义战士，加拿大共产党党员，胸外科医生。1936 年德意志法西斯侵犯西班牙时，他曾经亲赴前线为反法西斯的西班牙人民服务。1937 年中国抗日战争爆发，他率领由加拿大人和美国人组成的医疗队，于 1938 年初来中国，3 月底到达延安，不久赴晋察冀边区，在那里工作了一年多。有一次为伤员施行急救手术时受感染，1939 年 11 月 12 日在河北唐县逝世。1939 年 12 月 21 日毛泽东主席撰写了著名的《纪念白求恩》悼念文章。毛主席在文中表达了对白求恩逝世的深切悼念，高度赞扬了他的国际主义精神、毫不利己专门利人的精神和对技术精益求精的精神，并号召全党向白求恩同志学习。

图 1　向学生发放的思政学习资料

教学总结思考

本课程教学改革已实施 3 年，教学中要求学生以案例为基础，利用现代网络搜索专业历史资料，并通过讨论、反思、小论文等形式提交学习体会，获得了较好的专业学习效果和思政教育成效。课程育人让学生时刻牢记自己为什么而“出发”，牢记今后无论是做科研还是治病救人，都需要实事求是的态度、为人民服务的意识，医道从德，术业求精，牢记希波克拉底誓言，不忘初心才能方得始终。

认识护理，学会担当

（医学院　罗彩凤）

课程思政背景

很多刚刚踏入护理专业的学生抱有一些疑问：护士职业需要本科教育吗？需要研究生教育吗？“护理学导论”课程将带领学生消除这些疑虑，触摸一个真实且有着蓬勃生命力、既充满科学理性又洋溢人文感性和艺术之美的现代护理专业。“护理学导论”是护理专业的专业基础课程，主要内容包括护理学的形成与发展、护理学的概念及知识体系、护理专业和护士的专业素质要求等。通过学习，学生能够了解到国内外护理学的发展与演变过程及每个阶段的特点、护理学的概念、护理专业的工作范畴、专业护士的角色要求等知识，具备担当专业护士的能力。

为上好专业基础第一课，我们明确“以学生发展为中心”的教学改革思路，基于“思政融入—活用线上—多措并举”的方法，在解决很多初入护理专业的学生彷徨与担心的问题的同时，还将激发学生对护理专业的热爱、培养学生的家国情怀纳入到教学目标。为此，我们将身边的医护人员驰援武汉抗疫等思政案例融入护理学导论教学内容，引导学生形成正确的职业价值观念，增强学生的责任心和同情心，教育学生在风险和挑战面前要具备南丁格尔的职业精神。

课程教学设计

【课程内容组织】本文以人民卫生出版社出版的《护理学导论》（第4版）第一章的内容为例介绍课程教学的基本思路和方法。该章节主要介绍护理学的发展及基本概念，内容包括护理学的形成与发展、护理学的概念及知识体系、护理专业特征和范畴、护理专业素质和专业角色。

【思政元素选择】

（1）“和谐、敬业、友善”精神

以“来自媒体的校友报道——30分钟3000余次连续按压，最美护士跪地救人”作为切入点，向学生传递社会主义核心价值观中的“和谐、敬业、友善”精神。

(2) 树立专业责任，厚植家国情怀

通过观看 MOOC 课程的专业名师访谈视频，认识和了解现代护理专业价值和职业理念，在潜移默化中树立专业责任、厚植家国情怀。

(3)“全心全意为患者服务”的使命担当

通过分享本校护理专业“江小护”微信公众号制作的“战‘疫’先锋——江大护理人”系列讲座和美文，引导学生讨论，使学生深入理解护理专业工作者的责任和使命。

(4) 护理与奉献的职业素养

在各种价值观念和思想信仰碰撞的时代，部分学生存在重个人利益轻国家利益、重奢侈享受轻艰苦奋斗的现象，通过抗疫一线护士分享实战经验，向学生宣讲奉献精神的崇高与伟大，引导学生形成良好的职业观念和职业素养。

【教学模式设计】本章节课程共 4 课时，采用线上线下混合式教学，线上教学依托中国大学 MOOC+超星学习通智慧教学平台展开，直播教学依托腾讯会议+超星学习通展开。

(1) MOOC 教学

提前 1 周利用微信群通知学生自主学习中国大学 MOOC 平台发布的由北京大学护理学院制作的“走进护理”课程第一周“护理学发展历程”慕课视频，观看护理名师访谈纪录片（《中国科学院院士韩启德教授访谈——护理与人文和科技》《北京大学第三医院护理部李葆华主任访谈——护理专业价值》《与第 45 届南丁格尔奖获得者王新华教授面对面》），并在超星学习通平台发布学习笔记反馈和预习思考题，要求学生提前 3 天观看视频并完成预习思考题，引导学生在平台上进行分析讨论。教师在学习通后台查看学生学习数据（图 1），及时解答学生的疑问。用时 125 分钟。

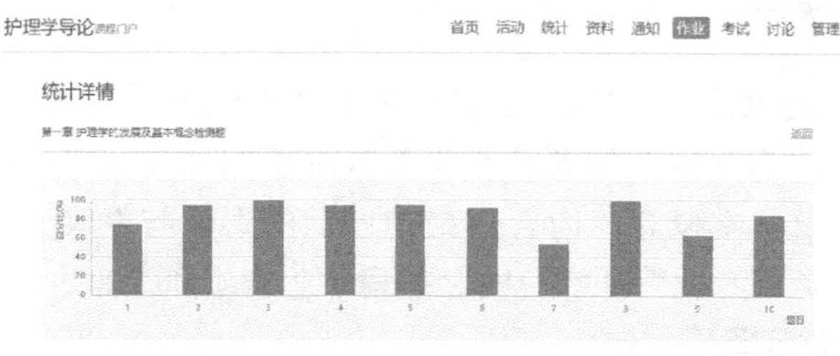

图 1 “护理学的发展及基本概念”后台学习数据

(2) 抗疫护士访谈

教学中课堂连线奋战在湖北抗疫一线的江苏大学附属医院护理人员和

江苏大学医学院毕业的学长学姐，请他们为学生讲述在一线的护理经历，将护理专业的奉献精神宣讲融入专业导论的教学之中（图 2）。这是影响和提升学生认知的最好教学路径，也是极佳的价值观塑造手段，是真正实现护理专业课程育人的教学方式之一。用时 50 分钟。

教师需注意补充讲解学生忽视的知识点，总结知识重点，解答疑难问题，以加深学生对本次授课内容的理解，促进知识的内化。最后，教师还提出几个联系生活和护理工作的问题进行讨论，扩展学生的思维，学为所用。用时 5 分钟。

图 2　抗疫护士访谈现场

（3）课后延伸

一是在 MOOC 平台“走进护理”课程的讨论区发起“护理学发展中的重要事件”“谈谈你心目中的护士”的话题，让学生发帖参加讨论。

二是通过思维导图等形式对知识进行总结，发现疑难问题时在同学之间讨论或在课堂上面对面解决。

三是带领同学浏览“战‘疫’先锋——江大护理人”系列报道（图 3），用抗疫前方那些可歌可泣的故事触及学生内心世界。这些感人事迹中的榜样就是学生身边和蔼的师长，具有特别的感染力和强大的正能量。

图 3　“战‘疫’先锋——江大护理人”系列报道截图

教学总结思考

面对疫情，广大医护人员听从党和政府

的召唤，奋不顾身，积极投入抗疫一线，用血汗和生命诠释当代医学精神。我们提出了引导性设问：作为未来的医护人员，你有何感想？许多学生都发表了充满激情的课后感想，其中有位学生写道："无论是在抗疫一线，还是在后方的医院，坚守岗位的医护人员表现出了极大的热情、无畏的勇气和忘我的精神，他们是新时代最可爱的人，是我们学习的榜样。"

我们结合学情和课程特点开辟思政战"疫"新战场，以"云"为媒，以"网"为桥，以前方抗疫护士及校友典型事迹为素材，以护理人员敬畏生命、大爱无疆、勇于担当的精神作为切入点，开展爱国主义教育、使命担当教育、职业价值观教育，有效激发了学生的使命感和责任感。学生也组织了争做"六有"大学生讨论会，提出自己对"六有"大学生的认识，并结合疫情畅谈如何做"六有"大学生，课程老师还受邀对学生的讨论进行了点评。

我们在学习通平台开展"致敬逆行天使"的征文比赛，学生以作业形式在学习通平台提交。征文作业引导学生反思自己学习护理的初心，设想未来的职业发展和职业理想。

学生对新冠疫情以来的护理学导论课程教学的变革较为满意，反响也较好。课后的反馈显示，学生能主动参与网络课程的学习，积极思考，关注护理专业的进展。学生在脚踏实地学习课堂知识的同时，又能仰望星空，对护士使命和担当、对家国情怀有了更深刻的理解。新课堂"同频共振，润物无声"，进一步升华了学生的职业情感和理想信念。

致青春，不负韶华

——病理学绪论课程思政教学设计

（医学院　任才芳）

课程思政背景

“病理学”是临床医学专业的专业基础课程，绪论部分是该课程的开篇内容，对了解课程在临床中的重要性和激发学生的学习兴趣极为关键。

我们设定的教学知识目标：通过案例教学，使学生了解病理学的主要内容和任务、病理学在临床工作中的重要性，熟悉新冠肺炎的病理解剖、检查及处置等临床工作，认识智能化病理学的发展方向和“健康中国”的奋斗目标等。

课程教学的能力目标：提升学生理论与实践相结合的能力；使学生能够为应对未来而具备初步的科学研究能力；培养学生智能化病理学的思维能力。

学生教育的素质目标：培养医学生的责任意识，塑造勇于担当的精神品格；了解传染病防控中的中国优势及“健康中国”的奋斗目标，坚定“四个自信”；认识科研成果的完成需要团队成员的共同努力，培养学生的大局观念和团队意识。

我们设计了以人体病理学家卞修武院士作为案例介绍病理科医生日常临床和科研工作的教学方案，解读病理学在抗击新冠疫情方面的贡献，分析未来智能化病理学的发展方向，理解“健康中国”的奋斗意义。这些课程思政教学案例的融入，培养了医学生的科学精神和奋斗精神，使大家增强民族自信心，提升社会责任感。

在开篇教学中，我们结合“致青春，不负韶华”的主题，明确专业基础课与思想政治理论课同向同行的教学思路，通过翻转课堂、案例解读和课程讨论等多种形式，将思政元素融进病理学课程的开篇内容，转换课程教学思路和视角，达到立德树人和培养“卓越医师”的基本目的。

课程教学设计

【课程内容组织】病理学概论的主要教学内容包括：病理学的主要内容

和任务、病理学在医学中的地位、病理学诊断和研究方法、新冠肺炎的病理解剖检查及处置，还有知名病理学家的科研历程、智能化病理学的未来发展方向、“健康中国”战略等。

【思政元素选择】

① 卞修武院士带领团队承担并完成首次新冠肺炎病理解剖，他们也是承担此类病理解剖最多的团队，在疫情中体现了病理学工作者的担当精神。教师以此激发医学生的社会责任感。

② 中国病理学家几十年如一日扎根病理学研究，攻克艰难险阻，成就该领域的国际领先水平。学生由此了解我国的病理学发展历程和研究现状，在内心激发出投身病理学科研的热情和信心。

③ 火神山医院及高标准尸检方舱的迅速建立为抗击新冠肺炎疫情创造了条件，这其中所体现出的中国制度优势是学生增强“四个自信”、培养大局意识的现实教育素材，同时也调动了学生主动学习的兴趣，增强了学生的民族自信心和职业使命感。

【教学模式设计】

（1）翻转式课堂教学

课堂引入：你知道世界上最动听的话是什么吗？那就是病理科的大夫拿着诊断报告跟你说“报告出来了啊，没事儿，良性的”。

观看卞修武院士的演讲微视频，由学生讨论病理科医生的日常工作并总结病理科医生所需要掌握的专业知识、病理学的主要内容和任务、病理科医生的重要性及病理学在医学中的地位，教师进行补充。

通过思考和讨论归纳，学生可以了解：

① 病理科医生的日常工作非常特别，他们专注于病变观察和检测，虽然不一定会看到患者，但他们对临床诊断发挥着关键作用。

② 病理科医生需要掌握的专业知识是每种疾病的病理解剖和形态特点，包括大体解剖、活组织和细胞学检查及分子病理学规律等。病理解剖就类似“前线侦察”，病理诊断就像临床医生的“眼睛”，为临床医生的诊断和治疗提供线索。

③ 病理科医生因其工作的重要性被称为“医生的医生”，因为只有病理科医生有权力签发最后诊断报告（比如肿瘤病理报告），帮助临床医生决定治疗方案。

④ 病理学的主要内容包括总论（细胞和组织损伤、损伤的修复、局部血液循环障碍、炎症和肿瘤）和分论（每种疾病的特殊规律，如肺炎、肝炎、肠炎、肾炎等），只有充分掌握这些知识内容才能履行病理科医生的职责。

⑤ 病理学是基础医学和临床医学的桥梁学科，病理学揭示疾病的本质，包括病因、发病原理和疾病过程中机体、器官、组织、细胞甚至分子发生的改变及其规律，是现代医学起源和发展的根基，即“病理乃医学之本”。

（2）解读科学精神

卞修武院士团队长期从事肿瘤研究，攻克许多世界医学难题并获国际领先研究成果。教师在解读卞修武院士研究肿瘤血管的成就的同时，发掘科学家的探究历程中所蕴含的奋斗精神，以“毕业时，你的青春留下了什么”的设问引导学生建立1年期和5年期的发展目标，引发学生思考，唤起学生的青春激情。

（3）以伟大抗疫精神唤起责任与担当

惟其艰难，方显勇毅。如果没有对病因和病理改变的深入认识，临床救治工作将面临巨大挑战。卞修武院士带领团队完成了首次新冠肺炎病理解剖，也承担了最多的此类病理解剖工作，为临床医生提供了病理表型和机制研究的基础，病理医生的重要贡献体现了在疫情面前的责任意识与担当精神。

火神山医院及高标准尸检方舱的建立体现了疫情防控的中国制度优势，全力以赴的大国精神充分激发了学生的爱国热情。学生在专业课程学习过程中责任意识显著增强。

（4）认识未来智能化病理学的发展方向

科技的不断发展和进步对病理学的发展起到了极大的促进作用。在课程的学习过程中，我们设置了思考问题：哪些病理内容可以通过现代科技手段进行数字化、标准化诊断，最终减轻病理科医生的工作负担，将他们从繁重、重复的劳动中解放出来？在我国现代病理学的巨大进步过程中，涌现出一大批以胡正祥、徐松明等为代表的优秀病理学家，他们的人格魅力和大家风范激励了一批又一批病理学工作者不断成长。教师引导学生畅想：未来的病理学可以在信息共享的条件下，将前人的智慧数字化、标准化，发展人工智能取材并准确定位病变，结合生物信息学方法将数字化病理与数据库进行对比，从而进行精确诊断。对未来智能化的病理学发展的设想极大地激发了学生学习病理学的兴趣，提升了教学效果。

（5）解读“健康中国”，强化学生的社会责任意识

“健康中国”战略对我国医学高等教育提出了更高要求。从死神手中抢回更多的患者生命，是未来医学生奋斗的目标。“健康中国”战略中明确的指标要求（如癌症患者的五年成活率）为医学生确立了职业努力的方向，医学生要成为真正有“仁心”、有目标的“卓越医师”，就必须时刻意识到

自己身上的社会责任并为之付出努力。

教学总结思考

“病理学”是临床医学专业的专业基础必修课程，我们在其开篇内容教学时秉持智育与德育相结合的理念，将思政元素与病理学教学内容有机融合，以学生为中心，采用基于微视频的病理学课程思政翻转课堂、内容解读和课程讨论的教学模式，充分调动学生参与课程教学的积极性和主动性，使学生在课堂讨论与思考过程中有效总结和吸纳理论知识，提高理论知识与实践相结合的能力，培养学生的早期临床思维能力、大医精诚的医德意识和科研探索精神。在授课结束后，教师还要求学生撰写学习心得，并对课程内容及学习效果进行评估，以利于课程设计的进一步改进。

如盐入味，润物无声

（医学院　王婷）

课程思政背景

“实验诊断学”课程主要教学内容是通过物理、化学和生物学等实验室方法，对患者的血液、体液、分泌物、排泄物、细胞取样和组织标本等进行检查，从而获得病原学、病理形态学或器官功能状态等资料，并结合病史、临床症状和体征对病情进行全面分析、诊断。实验诊断学是临床医学专业重要的专业基础课之一，是连接实验室医学与临床医学的桥梁。

该课程采取线上与线下教学相结合、理论与实践相结合、传统教学与病例分析导向教学相结合的方式展开教学，明确了“三位一体”的教学目标：

——知识与技能目标：以临床诊断为中心，要求学生明确各项检查的适应证，了解原理并掌握方法，重点知晓实验室检查项目的参考指标区间和临床意义，能正确解释检查结果，指导临床诊断和治疗。

——过程与方法目标：了解学科领域的发展前沿，具备一定的临床思维能力、疾病诊断能力、医患沟通能力及初步的科学研究能力。

——情感态度与价值观目标：树立正确的世界观、人生观和价值观，热爱医学事业，建立正确的医学伦理观，培养实事求是的科学精神和终身学习、勇于创新的职业理念。

在实施专业课程教学的过程中，我们尝试了一系列课程思政教学改革，如聆听国内知名检验学专家讲座、医患沟通体验式教学、典型案例讨论、前沿知识拓展等，将“立德树人”的培养理念融入教学的各个环节，寓课程思政于无形，于“润物无声”中有效发挥专业课程的育人功能，使专业教学与思政育人协同前行，以社会主义核心价值观塑造德才兼备的医学人才。

课程教学设计

为了更好地将思政元素融入教学，践行“全员育人，全过程育人，全方位育人”的培养理念，我们在实验诊断学课程中设计了若干思政教学案例，下面以三个典型案例进行介绍。

（1）第一部分：绪论

【课程内容组织】 实验诊断学的定义、性质、意义，研究对象与方法；实验诊断学发展简史与研究进展等（2 学时）。

【思政元素选择】 邀请校内外知名检验专家录制视频，结合亲身经历讲述实验诊断学发展进程，同时开展教师、专家线上答疑活动，旨在培养学生的学习兴趣，建立正确的临床诊断思维逻辑，在价值传播中凝聚知识底蕴，在知识传播中树立正确的职业观和价值观。

【教学模式设计】 线上 MOOC 教学与线下课堂教学相结合，授课与答疑交流相结合，并在课前、课中、课后三个环节融入课程思政元素（图 1）。

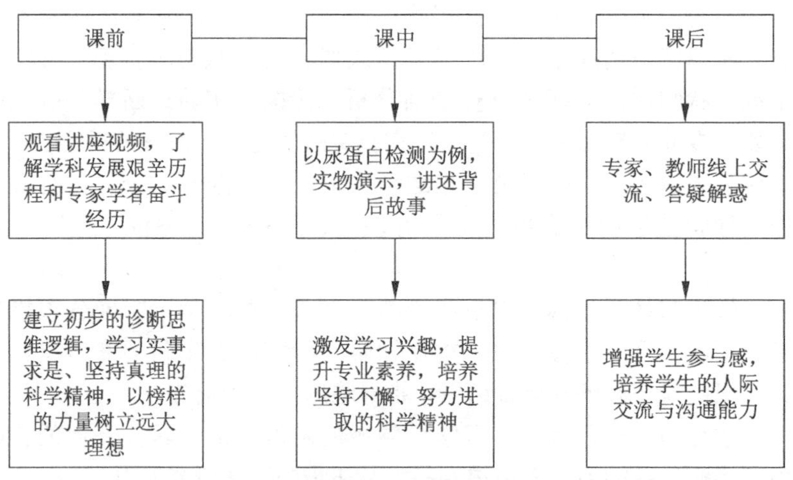

图 1　绪论部分教学设计示意图

① 课前环节：绪论是实验诊断学课程的第一节课，其教学效果对于后面的系统学习起到了至关重要的作用。因此，我们邀请国内知名的检验学专家许文荣教授录制了视频，由许教授结合亲身经历讲授实验诊断学的历史、现状与未来。学生在正式上课前观看视频可以提前熟悉课程，同时学习专家学者所展现出的实事求是、严谨踏实的科学精神，激发出学生的学习热情。专家学者打响课程教学“第一炮”，也是对科学精神、医学文化的传承，青年学生可以借助榜样的力量树立远大理想。

② 课中环节：系统介绍实验诊断学的定义、性质、意义，以及研究对象与方法等。同时，采用实物演示方法开展教学。以尿蛋白检测为例，教师在课堂上讲述尿检发展史的同时，向学生实物展示尿蛋白检测试剂的变迁。从最开始的湿化学磺柳酸试剂到单一的检测试纸，从多联干化学试纸

到定量蛋白化学分析，再到尿蛋白电泳……实物演示教学使学生获得了真实直观的感受，提升了学习兴趣，同时，从尿蛋白检测这一角度也展现了实验诊断学发展的艰辛，其中的“勇于创新、敢于开拓、不断进取”精神对学生的成长产生激励作用。

③ 课后环节：安排专家、学者、教师与学生开展线上“零距离”交流，为学生答疑解惑，教师结合亲身经历“面对面”解决专业学习上的各种问题（图 2）。现场实时互动也能够锻炼学生的人际交往与沟通能力，为今后进行良好的医患沟通夯实基础。

图 2　知名专家许文荣教授与学生线上交流

（2）第二部分：血液学一般检查

【课程内容组织】红细胞、白细胞、血小板等血细胞计数和形态学检查，网织红细胞计数，血沉、红细胞指数和血液自动化分析等，这是实验诊断学中最基本也是临床应用最广泛的检测项目，要求学生能够熟练掌握（4 学时）。

【思政元素选择】组织学生观看影响颇广的误诊案例视频《重生的烦恼》并开展讨论，从案例中反思和汲取教训，培养学生严谨认真的作风、关爱患者的人道主义精神。

【教学模式设计】以病例分析为导向开展互动式教学和小组讨论教学，在课前、课中、课后三个环节穿插课程思政元素（图 3）。

① 课前环节：向学生推送中央电视台《律师来了》栏目播出的《重生的烦恼》视频。该案例说的是河北一农妇在一次看病时无意查出血小板明显减少，连续 4 年服用激素治疗，多次复查无缓解，被诊断为“血小板减少性紫癜”重症，造成经济和身体上的严重损害。后在一家省级医院的一次复查时，血小板减少的原因被明确诊断为只是由抗凝剂 EDTA 造成的假性聚集。

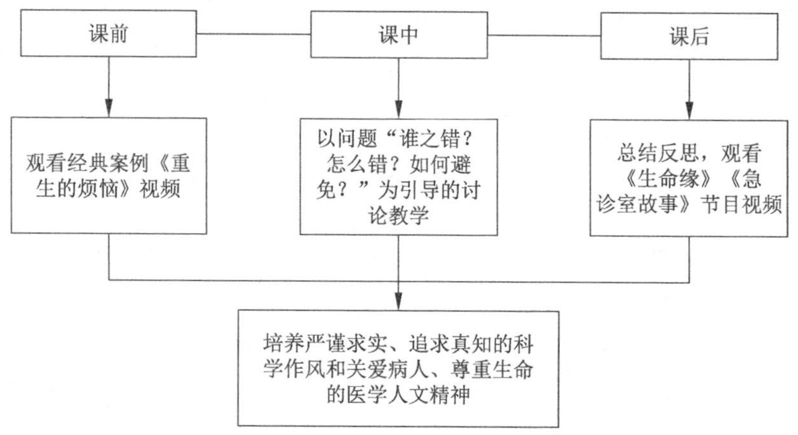

图 3　血液学一般检查教学设计示意图

② 课中环节：在讲解血小板计数和形态学内容时，要求学生结合相关的理论知识学习对视频中的误诊案例进行分析讨论。学生以“诊疗过程中，谁有过错?”“出现了哪些具体过错?”“如何在临床诊疗过程中避免类似错误?”这三个问题为引导开展交流，鼓励学生互动、积极讨论并发表自己的观点，教师结合学生的论点进行总结，不断提高学生知识技能，并唤起学生珍视生命、关爱病患的人道主义精神。

③ 课后环节：鼓励学生开展反思和讨论，对观点进行文字总结并推送给同级学生开展交流。教师还推荐观看北京卫视《生命缘》节目和纪录片《急诊室故事》，观察忙碌而复杂的临床工作，引发学生与医者仁心的大爱精神产生共鸣。

(3) 第三部分：生化实验室检查

【课程内容组织】生化检查是临床诊断的重要内容之一，主要讲授蛋白质、脂类、氨基酸、胆红素、血糖、血脂、血清酶、水、电解质酸碱平衡、血气分析、内分泌激素等检测项目的选用原则，指标参考区间及临床意义。教学时长共 7 学时（理论 4 学时，实验 3 学时）。

【思政元素选择】教师设计临床病例，通过情景模拟体验式教学，培养学生认真严谨的工作作风，锻炼其沟通能力以更好地服务患者，做到知行合一、敬业奉献。

【教学模式设计】采用体验式教学法使理论学习与实践训练相结合。

① 课前环节：布置医患沟通的模拟试题，指导学生开展预习。

② 课中环节：

——实践教学：学生根据教师提供的患者样本和患者临床资料，选择相应的实验项目，进行实验室操作，获得实验数据并分析结果。这其中会安排少部分的误导性标本（与临床资料有严重偏差或无法获得结果），目的是考查学生实事求是的工作态度、灵活应变的工作能力和主动交流的沟通能力。

——理论教学：课堂上将学生分组，开展沉浸式教学，学生进行角色扮演和情景模拟，再现医患沟通现场。设计不同场景和不同患者，如儿童、老人、悲观失望型患者、无医学常识型患者等，人为设计一些医患纠纷的场景，以此考查学生的应变能力和沟通能力。

③ 课后环节：学生撰写实践报告，总结不足与经验。向学生推荐观看中国大学 MOOC 平台上“江苏大学-实验诊断学”中的“三全育人”教学环节，落实立德树人的课程育人职责。

教学总结思考

课程思政是高校教学回归育人本质的关键途径，是新时代高校面临的重要任务之一，也是教学工作的重要方向。实验诊断学课程寓思政于无形，以“大医精诚”为目标，将思政元素融入教学全过程，坚持全方位、全员育人。这一变革自开展以来得到了学生的诸多好评，特别是在新冠肺炎疫情期间，实验诊断学课程的线上教学服务全国，在线学生超过 3000 人，累计讨论逾 1000 次（图 4）。许多学生认为，线上线下相结合、理论与实践相结合、传统教学与病例分析导向教学相结合夯实了学生的理论知识基础，塑造了医学生正确的价值观、医学伦理观，培养了学生实事求是的科学品格和终身学习的成长理念。

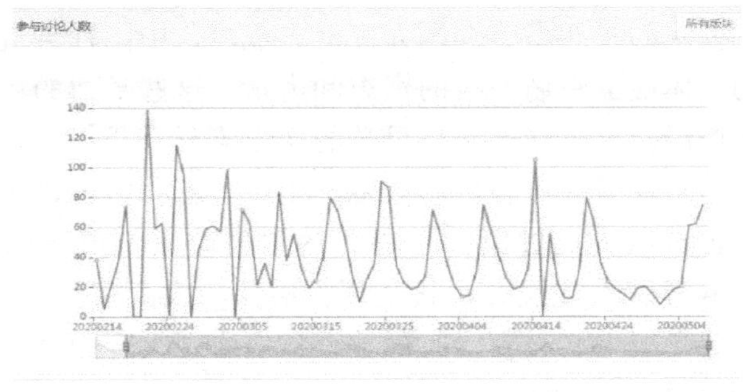

图 4　线上课程讨论的统计情况

高校教育教学的根本在于立德树人，在于为党育才、为国育人。今后，我们将继续坚持守正创新，让课程思政扎根人才培养，为培养德智体美劳全面发展的社会主义建设者和接班人不懈努力。

疾病无情，有爱无恙，时刻与人民共呼吸

（医学院 许潇）

课程思政背景

“呼吸系统”是临床医学专业的专业基础课程，是江苏大学医学院整合医学课程之一，该课程整合了呼吸系统的解剖学、生理学、病理学、病理生理学及药理学知识，其知识与技能教学目标是使学生理解呼吸系统与其他系统之间的关系，了解呼吸系统的常见疾病机制，认识科学技术进步对呼吸医学的促进作用。

该课程还是临床医学“三全育人”示范专业的专业基础课程之一，要求教学要紧跟社会热点，把握时代脉搏，挖掘思政元素，实现专业教学与思政育人的有机融合。

对肺结核、尘肺病和病毒性肺炎等呼吸系统疾病的防控和治疗具有显著的公共卫生意义，体现了我国医疗卫生体制的“以人民健康为中心”的核心价值观。2020 年初，突如其来的新冠肺炎疫情给国家带来重大考验，在党中央、国务院的领导下，全国人民众志成城，中国社会迸发出巨大的社会动员能力，体现了坚韧不拔的意志和力量。这些身边的场景极大丰富了专业教学的内涵，也丰富了课程思政的教学素材。我们确定的课程思政教学目标是使学生在掌握疾病机制的基础上，了解我国古代医学和现代医学的成就，认识“以人民健康为中心”的卫生政策价值导向并由此强化“四个自信”，树立社会主义核心价值观，培养“大医精诚”“上医治国”的职业观，达成爱国主义教育、医德教育、生命观教育的全方位思想品质教育与专业知识教育的协同前行。

课程教学设计

【课程内容组织】本文以人民卫生出版社出版的《呼吸系统》部分章节内容的教学为例，对课程思政教学设计进行介绍。这部分章节专业知识内容包括结核病的病理与药理知识，病毒性肺炎的病理、病理生理和药理知识，缺氧与呼吸衰竭。教学时长设计为 8 学时。

【思政元素选择】课程思政的教学素材内容主要有我国传统医学对人类认识和治疗呼吸系统疾病的贡献，现代中国医学科学的发展对呼吸系统功能研究和疾病诊治的贡献，呼吸系统疾病防控和公共卫生相关政策中的“以人民健康为中心”的价值理念，呼吸系统疾病临床实践对医学生生命观教育、职业道德和专业素养教育的现实要求。

【教学模式设计】

（1）与爱国主义教育相结合，树立文化自信

结核病是一种古老的疾病，早在两千多年前，我国古代的医学就已经记载了结核病的存在，并且认识到肺结核的传染性。从《黄帝内经·素问》到宋朝将结核病统一称为“痨病”，还有历史上第一部治疗肺痨的专著——元朝葛可久的《十药神书》，中国古代关于结核病的记载有很多，不仅有记载病情的，还有记载如何治疗的。在结核病病理的教学中，我们让学生了解中国医药文化的博大精深，认识到中华传统医药是现代医学发展的牢固基础。融入中华传统医药文化和爱国主义教育的课程教学使学生对中华文化更加自信。

中国坚持“以人民健康为中心”的新时代卫生与健康工作方针，找差距、补短板、强弱项、求突破，加快推进卫生健康事业发展，在呼吸系统传染病防控和职业病防治上取得了较大的进展，尤其是在面对突发的新冠肺炎疫情时，中国科学家应对迅速，并共享新冠病毒基因组测序信息，争分夺秒地开展了100余项临床试验和疫苗研发等科研攻关，还充分发挥中医药的传统医学优势，尽最大可能挽救患者生命，为全世界疫情防控贡献了巨大的中国力量。将这些内容补充进入教学，使学生在接受了爱国主义教育的同时，对坚定“四个自信”自然会产生强烈的认同。

（2）与中国公共卫生政策宣讲相结合，树立制度自信

为了保证肺结核患者能够得到正规的治疗，国家针对结核病防治机构建立了统一检查、治疗和管理的机制，免费为传染性结核病患者提供抗结核病药品和主要检查等医疗服务。

2020年初，突如其来的新冠肺炎疫情给中国乃至世界人民的生命和健康安全带来了巨大的威胁。在党中央的领导下，中国政府把保护人民的生命健康安全放在首位，广大医护工作者视疫情为命令，身先士卒，敢于担当，不分昼夜地战斗在抗疫最前线，取得了抗击新冠肺炎疫情的战略性胜利。这两个事例说明了中国特色社会主义具有强大的制度优势，学生通过对事例的学习了解，对国家公共卫生政策及疾病防治举措有了更深的理解，对社会主义制度的优越性给予高度认可，学生的思想认识、道德水平和文化修养都有显著提高，实现了专业课教学与思政教育的同向同行。

(3) 与生命观教育相结合，培养职业道德意识

生命观教育的本质是有仁爱之心，即认识生命、尊重生命、珍惜生命、热爱生命、互相尊重、互相关心。医学生应该学会尊重和关爱。就在呼吸系统病理教学期间，国内进行了新冠肺炎的第一例大体解剖，我们在教学中组织学生向捐献遗体的大体老师致敬，并通过解读报告介绍病理解剖的发现和进展。

(4) 创设情境，提升沟通和宣讲能力

通过在 PBL 案例中设置相关情节（图 1），引导学生模拟与患者及其家属进行沟通和开展健康宣讲的情境，帮助患者建立自信，创设良好的家庭氛围，保持乐观、积极的心态。

江苏大学医学院
PBL 案例

“医生！我不想当林妹妹！”
（教师版）

使用年级：临床医学 2017 级
使用课程：呼吸系统
作　　者：许[illegible] 等
联系方式：13952859403

学习目的

I. 生物医学部分

基础医学

1.胸部（肺，气管，支气管和胸膜）的大体解剖结构，肺的分叶及结构以及肺的血液循环；
2.肺通气、肺换气的原理；
3. 掌握运动时呼吸运动及其调节的特点；
4. 掌握肺结核的病因与发病机制，基本病理变化及结局转归；
5. 掌握结核病药物的分类、作用机制和不良反应，掌握结核病治疗和用药的基本原则；
6. 掌握结核杆菌的病原生物学特点及杀灭方法。

临床医学

1. 咯血伴咳嗽、咳痰的常见病因及鉴别诊断；
2. 掌握肺结核诊断的原理，了解肺结核与其他疾病的鉴别诊断；

预防医学

1. 掌握卡介苗与结核病防治的关系；
2. 掌握我国在结核病防控方面的措施，结核病筛查，结核及疑似患者的登记、报告、转诊、追踪和随访管理，结核病健康促进等；

II. 社会、人文部分

1. 了解我国结核病治疗的基本政策和制定原则；
2. 讨论吸烟、营养和经济条件和结核病的关系；
3. 讨论治疗中的医学伦理基本问题。
4. 了解在临床面对结核病要求住院时候如何进行健康宣讲与医学沟通。

图 1　PBL 案例的情境创设教案截图

教学总结思考

思政元素的融入让课程教学更加有血有肉、生动丰富，获得了较好的教学效果。呼吸系统课程在 2018、2019 年度的课程教学质量评价中均获得 A 级评价，在线课程使用率高，学习行为活跃，在医学院开设的在线“器官-系统”课程中点击量位居前列。课程调查显示，学生满意度高。从布置的“科普小报”课程作业中可以看到，学生对医生职业的社会责任感和职业道德的关注度都较高，“以人民健康为中心”的思想已经深入人心，实现了课程育人的教学目标。

服务学校“四新”建设，助力国际化人才培养

（外国语学院　季丽珺）

课程思政背景

“论辩分析与评价”是国际论辩微专业的六门核心课程之一，主要内容包括语用论辩理论教学和实践教学两个方面。通过课程学习，学生能够掌握基本论辩学理论和跨文化沟通知识，学会识别、分析和评价论辩性话语，掌握国际领域论辩沟通的方法和技巧，能够熟练使用英语开展论辩性写作与口语表达。

在高校“三全育人”教育改革的背景下，我们以自编教材的第 5 章为尝试，开展课程思政教学组织设计。在理论教学的基础上，明确了语言、文化及思维有机融合的课程思政教学思路，在课程中融合了对教学涉及的思政素材的分析与解读，解决了学生对知识理论理解流于表面的问题，使学生既能用理论来指导实践又可以以实践促进对理论的理解，实现对学生进行价值引领的教学目标。

《出师表》是中国古代文学的经典，“集体主义”“忠贞”“爱国”“敬业”等一些中国传统优秀思想观和价值观蕴含其中，这既是论辩理论知识教学的理想选材，又是开展课程思政教学的良好素材。我们在教学中引入这个表演视频作为教学素材，采用活跃的教学方式帮助学生掌握论辩结构的不同类型，识别不同的论辩结构，让学生能将习得的论辩理论内容与现实语料有机融合，促进学生形成批判性讨论能力，提升其有效说理的能力。同时，深入挖掘和理解教学选材中的优秀中国传统文化思想，有助于学生培养和树立社会主义核心价值观，建立对中国优秀传统文化的文化自信。

课程教学设计

【课程内容组织】 自编教材第五章“论辩结构”的理论教学和对《出师表》论辩分析的实践教学内容。

【思政元素选择】 中国优秀传统价值观——集体主义、忠贞、爱国；社

会主义核心价值观教育——对爱国、敬业进行深入讨论。

【教学模式设计】

(1) 教学手段

① 利用学校的超星学习通平台提前发布课堂自编阅读材料，进行分组讨论，形成多维度评价结果。超星学习通平台具有实时记录学生的课堂任务完成情况、讨论结果的互评等各种功能，可以形成一个完整的过程性课堂学习报告，构成一个结合了学生的自主学习数据、生生互评以及教师评价的全方位课程评价。

② 利用“腾讯会议”实施课堂的直播教学。“腾讯会议”便捷的沟通功能大大增强了课堂的师生即时互动，保证了课堂的效果。

(2) 理论教学过程

① 复习立场与论证，为教学内容论辩结构做铺垫并通过给出的范例来检验学生对于立场与论证识别的掌握情况。

② 通过具体范例介绍论辩的几种类型，帮助学生理解不同论辩类型（single arguments 与 combinations of arguments）之间的差别，以便可以正确梳理论辩的结构。

③ 在了解不同论辩类型后梳理不同的论辩结构（图 1）。

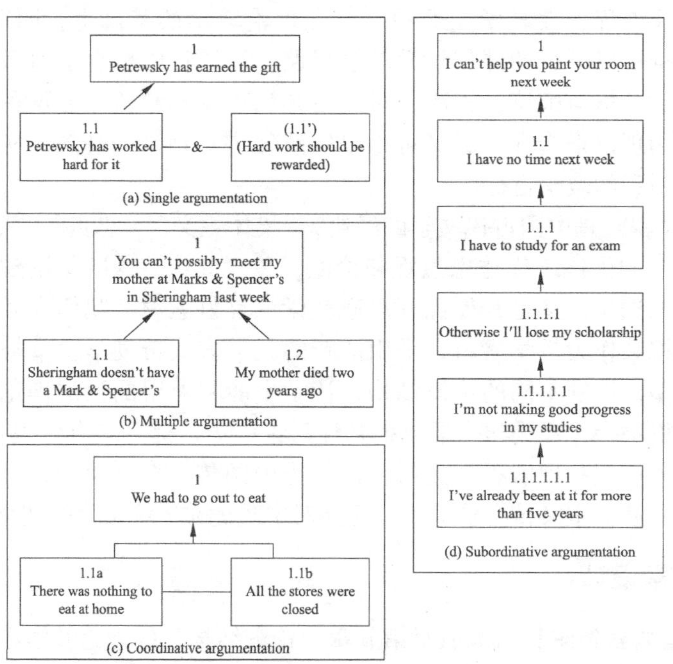

图 1　梳理出的不同论辩结构

④ 在了解不同论辩结构的特征后，尝试分析复杂论辩结构，理清各层论证之间的关系，准确分析材料的完整论辩结构。

（3）实践教学环节

① 观看《出师表》的中英文表演视频，对《出师表》进行第一步的语言分析，梳理选材结构（图 2）。

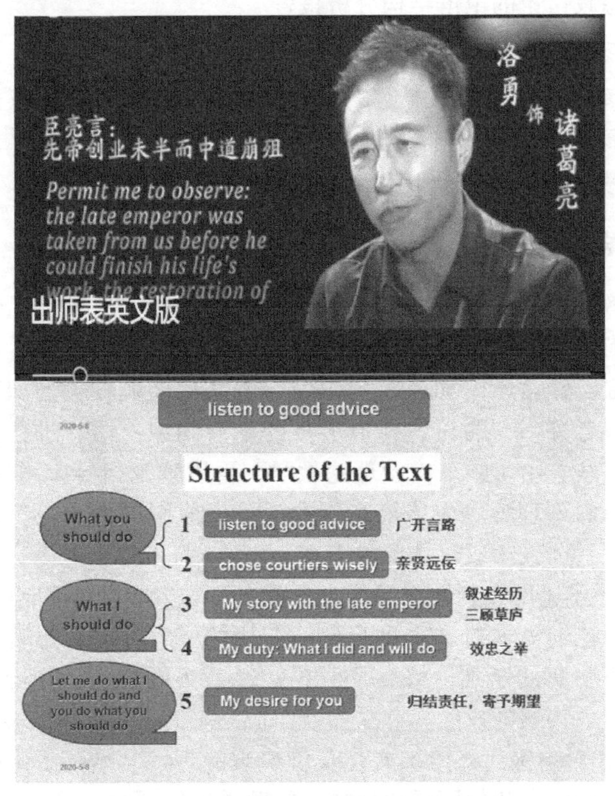

图 2　《出师表》表演视频及语言分析

② 充分理解选材的意思及其结构后，对其中的论辩结构进行梳理，识别出立场、论辩，进而呈现选材的论辩结构（图 3）。

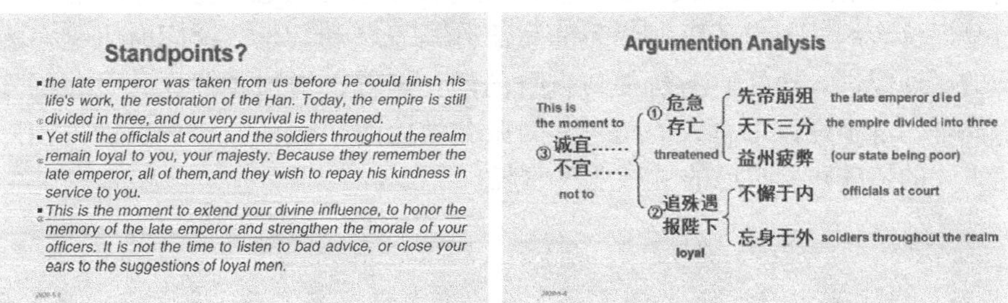

图 3　《出师表》中的论辩分析

③ 思考与拓展研讨：引导学生从选材中思考其中所蕴含的中国优秀传统价值观中的“集体主义”“忠贞”“爱国”、社会主义核心价值观中的“爱国”“敬业”。

分小组收集与“爱国”“敬业”相关的语料，然后小组间交换材料，对其他组收集的材料进行“语言分析→结构分析→论辩结构”的呈现，形成一个融合了思政讨论的论辩结构分析报告。

（4）学习评估与课后巩固

在超星学习通里开放分组讨论的任务端口，设置不同比重的多维度评价模式，开展学习评估（组内互评占 20%，组间评价占 30%，教师评价占 50%）。教师另在超星学习通内发布作业进行课后巩固。

教学总结思考

从理论教学到实践教学的课程思政教学设计极大地激发了学生的学习热情，原本有一定教学难度的理论讲解通过案例实践教学变得更加容易理解和接受。在实践教学中加入了与中国优秀文化经典相关的课程选材，引导学生积极思考并参与讨论，再以所学的论辩知识对语料进行分析，实现了从理论到实践，由实践来检验理论教学，再以理论指导应用的教学目标，同时实现了以深刻理解优秀传统文化的现代价值而增强文化自信的思政育人教学目标。具体教学成效体现如下：

① 培养了学生的批判性思维能力，跳出了对文本材料固有的分析方法，采用批判性讨论的方式对文本进行论辩结构的梳理，从而为后续更好地学习和应用打下坚实的基础，提高了对论辩性话语的识别、分析、评价的能力，提升了有效沟通的技能。

② 加深了对中国优秀传统文化及价值观的理解，增强了对中国文化的自信，有助于中国文化的国际化传播；帮助学生加深对“爱国”“敬业”社会主义核心价值观的认识和理解，让课程思政教育内生学生的学习驱动力，更好地实现课程教学与思政教育润物无声般的“无缝衔接”。

③ 多维度评价模式改变了学生以往的被动学习状态，作为学习者同时也是评价者的学生有了更加强烈的意愿参与思考和教学，这同时也是对教师的一种促进。教师要不断提高自身的职业素养，增加各种优秀文化的知识储备，承担好教书育人的角色，为服务学校的“四新”建设、助力国际化人才的培养践行自己的“敬业”责任。

案例课程：大学英语（学术读写、学术听说）

现实问题引导课堂互动，批判性讨论默化思政教育

（外国语学院　吴鹏，徐慧霞，潘秀杰）

课程思政背景

在“通用学术英语”课程设计中，需要考虑这样的现实问题：在有限的教学时空里，我们应该着力培养学生哪些最为核心的、可迁移至专用学术英语学习的通用学术英语能力？通用学术英语教学如何实现其课程育人的职能？

经过反复研讨及多轮实践探索，我们认为“批判性讨论能力”应该是学术英语课程的核心语言——思维能力，而课堂教学中对现实问题导向的批判性讨论可以激发师生互动，提高教学效率，同时对帮助学生树立正确的人生观和价值观产生潜移默化的引导作用。

批判性讨论要求讨论者具备论证分析、论证评价及论证表达三项有机相连、前后依存的基本能力。以上海外语教育出版社的《读写教程（上册）》和《视听说教程（上册）》中的第二章“Gender in Society”为例，我们结合这一章内容话题特点开展课程教学设计，在培养学生批判性讨论意识和能力的同时发掘其中的课程育人职能。设定的教学目标包括：

（1）理解课文内容，理解其中与性别问题直接相关的核心语言表达；

（2）学会分析课文的主要立场及其支撑性论证，并评判其合理性，识别其中可能存在的论证谬误；

（3）能够用英语合理、有效（口头及书面）地论证自己在性别问题上的立场，并提出合理质疑；

（4）通过批判性讨论引导学生关注性别问题及其背后的社会意义。

四个教学目标与培养学生批判性讨论能力之间的关系如图 1 所示。

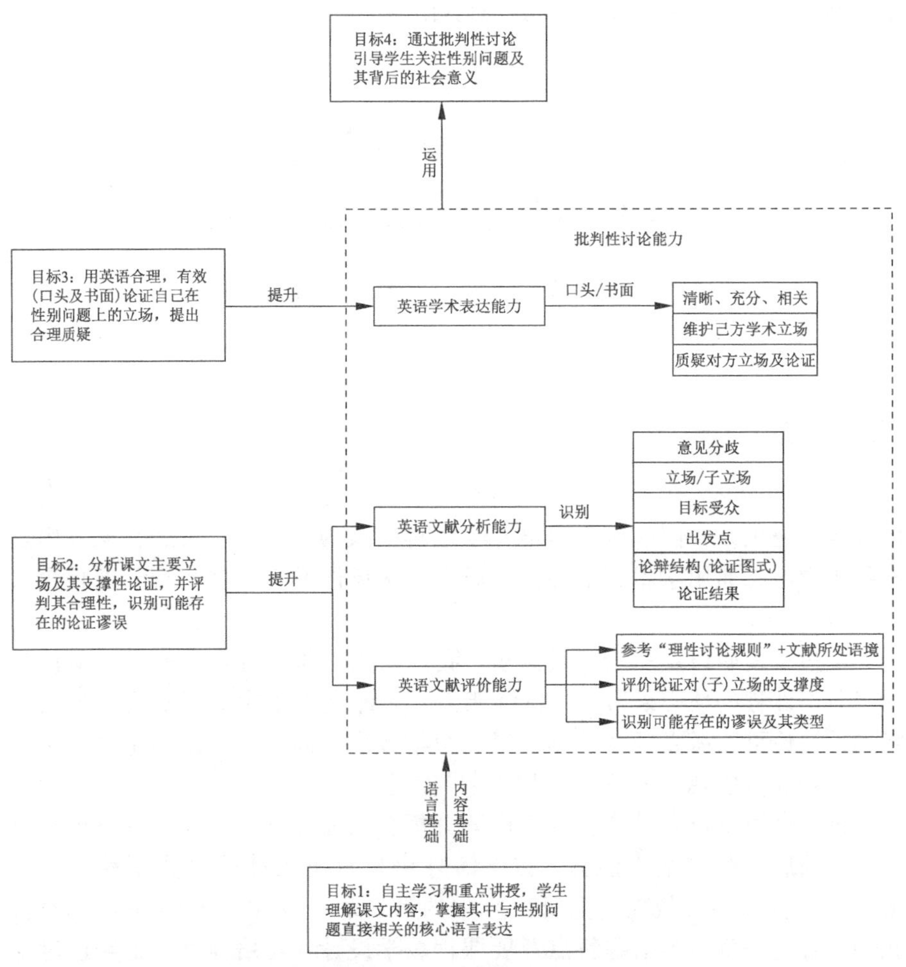

图1　教学目标与批判性讨论能力的对应关系

课程教学设计

【课程内容组织】教材在“Gender in Society”这一主题下设置了两个学习单元：在“Gender Roles”学习单元中，《读写教程》中的三篇阅读材料主要讨论影响性别认知的因素以及性别认知对行为的影响，《视听说教程》中提供的采访、研讨和讲座视听材料主要呈现家长在启发孩子性别问题方面的不同观点以及单一性别教育问题；在“Gender Issues Today”学习单元中，《读写教程》的三篇阅读材料主要探讨影响人们日常生活（特别是工作场域）的性别问题，《视听说教程》在这个单元中提供的采访、研讨和讲座内容主要围绕性别平等和语言使用中的性别主义问题。

围绕“Gender in Society”这一主题，基于课文内容，结合社会现实和学术研究热点，我们在本单元设置的讨论话题是“How gender roles affect our lives”。

【教学模式设计】

（1）课前准备

在开始本章课堂教学之前，教师首先指导学生分组（四五人一组），按照“先导课”中介绍的学习方法自主学习《视听说教程》中该章所有视听材料和《读写教程》中该章所有阅读材料，标注、记录语言难点（单词、短语与句型，特别是日常表达在学术语境下的特殊含义），并在透彻理解的基础上用思维导图大致勾勒这些材料之间的逻辑联系，理清“性别”“社会性别”“性别认知”“性别教育”“性别平等”“性别歧视”“性别话语”等核心概念的内涵与彼此关联。此外，学生还应按照“先导课”中介绍的英语文献分析方法尝试分析这些视听和阅读材料中呈现的作者立场以及支撑性论证（组合），并根据英语文献评价方法尝试评价这些论证（组合）的可接受性，结合语境识别其中可能存在的论证谬误。我们希望学生能通过合作开展这些活动，巩固和提升英语文献分析能力和英语文献评价能力。

为使课堂讨论更具深度，学生课前还需要通过教师推荐的主要信息渠道（图书馆纸质藏书、谷歌学术、中国知网、Springer Link 电子期刊数据库等）分组搜集、阅读、分析与上述核心概念相关的文献及评论。在此基础上，学生分组以“How gender roles affect our lives”为题，确定各自小组的立场与子立场，从所读、所听材料中选择并明确支撑论证，按照教师在先导课上讲授的英语学术论证方法形成初步论证文本，用英语说清“什么是社会性别”“什么是性别角色，有何表现”“性别角色认知对性别平等的影响”“如何达到性别平等”等问题，并形成较为完整的论证表述。完成论证表述的过程实际上就是学生锻炼英语学术表达能力的过程。

（2）课堂讨论

围绕上述教学目标，课堂讨论分为两个部分：教材重点答疑（2 课时）与观点陈述/提问（4 课时）。在重点答疑环节，教师对主干教材中本单元语言使用层面的难点进行针对性提示和讲解，介绍其中的学术英语语体特征和语言实现形式，着重带领学生分析和评价其中较为隐蔽的作者立场、态度和相关论证。例如，在《视听说教程》的“Gender Roles”单元中，一篇题为“Two main benefits of all-girls' schools”的演讲论证了女子学校的好处。在谈到第二个好处时，演讲者提出了“Single-sex education can help girls become more self-confident”的立场，为论证该立场，演讲者使用了一个比较复杂的论证结构：

Single-sex education can help girls become more self-confident

1a. in a single-sex environment, girls enjoy being leaders

1a. 1a they offer help to others

1a. 1b they also ask for help when they need it

1a. 1b. 1 for example, if they don't understand a math or science concept, they'll ask for clarification

1b. when girls are in the same classroom as boys, they often lose their self-esteem

1b. 1 (girls) learning styles are different from boys

1b. 1. 1a boys tend to be louder

1b. 1. 1b (boys) may jump up out of their seats and wave their arms in people's faces if they know the answer to a teacher's question

1b. 1. 1c When (1b. 1. 1b) happens, girls typically sink back in their chairs and wait for the boys to quiet down

1c. if there are no boys around, girls can feel free to be themselves

教师首先可以在课堂上指导学生共同重构上述复杂论证结构，并引导学生分析其中可能存在的论证谬误：当演讲者试图用 1a. 1a（女生愿意帮助别人）和 1a. 1b（女生愿意寻求帮助）论证 1a（女生乐于领导）的合理性时，她/他实际上犯了一个（征兆型）论证图式错误，因为愿意帮助和愿意被帮助并非是乐于领导的典型特征。此外，仅凭 1b. 1（女生的学习方式与男生不同）也无法支撑 1b（与男生共处同一教室，女生常常失去自尊），这是一个典型的“不相关”谬误。如果共同用于支撑立场的三个论证中有两个都存在谬误，那么我们就有理由相信这个立场一定不可靠。在这个指导性的分析和评价过程中，学生可以进一步加强英语文献分析能力和英语文献评价能力。

在观点陈述/提问阶段，学生首先分组向全班汇报对“How gender roles affect our lives”这个问题的课前准备的观点及论证，每组陈述时间 15 分钟，接受其他组学生提问 10 分钟。为敦促和帮助各组加强团队协作，我们要求陈述者和答疑者不能为同一学生，鼓励组内所有同学踊跃回答提问并计入课堂表现成绩。在陈述观点时，教师重点关注陈述者的三种表现：① 语言表现——英语语言表达的流畅度和准确度；② 论证表现——核心概念的厘清程度、说理深度、论证的来源及其相关性和支撑性；③ 修辞表现——论述的技巧性和说服性。

观点陈述完毕后，教师引导其他同学就陈述内容进行组内讨论（5 分钟），并在讨论的基础上展开“信息性提问”（informative questioning）和“批判性提问”（critical questioning）。其中，信息性提问主要要求陈述组澄清表达不清的观点和细节，批判性提问则重点围绕两点展开：① 核心概念（特别是对 gender 和 gender roles 的界定）和重要细节（特别是 gender roles 的社会形成和深层影响）；② 论证质量，即论证是否存在明显谬误或论证不够有力。在此阶段，教师重点关注这些提问和回应的质量，即提问者提出的批判性问题是否能够切中陈述的薄弱点，以及相关回应是否能够补足、增强己方论证。

在每组陈述与提问结束后，教师根据课堂观察和记录对陈述者的上述三种表现进行现场评议，点评提问和回应的质量，并为陈述组提供综合改善建议。

(3) 课后学习

为提升学生的英语书面学术论证能力，教师要求每组学生认真总结课堂讨论，吸收来自其他同学和教师的有益意见，以“How gender roles affect our lives”为题完成一份相对完整的论证文，要求做到行文流畅、概念界定清晰、立场明确且论证较为合理。为确保书面自主论证的质量，我们要求学生参照前文提到的批判性讨论理想模型，在文末附上“论证概览”，即详细勾勒论文试图消除的意见分歧并表达出立场、基本出发点、论证结构、主要论证图式和结论。

(4) 教学评价

着眼于培养批判性讨论能力的通用学术英语教学评价不能局限于对英语语言本身的考评，而应强调师生双方的共同参与及对自身学术素养的检验，以形成良性循环推进学习的深入。因此，在进行综合性评价前，首先需要建立科学的评价指标来全面衡量学生的表现，如学生自学的时长及效果、课堂参与批判性讨论的积极性、课后任务的完成情况、阶段性的测评表现等。评价指标应尽量覆盖学习的各个环节，以促使学生重视学习的过程，聚焦自己的学习行为与收获，发挥主动性和积极性。对于教师来说，也要在教学评价过程中反思自己的教学方案，修正教学步骤，以最大限度地保证教学目标的达成及学习效果的提高。

教学总结思考

本次课堂教学变革极大地激发了学生的学习热情，原本有难度的理论学习通过实践变得更容易理解和接受。在教学中，我们融入了与中国文化相关的语料选材，以此引发学生的思考和讨论，再用所学的论辩知识对语料进行分析，实现了从理论到实践，再由实践来检验理论，课程思政全程融入的理论指导实践的教学目标。教学改革的主要成效包括：

一是跳出了对文本材料固有的分析方法，而采用批判性讨论的方式对文本进行分析与处理，提高了对学术话语的识别、分析、评价的能力，提升了有效学术沟通的技能，培养了学生的批判性思维能力。

二是通过对选材内容的讨论，强化了学生对于中国男女平等社会价值观的理解，学生在发现、阅读、分析教学语料的同时，加深了对中国优秀传统文化的理解，并且能够以英语语境参与中国优秀文化及价值观的传播。

三是在教学中学生收集各种语料开展关于“平等”的讨论，其中蕴含的社会主义核心价值观使得课程教学与思政教育“无缝衔接”，学生的“四个自信”意识在“润物无声”中得到有效提升。

四是多维度评价模式的使用，转变了以往学生被动学习的状态，学生作为学习者同时也是评价者，他们对课程教学的全过程有了更加主动的投入和思考；同时这对教师也是一种促进，要求教师在不断提高自身的职业素养的同时也要具备课程育人的教学意识，真正进入“教书育人”的角色。

以“成功之路”弘扬社会主义核心价值观

（外国语学院　吴媛媛）

课程思政背景

“大学英语（Ⅲ）”是大学英语学习的高级阶段，总体教学目标是通过英语综合应用能力训练，使学生能开展英语口语和书面交流，增强其自主学习能力和跨文化交际能力。

2017 年，江苏大学大学英语课程在全校率先开展课程思政教学改革，整体推行基于课程思政理念的全新大学英语教学模式，即基于课程思政理念的“一体两翼”教学模式——以提升英语综合应用能力为主体，以培养学生批判性讨论能力和跨文化语境交际能力为两翼。该模式深度挖掘主干教材中的思政教育资源，使大学英语“语言—文化—思维”教学目标与思政教育目标无缝对接，于“无声”中强化学生的政治认同和制度认同，引导学生立足社会主义核心价值观和中国优秀传统文化思考和分析具体问题，增强“四个自信”，提升课程内容的现实性和思想内涵，适度增加课程学业难度。这种教学模式改革以唤醒和强化课程育人的潜能为主旨，以课程内容的现实意识为切入点，以打造“有思想、有温度、有情怀”的大学英语课堂为内驱力，深挖主干教材中蕴含的思政教育元素，重组语言学习内容，创新采用批判性讨论方法，创设出课堂讨论高阶空间，达到“润物细无声”的课程思政目的。

语言教学具有独特的人文思想教育的切入便利性，我们在教学设计上精心筛选中外媒体文章作为课外阅读拓展资料，紧紧围绕社会主义核心价值观教育发掘其中的课程思政元素。以英语读写训练为例，我们将教学分为三个基本步骤：课文阅读分析、批判性讨论和课外拓展阅读。教师在本单元的教学中安排与课文内容相关的现实问题讨论，以此引导学生积极参与并开展师生教学互动；学生通过建立批判性讨论模型，理性分析中西两种不同文化中的“敬业”和“成功”，评判事例论证的优势与不足。由此，在实现掌握核心词汇与句型、论证结构和评价的知识教学目标，强化批判性讨论能力及跨文化交际能力培养的基础上，通过对中西方“成功的秘诀”

语料的批判性讨论，使学生加深对社会主义核心价值观中的“敬业”概念及中国文化的理解并建立大学生的文化自信；通过对“成功”的讨论，使大学生深刻认识个人发展与民族复兴的关系，树立正确的人生观和价值观。

课程教学设计

【课程内容组织】本文以外语教学与研究出版社《新视野大学英语读写教程》（第三册）第一单元“成功之路”中的“Never give up!（永不言弃）”为例介绍教学设计方案。在这一节的教学中，我们以语用论证学理论中的批判性讨论方法（识别论证、分析论证、评价论证与表达论证）作为知识教学资源，同时将芬兰《赫尔辛基时报》的系列报道《漫画习近平的故事》作为拓展阅读资料。

【思政元素选择】将24字社会主义核心价值观中的“敬业”作为教学讨论关键词，以《漫画习近平的故事》系列报道作为讨论素材，论证关于“成功的秘诀”，并将“博学、求是、明德”的校训解读融入其中。

指导学生使用批判性讨论方法对课文中事例的使用加以分析和评价；以社会主义核心价值观中的“敬业”理念指导学生树立正确的人生观与价值观；以《漫画习近平的故事》帮助学生拓展对“成功”和“敬业”的深层认识。

【教学模式设计】

（1）课文分析性阅读

在导入话题后进行文章主题与结构分析，通过文章主题分类学习和词汇记忆，夯实语言知识基础。

（2）批判性讨论

开展事例论证的合理性分析，进行“成功的秘诀”的论证表达。

（3）课外拓展阅读

在完成教材学习的基础上，拓宽学生的阅读面。选取刊登在芬兰最大的英文媒体《赫尔辛基时报》上的《漫画习近平的故事》系列报道作为拓展阅读资料。

【教学过程】

（1）课文阅读分析

——话题导入：什么是成功？什么样的人可以获得成功？

用英国前首相丘吉尔的事例引出问题“成功的秘诀是什么?”，并给出答案，即丘吉尔演讲中的“永不言弃”。

——文章主题与结构分析（例证）：以爱迪生、爱因斯坦、林肯及桑德拉·戴·奥康纳为例，分析艰辛的成功之路上的关键因素。

——阅读结论：应该懂得在“成功的障碍—成功的秘诀—完成的壮举”前行路上刻苦努力与敬业精神的重要性。

（2）学生深度阅读与教师讲解事例论证

① 通过深度阅读分析，学生夯实语言知识基础，并回顾课文中使用的所有例子以及它们所论证的立场。

② 教师讲解事例论证（图 1）：

——事例论证的概念：

An argument by example (also known as argument from example) is an argument in which a claim is supported by providing examples (Reinard 2014), it might be difficult to recognize because they can look like mere illustration (Partrick 2011).

——事例论证的结构：

Premise 1: Example 1 is an example that supports claim P.

Premise n: Example n is an example that supports claim P.

Conclusion: Claim P is acceptable.

Examples	Difficulties in life	Factors for success
Thomas Addison	• slow to learn; • ran away from school	• their parents believed in them; • never bypass the long hours of hard work that they needed to succeed
Albert Einstein	• didn't speak fluently until he was almost 9 years old; • a poor student	
Abraham Lincoln	• substantial hardships, failures and repeated misfortunes	• strong will, optimism, dedication and determination
Sandra Day O'Connor	• grew up on a cattle ranch; • was rejected from the entire law circuit	• fought to achieve the best education possible; • sheer persistence

图 1　教学中的事例论证

③ 教师结合课文内容说明事例论证的结构：

——学生分组讨论的课文中有哪几个例子符合这个论证结构？

——给课文中的立场和论证画出论证结构图；

——学生进行小组内自评和小组间互评；

——教师评价各小组的讨论结果。

④ 教师介绍事例论证的理性评价标准，师生结合案例讨论不符合评价标准的情况。

——教师分发材料，学生从材料中找出不符合评价标准的例子；

——教师参与学生分组讨论，帮助学生准确运用评价标准评判练习材料中的例子。

——结合课文中的例子，讨论事例论证的优点与不足。

(3) 拓展阅读与思考讨论

学生通过阅读《漫画习近平的故事》了解中国领导人的敬业精神，认识中西两种文化对“敬业”和“成功”定义的异同（图2）：

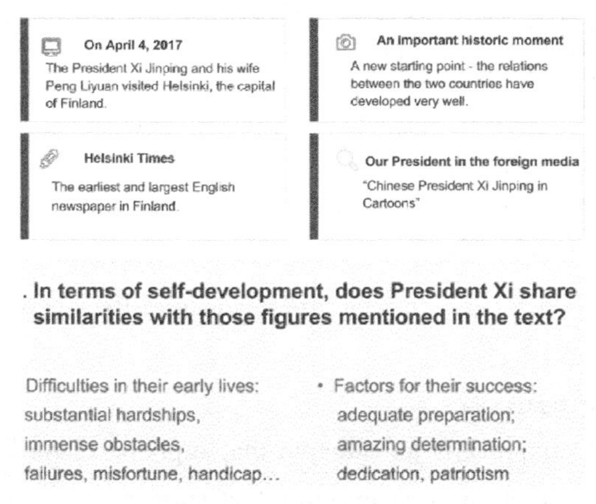

图2 拓展阅读并思考“敬业”和“成功”

① 教师引导学生思考 Dedication 和社会主义核心价值观中的“敬业”的区别与联系。

② 学生分组讨论“成功”的定义、“敬业”与“成功”的关系，以及校训“博学、求是、明德”的内涵。

③ 小组代表口头表达讨论结果并进行小组内自评和小组间互评。

④ 教师评价学生的讨论情况，并布置课后的写作练习，要求学生用事例论证方法完成段落写作。

教学总结思考

现实问题的引领极大提高了学生的课堂参与度，学生在完成课堂学习提升英语读写技能的同时，又在批判性讨论中深入对比和思考中西文化背景中“敬业”和“成功”的不同内涵，在潜移默化中接受社会主义核心价值观的思想引导，在坚定文化自信的同时更加明确了自己的立场和责任，实现了教育教学立德树人的职能：

一是发掘大学英语课程中所独具的中西文化价值观的对比内容，以“敬业”讨论引导学生谨记校训，培养学生的批判性思维能力，促进学生对社会主义核心价值观的正确理解，使得英语教学与思想教育保持了一致；

二是精选课程的拓展阅读材料，使学生在实践学习中能够不被西方价值观所迷惑，能甄别精华与糟粕，以批判性的眼光看待西方的文化及核心价值，从而坚定对社会主义道路自信、理论自信、制度自信和文化自信；

三是以课程思政教学改革促教师自我反省、自我教育、自我提高和自我完善。“树人”之前，教师必须自己先“立德”。言传不如身教，教师的教书育人使命要求教师须坚持正确的价值取向，具有良好的道德风范并体现在自己的言行之中。

附：具有代表性的学生作业节选

学生作业 1

It is said that success is to make extraordinary persistence in the ordinary. I totally agree with this. Just like Xi Jinping, when he went and worked in the countryside at the age of fifteen, he felt very puzzled. But he determined to stick to it. After hard work, he finally left there at the age of twenty-two. Then he went to a bigger stage. Above all, persistence and patience are the most important things to success.

学生作业 2

Perhaps everybody has a thirst for success. But successes are never easily-earned, especially in a world full of fierce competitions nowadays. In the case, aims and perseverance are necessities to success.

"An aim to a man is like a lighthouse to a ship." Once you have a dream, make out a plan to achieve it as soon as you still have a willing heart. Afterwards, you will be motivated to strive for it, a giant leap to success achieved. For instance, Bill Gates, founder of Microsoft had a clear aim. He wished office desks in every corner of the world would be equipped with a computer and stuck to it. His attainment is obvious.

In addition to goals, perseverance cannot be neglected. No matter how brilliant the aim is , without perseverance , it would be invisible. Let me take president Xi as an example. In Xi's early years, he was hardworking, diligent and loved to read. He wanted to be a servant to all the Chinese and create a better future for his people. Never giving in, he spent every moment of his life working. His achievement and contributions to people will always be remembered.

With joint aims and perseverance, success will not be far from us anymore.

打造培养“中国声音传播者”的大学英语课堂

（外国语学院　张钰）

课程思政背景

根据江苏大学的大学英语分类培养方案，本课程的授课对象包括卓越学院金山英才班、中澳学分互认联合培养项目的一年级大学生。他们在大学期间将进行少则三个月多则一两年的海外学习，因此，课程着重培养学生的综合性英语能力，使其通过雅思考试并达到申请海外学校的语言门槛要求，同时提升其在学术场景下撰写论文、参与学术讨论的能力。为实现高等教育立德树人的根本宗旨，课程教学还要培养学生的思辨精神，拓宽学生的知识视野、国际视野、历史视野，通过中西方文化对比，将中华优秀传统文化和社会主义核心价值观教育融入课程学习，厚植爱国主义情怀，坚定“四个自信”，使年轻一代的大学生成为“中国声音传播者”。

课程教学设计

【课程内容组织】本课程不仅是培养大学生英语语言技能的基础课，还是一门具有丰富内涵，融入了历史、文化、国际视野的高阶性学术课程。课程主要教学资源是浙江教育出版社出版的剑桥雅思考试官方备考教程《剑桥雅思高级教程》，课程围绕 8 个以雅思话题为基础的教学单元开展教学设计，采用项目式学习，设置单元 Project 并以教材的话题为切入点，将听说读写能力训练融入教学讨论中，通过批判性讨论分析解决问题，形成口语和写作输出。本文以第八单元为案例进行详细介绍。

【思政元素选择】通过单元话题引入批判性讨论，通过文化的碰撞让学生坚定文化自信，培养家国情怀。各单元内容主题与思政元素的结合见表 1。

表1　教学单元内容主题与思政元素的结合

序号	话题（Topic）	思政元素
1	教育与创新（Education & innovation）	创新是一个民族进步的灵魂，是一个国家兴旺发达的不竭动力，也是中华民族最深沉的禀赋
2	紫色染料的发明（The invention of the color purple）	枫香油染色与中华传统文化传承
3	医药学（Medicine & Pharmacology）	建立中华传统文化和科技文明之间的关联，培养解决前沿问题的创新思维，助力"讲好中国故事"，提供"中国智慧"与"中国方案"
4	艺术（Art and artist）	刺绣艺术家与新时代的"工匠精神"解读——在继承基础上的创新
5	考古和历史（Archaeology and history）	通过了解中国考古发现，解读中华文化，传承历史文化，维系民族精神
6	信息技术社会：动画技术（IT Society：animation technology）	了解科技创新如何有助于弘扬中华传统文化，引导学生了解中华文化传统，做文化的传承者和传播者
7	人与自然（Our relationship with nature）	和谐发展——全球共筑生态文明之基，同走绿色发展之路
8	探索宇宙（Across the universe）	配合中国"航天日"的宣传，了解中国航天事业的发展，培养崇尚科学精神、勇于创新的拔尖人才

【教学模式设计】课程采用任务导向型（Project-Based Learning）教学方法（图1）。教师根据单元话题对主要词汇、语法等语言知识点进行系统输入，结合与此话题相关的思政元素设置课堂任务，展开小组协作讨论、任务探究、模拟采访、头脑风暴等形式多样的师生互动，在拓宽学生视野的同时培养学生的思辨能力。

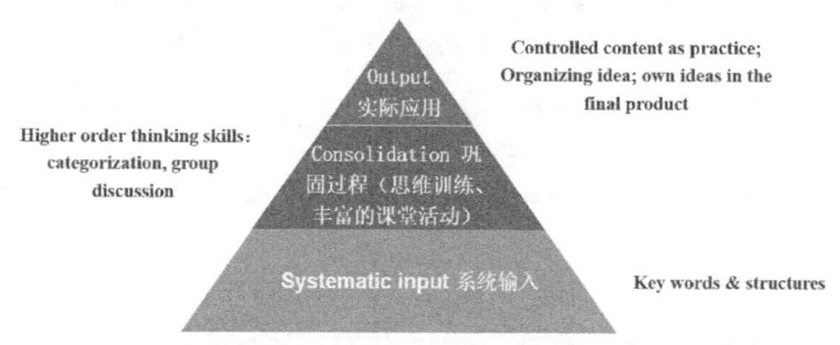

图1　任务导向型（Project-Based Learning）教学方法

教学过程由四大模块化环节构成，即"课前推送与学习诊断—关键知识点讲解与词汇拓展—小组任务与批判性讨论—任务反馈与评估”，由此形成完整的教学闭环。本文以第八单元“探索宇宙（Across the universe）”为例介绍教学过程：

（1）课前推送与学习诊断（Prompts and diagnosis）

——课前推送“Students will watch an online video on the image of Black Hole”。

——现场连线回答问题：

What aspect of space exploration does each of these photos show?

What importance does each of them have for humanity?

——思政讨论：China's first manned space docking mission, including the first Chinese female astronaut (June 2012) marked a significant point in Chinese history.

Compare: When humans first stepped on the Moon, 1969.

——利用“学习通”问卷平台实时收集和反馈学生的自我评估（Self-assessment）：

I can use a range of language functions.

I can use complex structures to describe the importance of space exploration.

（2）关键知识点讲解与词汇拓展（Language points and vocabulary building）

——学术词汇拓展（Word formation）：

Many scientific terms are made up of parts that derive from Greek. Knowing the meaning of the parts of a word can help you understand the meaning of the word as a whole.（图2）

Greek word or word part	Meaning	Greek word or word part	Meaning
astron	star	-nomy	the arranging of
bios	life	oikos	house or home
botanikos	of herbs (plants)	on	being or creature
ge	the earth or land	palaios	old
-graphy	the writing or drawing of	pharmakon	medicine or drug
-logy	the science or study of	physis	nature
-meteoron	of the atmosphere	zoo	animal
-metry	the measuring of		

The noun for a person who practises a particular science or art often ends in *-er* or *-ist*. What do you call a person who ...

1 draws maps? ________
2 studies biology? ________
3 studies genetics? ________
4 studies plants? ________
5 studies physics? ________
6 studies palaeontology? ________
7 studies ecology? ________
8 studies astronomy? ________
9 studies geology? ________

图2 使用在线课堂即时答题功能进行互动

——读写技能培养（Literacy skills：analyze paragraph structure）：These practical strategies encourage students to read critically and efficiently through a broad range of text types and genres.

When students are presented with this topic，invite them to ask their own questions about it.

How and where does the writer link the first question in the task?

How does she link her main views across paragraphs?

Topic sentence—Supporting details—Concluding sentence

——听力技能训练（Listening strategies）

Audio：Aviation—Making flying better for the environment

Questions and answers：

How much fuel were commercial airlines forecasted to use in 2019?

What might be an alternative to taking a short-haul flight?

How could biofuel help reduce emissions from aircraft?

True or false? Using taxis to take people to the aircraft could help reduce carbon emissions.

Who manufactures the Dreamliner aircraft?

（3）关键性环节：小组任务与批判性讨论（Group work and critical discussion）

——口语任务（Speaking project：team work presentation）

设计意图：培养批判性思维、沟通、写作和创造力技能。

Choose from the following topics：

an introduction to Chinese space exploration；

a chronicle of Chinese space exploration；

Chinese astronauts.

Make connections：Deep learning occurs when students can connect new knowledge with prior knowledge and personal experiences.

——关键性环节：指导写作与批判性思维技能培养（Guided writing and develop critical thinking skills）

设计意图：批判性思维技能有助于学生确定事实、决定待处理信息的优先级别、理解事物间关系、解决问题和全面评估信息。

Writing question：

In the past，scientific research was usually carried out by government departments but nowadays，private companies are conducting a greater percentage of this type of research.

What are the advantages and disadvantages of this trend?

Write about the following topic:

Some people argue that space exploration has had more to do with national pride than international effort.

To what extent do you agree with this?

How do you think space exploration will change in the future?

Give reasons for your answer and include any relevant examples from your own knowledge or experience.

(4) 任务反馈与评估 (Feedback and assessment)

促进以学生为中心的学习，并将教师评估与学生自我评估相结合。本环节使学生成为课堂的积极参与者，教师在课堂中起辅助作用，确保每位学生充分参与讨论，并给予及时的反馈和评估。课堂活动引导学生为达到学习目标而努力，在此过程中，学生的参与度和口语练习得到了充分的保障。学习开始和学习结束时都让学生进行自我评价，评价范畴不仅限于内容，还包括思考问题的方法、策略和过程。

教学总结思考

课程思政教学改革的尝试使教学内容与时事及社会热点话题紧密关联，学生对此普遍感觉课堂内容接地气；在讲述中国传统历史文化等话题时学生有代入感，由此产生出对中华文化的自信；在口语讨论的过程中，中国科技、航天事业发展的案例为观点提供了支撑，学生们在熟练地用英文展示这些科技成就时，爱国情怀和国家自豪感油然而生；在写作和口语表达环节，学生展示了一定的批判性思维能力，能清晰表达立场观点，合理论证；文本阅读和分析能力的提升，为学生适应未来学术场景对英语综合运用能力的要求打下牢固基础。课程思政教学改革的深化将进一步改善大学英语的教学效果。

附：典型学生作业及心得感悟摘录

Sample writing:

Nowadays, some people consider that space probe has linked more to national pride than international effort. In my view, national pride and international effort go hand in hand. When we improve the international effort, our national pride just goes up and vice versa.

In my opinion, national pride remains closely allied with international effort.

In the current international arena, space exploration is an important element of international influence. More and more countries pay more efforts on exploring the outer space to improve their international influence and international status. According to this, they let their country shine on the international stage to enhance their national pride. For example, in order to change the situation, China took efforts to enhance the strength of science and technology. Due to this, it won international influence and step on the international stage.

With the development of science and technology, space exploration will be more intelligent. We may make more equipment to help us probe the other planets and fixed stars. We have possibility to find aliens and chat with them friendly. Besides, we may create more powerful devices to detect outer space even more distant galaxies or worlds currently unexplored. In the future, this would enable more human to see the vastness of the universe. If we have the technology, I even want to experience the space through virtualization or tunnel.

In the future, space exploration will be more essential to any country, helping them improve their national pride and international effort. The development of science will also have more new realization about outer space.

学生心得感悟摘录：

Comment 1: Chinese astronauts have made brilliant achievements in space flight, inspiring us to believe in ourselves and rely mainly on ourselves for development. We must not lose our ability to innovate while learning from outsiders.

Comment 2: According to the information above, I am proud of my country. In the past few decades, China was very backward. However, since the 21st century, China has developed rapidly in science, technology, and economy. China's aerospace engineering also rank high in the world. On October 15, 2003, Yang Liwei entered space for the first time in the Shenzhou V spacecraft, symbolizing a big step forward in China's space industry and a milestone. The spirit of spaceflight passed from generation to generation is being passed on by future generations.

英语听力训练中的课程思政

（外国语学院　钟兰凤）

课程思政背景

“英语听力”是英语专业技能训练课程之一，属于英语技能的单项训练课程。同时，该课程综合了语音、词汇、语法、知识背景及概括能力的训练，不仅为学生的口语交际能力的发展打好基础，还扩大了学生的专业知识面，成为学生增加英语国家文化知识的学习窗口。

基于英语听力课程的人文内容特征，我们将课程思政的理念有机融合到教学实践当中，调动学生的学习主观能动性，促进学生合作、交际方面专业技能的提升，以技能训练参与社会活动激发学生对社会主义核心价值观的认同，提升文化自信，培养学生诚实守信、坚忍不拔的人格品性，树立正确的世界观、人生观和价值观，将立德树人的培养任务落实在课程教学之中。

课程教学设计

【课程内容组织】本课程采用华东师范大学出版社出版的《英语听力入门 2》作为教学用书，本文以其中的第 5 单元“Creative Minds”为例介绍教学设计，其主要内容包括 4 个部分：Ⅰ. Warming up；Ⅱ. Scientists of the millennium（Ⅰ）；Ⅲ. Scientists of the millennium（Ⅱ）；Ⅳ. Short talks on listening skills。

我们不仅为课程教学设定了知识目标、能力目标，还设定了“To make sense of the spirits and responsibility of scientists. To differentiate science culture in China and aboard and build up cultural confidence. To provoke students' patriotism.”3 个情感目标。教学的重点是帮助学生理解本单元的听力材料，难点是 Encourage students to apply the taught skills to listening to other listening materials。

【思政元素选择】课程思政的主要元素包括创新精神、科学家责任、文化自信、人生理想和职业价值取向。

【**教学模式设计**】课程教学分为 4 个环节展开。在开始时设置了问题导入的准备阶段，有助于激发学生参与听课的兴趣。在课程教学完成后，教师还结合热点时事，在常规话题之外进行拓展听说训练。主要教学过程和教学设计见表 1。

表 1　主要教学过程和教学设计

<table>
<tr><th>教学环节</th><th>教师活动</th><th>学生活动</th><th>课程思政融入</th></tr>
<tr><td rowspan="5">Pre-listening</td><td>（1）教师引导学生根据单元主题——Great Minds 猜测本单元的话题和主旨大意</td><td>学生分享关于单元话题的猜测</td><td rowspan="5">教师引导学生对当今时代主题——“和平与发展”展开思考。和平与发展是当今世界发展的主旋律，是大学生关注中国对外交流时应当注意的内容。
与此同时，文明、和谐是社会主义核心价值观的重要内容。和谐不仅体现在人和自我之间的关系上，还体现在人和人、人和社会、人与自然的关系上，社会和谐是实现国家富强、民族振兴、人民幸福的重要保障</td></tr>
<tr><td>（2）教师给学生呈现炸药发明过程的短视频，并提问“What is the video mainly about?”；在 PPT 上呈现新词汇 dynamite，然后继续提问“Do you know the inventor of dynamite?”“Can you share something about the inventor with us?”</td><td>学生回答问题；新词汇学习</td></tr>
<tr><td>（3）教师播放录音 6，录音播放结束后请学生一起回答火药的发明者是谁</td><td>学生回答问题</td></tr>
<tr><td>（4）继续提问“What do you think about this invention?”，要求学生对火药这一发明所呈现的利弊两面性发表看法</td><td>学生评述</td></tr>
<tr><td>（5）教师继续在 PPT 上呈现图片，如缝纫机、钢琴、气压表、汽车、打印机等，同时完成对词汇内容的教学，并请学生思考“Do you know the inventors of these inventions?”，进而引出本单元主题——著名科学家和他们的重要发明</td><td></td></tr>
<tr><td rowspan="2">While-listening</td><td>（1）教师播放 Part Ⅰ 的 A 部分录音，引导学生获得本部分听力语篇的主旨大意</td><td>学生获得听力语篇的主旨大意</td><td rowspan="2"></td></tr>
<tr><td>（2）教师播放第二遍录音，请学生在小组中讨论并表达自己的观点，然后以小组为单位组织两组学生开展交流</td><td>学生完成教材中表格空缺部分的填写，开展小组内讨论和小组间观点展示交流</td></tr>
</table>

续表

教学环节	教师活动	学生活动	课程思政融入
While-listening	(3) 教师播放 Part Ⅱ 录音，请学生在不看教材内容、不动笔记录的情况下尝试获取所听内容的主旨大意	获取该部分主要内容	
	(4) 教师播放第二遍录音。此次请学生动笔记录自己认为重要且有助于理解听力语篇主旨的内容，与此同时教师在黑板上完成同样的工作。录音播放结束后，教师请三位学生将自己记录的内容投影在屏幕上，并根据自己的笔记复述所听到的内容。教师引导学生观察教师和学生所记录内容的差异，同时对学生的笔记进行点评，引导学生练习以表格、缩写的形式进行听力内容的记录	听录音并记录重要内容；展示笔记，复述听力文本内容；观察师生记录内容的差异	
	(5) 教师向学生展示该部分录音的听力文本，同时播放第三遍录音，引导学生自己检查答案正确与否	听录音检查答案	
	(6) 教师播放 Part Ⅲ 录音，请学生以刚才学习的录音内容记录规范为样本，完成对新听力内容的记录并完成相应的练习	听录音并记录要点，完成练习	
	(7) 请学生与同桌相互交流该部分习题的答案，教师将答案呈现在 PPT 上供学生参考	交流、检查答案	
Post-listening	(1) 请学生观看新冠肺炎疫情期间的视频报道，在小组中讨论这期间知名科学家及他们做出的贡献	观看视频，组内讨论	学生对科学精神、爱国精神、创新精神、求实精神、奉献精神、协同精神进行深入思考。 屠呦呦发明的青蒿素灵感来源于东晋葛洪的《肘后备急方》，这帮助大学生树立文化自信
	(2) 教师请学生听语篇“Chinese Discovery Saves Millions of Lives”，用缩写等形式速记要点并列提纲，用笔记对听力内容进行转述	听语篇，整理笔记，对听力内容进行转述	
	(3) 请学生介绍所知的国内其他著名科学家及其事迹，思考科学精神的内涵并在小组间展开讨论	独立思考，小组讨论	
Home-work	学生按照 4 人一组，选取一位自己熟知的科学家，搜集相关信息并制作宣传海报；独立完成 Part Ⅳ 的听力内容		

教学总结思考

上述“英语听力”课程育人教学设计以教材内容为基础，将思政教育元素渗透到教学过程中，实现了课程教学的隐性育人目标。

在教学中，教师引入新冠肺炎疫情期间广为关注的知名科学家及其贡献等相关课外资料，引导学生正确理解科学家精神的内涵，以对爱国精神、创新精神、求实精神、奉献精神、协同精神的解读提升学生对中国科学的认识。例如，在介绍屠呦呦的贡献时，特别提到屠呦呦发明的青蒿素灵感来源于东晋葛洪的《肘后备急方》，学生看到现实世界里中国科学家对国际科学发展的巨大贡献，有效提升了作为中国人的自信心，激发了大学生的爱国情怀。这样的教学精心设计，实现了英语听力教学的知识目标、能力目标和素质目标的统一，培养了学生的科学文化素养和对国家强盛、民族复兴的坚定信念，履行了高等教育“立德树人”“课程育人”的首要职责。

在跨文化交际中弘扬优秀文化，树立文化自信

（文学院　任晓霏，毛艳枫）

课程思政背景

2012年12月，教育部中外语言交流合作中心出台新的《国际汉语教师标准》，新标准突出了汉语教学、中华文化传播和跨文化交际三项基本技能的重要性。其中，跨文化交际能力作为前两项技能在不同语境中顺利施展的有效保障，是汉语国际专业学生需要着重培养的重要能力。“跨文化交际”是一门理论联系实践的应用型课程，旨在培养未来国际汉语教师的跨文化交际和跨文化教学的能力。我们以东南大学出版社出版的《跨文化交际与国际中文教育》为该课程的教学用书，主要包括文化与交际、跨文化交际学与研究方法、跨文化交际与汉语第二语言教学、跨文化交际与中华文化传播，以及跨文化交际能力实证研究、汉语国际教育跨文化交际案例分析等七章内容。其中的第一章“文化与交际”为培养学生跨文化交际和教学能力提供了最核心的理论支撑，通过学习，学生在了解世界主要文化特点的基础上能够尊重不同文化并具有多元文化意识，把文化相对主义的观念自觉应用于教学实践中。在课程学习的同时，学生能够多角度深入理解为人类文明做出重要贡献的中国优秀传统文化和新时代社会主义核心价值观，获得强烈的中国文化认同感和文化自信，树立建设“人类命运共同体”的价值观，为跨文化交流与文化传播奠定理论基础。

课程教学设计

【课程内容组织】该课程在汉语国际教育专业本科三年级第二学期开设，其中第一章的“价值观与文化模式”一节是贯穿整个课程内容的灵魂部分，也是占用课时最多的部分。主要教学内容包括三个部分：价值观的概念、种类和特点，价值观的主要理论（价值取向理论、文化尺度理论、高语境文化和低语境文化理论）及其对不同文化的具体社会现象的分析和理解，中外文化模式对比（正确客观地看待他国文化与全面理解中国文化，“和而不同”“美美与共”的文化观）。我们在教学中加入对由于价值观和文

化模式差异而导致的交际不畅和交际冲突等思政教学案例的讨论，让学生分享并分析自身的跨文化经历，撰写分析报告和学习总结，使学生将课程理论学习与自身的教学实践、交际实践有机结合，在促进课程学习的同时，增强学生的文化自信，并以此引领思想塑造，达到课程思政的教学目的。

【思政元素选择】该章节的思政元素主要涉及对中国文化现象的分析和理解。

在讲授价值观理论时要结合中国主流文化价值观和社会文化现象，分析二者之间的关联，引导学生识别传统文化中的精华部分。例如，中国人的“雄心”“重视教育”“照顾老人”“大量储蓄”“放长眼光”等长期导向的价值观在西方学者看来是中国经济持续发展的文化原因。

构建和谐社会是社会主义精神文明建设所追求的目标，中国人民正在努力建设“和为贵、和谐为美”“和睦相处、和谐共治”的和谐社会，体现了“政治多极、经济均衡、文化多样、安全互信、环境可续”的和谐世界观。习近平总书记在党的十九大报告中提出“推动构建人类命运共同体”，这一人类社会的新理念倡导在追求本国利益时兼顾他国合理关切，在谋求本国发展中促进各国共同发展。无论是和谐世界观还是人类命运共同体这一全球价值观，都可以溯源到中国传统文化中“人与自然和谐相处”的价值取向。

这些思政元素的教学渗入将有效地提升学生的文化认同和文化自信，提升课程育人的教学效果。

【教学模式设计】该章节有三部分内容，计划按照4个课时完成教学。

第一个课时主要以教师讲授价值观的概念、种类和特点为主，通过提问和随堂小测验检查学生对相关概念的理解情况。

第二、三个课时着重于价值观的有关理论的解读，在教师结合具体文化现象讲解的同时，让学生观看相关视频和阅读文字案例并运用价值观理论分析个中缘由。另外，鼓励学生口述分享自身跨文化交际经历中涉及价值观念的事例，并进行课堂讨论，从而能更好地消化和吸收课程理论知识。

第四个课时以学生制作的基于自身跨文化交际经历的中外文化模式对比的PPT汇报为主，有国外交换学习经历的学生对比其交换学习所在国与中国的文化模式，其他学生则可选择比较其语伴或汉语教授对象所在国与中国的文化模式。除课堂PPT汇报外，还要求学生写一篇不少于300个词汇的对比思考短文。PPT汇报和短文写作都要求结合价值观理论分析文化差异，使学生明白文化没有优劣之分，对不同文化的认识和取舍应取其有利于人类文明进步的精华部分而去其糟粕，这样才能在秉承文化相对主义理念的基础上，树立和坚定对中国文化的自信，形成对寻求人类共同利益和共同价值的思想认同。

基于“跨文化交际”课程的应用性特征，本章节教学摒弃了以教师为中心的传统教学方式，采用了教师讲授、案例分析、情景模拟、经历分享及小组研讨等教学方式的灵活组合，教学不再囿于文字教材，而进行了书面教材、视频材料、经历体验的内容融合，意在通过课堂互动的方式引导学生进行体验式的学习，促进跨文化交际能力的培养。

教学总结思考

思政教学与跨文化交际课程教学的融合，对学生的价值观塑造、思想引领以及专业知识和能力的提升等都有较好的促进作用。

第一，在价值观塑造方面，学生在知识理论学习后再反思之前的跨文化交际中存在的不适时，能够不再基于之前的从本族文化看待他族文化的文化中心主义思想，而是从文化相对主义的视角客观地剖析原因，从而减少了跨文化交际中的偏见和歧视。此外，学生还学会了发现和认识由于不同文化背景的价值观差异等原因引起的误解，并据此实施应对策略，从而提升了跨文化交际的能力。例如，汉语国际教育 1702 班的陈文春同学在谈到与非洲留学生交往的经历时总结说：“我们在跨文化交际的过程中尽量不要给别人贴群体性标签，淡化刻板印象，尊重每个人的性格、喜好、行为方式等，以开放包容的心态与他人交际。”

第二，在思想引领方面，学生能多方位地深入理解中国文化，从价值观这一更深的文化层面认识自己成长的文化氛围，从比较的视角提升文化自豪感和自信心，培养了弘扬中华传统美德的信念，更加透彻地理解当今社会主义核心价值观的内涵，树立以行动将“青春梦”融入“中国梦”，为中华民族的伟大复兴不懈努力的决心。汉语国际教育 1701 班的吴晨璐通过对比中国与英国、加拿大的交通秩序现象后总结道：“将他国的优秀文化品质与本国的文化传统巧妙结合，加拿大人在交通行为中的‘谦让品质’和近几年中国交通管理中要求的‘礼让行人’不谋而合。中国千年儒家文化传统中的‘禅让、礼让、谦让’在当代社会仍具有现实意义。”

第三，在专业知识的教学效果方面，本章节作为“跨文化交际”课程的最为重要的部分，是培养学生跨文化交际意识和提升跨文化交际能力的重要理论支撑。教与学模式的有效变革，使学生对课程其他内容，如跨文化的语言交际与非语言交际、跨文化的人际交往、跨文化交际的心理与态度、教育环境中的跨文化交际等，有了更为透彻的理解，知其然且更知其所以然。

总体来看，课程思政教学促进了教学目标的达成，学生在跨文化交际的技能、跨文化交际的态度，以及跨文化意识所共同构成的跨文化交际能力提升方面，特别是在跨文化意识这一跨文化交际能力的核心要素提升方面效果明显，这在学生的小组任务、PPT 汇报及书面反思中都有直接体现。例如，汉语国际教育 1601 班的学生曹爽在总结自己的实习经历时写道："这让我在之后的教学实践中，要更加注意彼此的文化差异，不再是去一味抱怨学生的一些习惯、语言，而是从文化背景中去寻找原因，寻找解决的方法。"同班的孔艺霖同学从高低语境文化的角度去理解中国师生与非洲留学生的表达方式的差异，她意识到："我们都要注意如何调整说话方式，根据对象和语境调整直率突兀或者是含蓄简洁的表达方式。"汉语国际教育 1501 班的周金翠同学认为，学校的留学生管理人员、专业课教师和中国学生是留学生了解中国最直接的渠道，大家的一举一动、一言一行都能传递这所学校乃至这个国家对待留学生的态度。若因缺乏相关跨文化交际能力以及对文化差异认识不足而造成误解，会导致学校甚至国家的形象在留学生的心目中大打折扣。而留学生对中国人的说话、办事、思维方式、价值观等方面的了解不足，以及现实与他们原有的价值观和世界观发生冲突，导致他们在跨文化适应过程中出现"心理落差"。因此，周金翠等同学建议"大家在对待留学生问题上，要打破刻板的观念，掌握正确的跨文化交际态度，让其正确理解中国语言与文化，更好地适应中国的语言及文化环境"。

文创设计与课程育人的协同共进

（艺术学院　董佳丽）

课程思政背景

本文所说的文化创意产品设计简称“文创设计”，是高校工业设计和产品设计专业的专业课程，是在国家文化产业战略目标的指引下针对发展文创经济需要而开设的课程，旨在满足工业设计、产品设计的行业发展要求和学生就业的技能需求。文创设计是在特定文化的基础上进行的创新设计，包含多种创意形式，如平面、媒体、产品等都属于文创设计的范畴。

本课程的知识教学内容包含文创设计的概念、内涵、分类、流程、方法及赏析等，着重关注文创设计的专业理论、方法与技能。增强文化自觉，坚定文化自信，是民族复兴的必然要求，也是高校“三全育人”综合教育改革对教学的必然要求。在此背景下，课程教学改革应深挖课程的文化内涵，展示优秀的人文精神，塑造和培养大学生正确的价值观与责任担当意识，使专业知识教育和政治思想教育协调同步以实现课程育人的教学目标。

因此，文创设计课程的教学融合了专业教学和思政育人两个方面的教学目标。通过专业知识的学习，学生能够掌握文创设计的流程与方法，通过案例指引和训练提升专业技能；通过将优秀课程思政素材融入教学的形式，将正确的理想观、价值观、人生观传输给学生，通过设计实践厚植大学生的责任担当意识。基于对教学改革的思考，我们提出了课程目标、内容、能力、实践等教学要素协同作用的课程育人教学改革思路（图 1）。

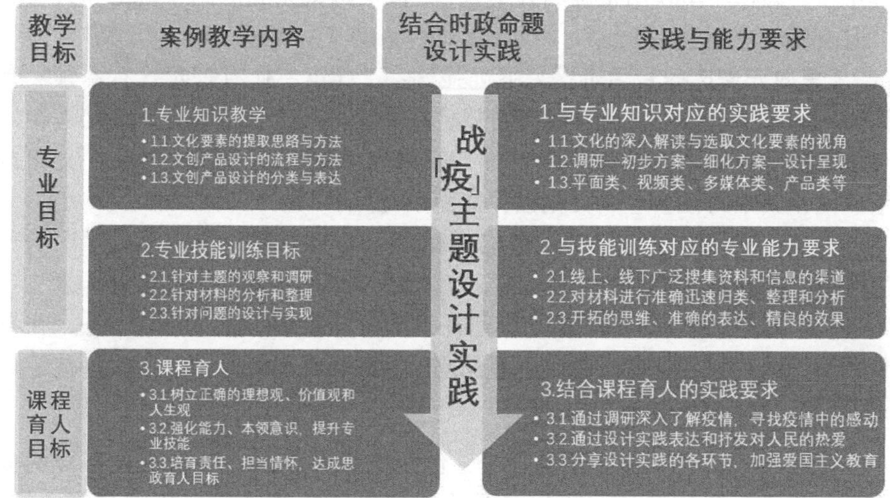

图1　教学要素协同作用的教学改革思路

课程教学设计

我们自编的文创设计课程讲义共有四章教学内容，以第四章“文化创意产品设计流程及案例赏析”的 8 个课时内容为例，教学重点是在优秀案例赏析部分整合了知识点、设计实践与设计评价三大内容。我们选取中央美术学院研究生王瑞琳 2018 年的毕业设计——以《西游记》的孙悟空形象创作的系列雕塑作品《东方英雄》作为优秀赏析案例，这是一个获得广泛好评而被各大媒体争相转载的基于中国传统文化的文创设计案例。在案例赏析中回顾总结知识点，并体验优秀设计如何打动人的内心，以此启发学生的设计思维。

【课程内容组织】优秀案例赏析的教学内容从两个角度切入：

——从专业角度解析作品：《东方英雄》将典型的具有传统文化符号特征的美猴王用鲜明的现代设计创新表达手法呈现出来，看似静态却内蕴力量，作品对“东方英雄”的文化解读，让人感受到一个有血有肉、有追求、有克制、内涵丰富的孙大圣形象。正是完善的设计形式与深刻的思想内涵的有机结合，使得这个创作震撼人心。

——从课程育人角度解读作品：为什么这个“东方英雄”特别能打动人心，仅仅是因为造型的完美吗？答案肯定不只这一点。真正能打动人心的是这件作品蕴含的三个深刻内涵：① 要做个“英雄”就要树立远大理想，英雄无私忘我、为人民利益而努力，令人敬佩；② 英雄要有本领，即作品要传递正确的价值观，唯有苦练七十二变，方能克服八十一难；③ 英雄要有担当，即作品呈现出正确的人生观，“保护师父完成使命”就是孙大圣的“家国情怀”与使命担当。

【思政元素选择】习近平总书记强调：“青年一代有理想、有本领、有担当，国家就有前途，民族就有希望。”课程育人教学改革的思路就是将社会主义核心价值观贯穿教学全过程，教育大学生为实现文化自强、文化自信、文化繁荣的社会主义文化强国梦而学习。

为此，教学中我们基于理想信念树立、本领能力塑造、担当意识培养三个维度，在优秀案例赏析中发掘思政元素，落实课程育人的教育职责。

【教学模式设计】文创设计课程在教学设计上融合多种教学方法，在将专业知识内容拓展到课程思政内容的同时也改善了教学效果。

（1）主要教学环节

课程教学从专业内容讲授开始，包括文化对象的选择与文化符号的提取、文化创意产品设计的流程与方法、文化创意产品的表达方式等内容。通过对专业知识内容的学习，学生能够掌握调研分析与设计创新的方法，以及设计评价等知识，具备独立或与他人合作完成文创设计的能力。

在此基础上，通过案例教学引导学生端正“三观”，强化能力锻炼，培养使命与担当意识，从“关注身边人、关注国家事、关注民族情”开始树立“风声雨声读书声，声声入耳；家事国事天下事，事事关心”的思想观念。

在课程教学过程中安排了一个文创设计实践环节以检验教学效果。因为正值全国上下同心同德抗击新冠肺炎疫情，故将文创设计实践任务的主题设定为“战‘疫’”。在课程开始之初就进行设计任务的布置，学生在课程进行过程中就带着任务思考并进行反复沟通、讨论，确定每个人的设计主题，完善设计表现效果，最终完成设计实践的教学任务。

文化创意产品设计是一门专业技能课程，但是课程内容纵向涉及传统文化，横向涉及当代生活许多领域，是传承优秀文化并塑造人的思想观、价值观、人生观的育人平台。因此，课程育人教学改革的一个重要努力目标是将课程打造为专业教学与思政育人的融合平台。

（2）课程案例教学

——基于王瑞琳以孙悟空形象创作的作品《东方英雄》的案例赏析介绍专业知识点：文化符号 IP（孙悟空就是一个文化符号）、基于 IP 的文化创意设计和文化创意设计的类别（如画像、音乐、影视剧、动画、游戏等文创产品，还有文创延伸产品如花果山景区等）。王瑞琳创作该作品的过程就是文化创意产品的设计过程。

——基于优秀案例赏析进行文化解读：传统文化是民族的血脉，是人民的精神家园，其内核是价值追求。孙悟空就是这样一个典型的文化形象，是中国文化中最有反叛精神、最自由、最隐忍的英雄形象的代表。

——不同视角的文化创意设计：孙悟空是人们心中的英雄，但每个人心中的孙悟空是不同的，有人羡慕孙悟空神通广大，有人喜欢他机灵调皮，有人敬佩他保护师父不畏险阻，因此，在进行文化创意设计的时候也要根据设计目标进行不同文化角度的选取，呈现出不同的思想内涵（图2）。

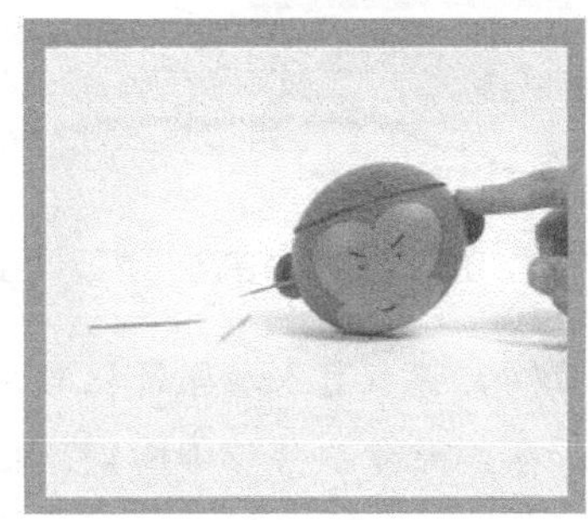

图2　孙悟空主题的不同文创设计

（3）课程文创设计实践

每个人都有自己的英雄梦，但不是每个人都有机会成为大众的英雄。2020年初的新冠肺炎疫情让我们止步家中在线学习，我们看到医护人员不顾个人安危逆行武汉，只为人民平安，让人泪目。在家中学习的学生也想为抗击疫情做些什么，这就是每个同学的“英雄梦”。为此，我们设置了课程设计实践任务，就是完成“战‘疫’”主题文化创意产品设计（图3）。

一、 **作业题目：战“疫”公益宣传（2020 大广赛公益命题）**

2020 年初一种看不见的微小病毒，肆虐整个中国，飞速前进的大国机器因此减缓了脚步，几近停摆。为了迅速战胜疫情，举国同心，友邦驰援。作为一个新时代的大学生，虽然我们不能冲在一线为抗击疫情贡献力量，但是我们可以尽己所能去记录、去展示、去弘扬、去鼓励、去安慰，这是时代赋予我们的使命。

二、 **作业内容：**

1、 **调研：**针对疫情及相关文化要素进行广泛调研，搜集素材，寻求需要记录、表达和宣传的元素。

2、 **文案：**构思公益宣传文案，包括创意理念、创意故事

3、 **文创：**公益创意表达，可以是平面形式或媒体形式（视频或者 H5 等均可）。

三、 **作业要求：**

1、 **调研要求：**内容包含与疫情有关的文化元素、与疫情相关的事件，包含文字和图片，对其进行分类和整理，PPT 不少于 30 页，课堂提报，并形成 word 文档打印提交。

2、 **文案要求：**通过调研分析，确定要表达的创作主题 3 个，将创意构思，创意理念形成文字准确表达，用手绘草图辅助呈现。

3、 [illegible]制作一套具有明显文化内涵的公益作品，[illegible]

图 3 “战‘疫’”主题文化创意设计作业

(4) 课程育人教学过程与方法

在课程教学过程中应对不同内容综合运用 TBL（Team-Based Learning，以团队为基础的学习）、PBL（Problem-Based Learning，基于问题的学习）、CBL（Case-Based Learning，基于案例教学法）、RBL（Research-Based Learning，研究型教学模式）等教学方式（图 4），通过精心构思和谋划将专业教学内容与思政教育有机结合，最终达成专业教学课程育人的改革目标。

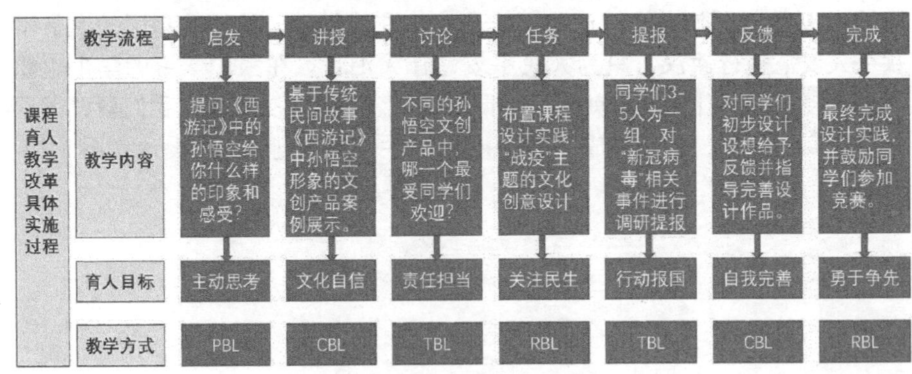

图 4 教学实施过程框架图

在改革后的专业课程育人体系中，师生积极互动，全员参与课程创新

实践，所有教学环节都包含相同或不同的思政育人目标，实现全程育人。师生在课内课外的全方位互动，构建了专业课程视阈内的“全员、全程、全方位”的三全育人框架。

教学总结思考

通过课程改革，学生按照教学大纲要求完成了专业知识学习和技能训练。在实践环节“战‘疫’”主题的引领下，以团队模式合作完成“战‘疫’”设计调研提报6组，内容涉及与抗击疫情相关的科普、数据、感染途径、防疫、生活的影响、人与自然关系、伟大祖国、科技力量、企业担当等众多热词。完成设计方案近30套（图5），参加了教育部主办的、学校认定为国家级A类竞赛的“大广赛”，并获专题竞赛H5互动类作品二等奖等多项荣誉。

图5 课程设计实践成果

更重要的是，在专业学习之外学生更加明白了个人的命运与国家、民族的命运紧密相连，个人的理想信念要和国家、民族的发展紧密结合起来，这才是一个公民、一个民族、一个国家的核心价值观。学生们意识到“家是最小国，国是最大家”，唯有修炼好自身本领才能更好地为国、为家奉献力量，要从自身做起、从现在做起，做一个有本领的有为青年。当国家有需要的时候，个人利益要服从国家利益，青年要有担当，为实现中华民族的伟大复兴努力拼搏。

在环境小品设计中延续文脉

（艺术学院　韩荣）

课程思政背景

“环境小品设计”是环境设计类专业的专业基础课程，主要从多角度介绍公共环境小品设计的趋势、影响因素和设计手法，使学生熟悉环境小品设计的特点和发展趋势，理解环境小品设计中的空间分析方法，掌握环境小品在各种公共空间的特征和设计方法，了解环境小品设计和景观总体设计的区别及联系。课程的知识目标是理解环境小品设计概念和类别，能力目标是具备快速介绍方案及综合应用相关软件的能力，同时达到培养和激发学生探索设计文化内涵的素质目标。

我们整合了环境小品设计在线课程平台的重点核心板块内容，让学生充分理解环境小品设计的实质性含义，把握环境小品设计的基本概念，并能够从本专业的角度出发，分析和理解环境小品设计中的各种要点，以概念和设计理论的融合使学生对环境小品设计的本质有清晰的认识和理解，培养学生的具象与抽象思维能力和空间形象思维能力，激发学生的创新意识和创新欲望，培养学生环境设计的文化审美观念。

在总计45学时的教学计划中，我们以“一主轴，两贯穿”的混合式教学模式将“延续文脉”的核心要义融入教学环节，培养学生的审美甄别、转化能力，提升了学生对文化观念的价值认同能力，实现了优秀传统文化与设计教育、设计训练教学活动的有机融合。

课程教学设计

【教学模式设计】我国的设计类课程教育主要基于西方艺术教育模式，教学实践中仍旧缺少对“发扬中华民族优良传统同积极学习世界上一切优秀文明成果结合起来”的引导，主要存在着三个不足：一是对传统文化和文脉传承认知的不足；二是缺乏对文化内涵的深入挖掘，创作形式单一且缺乏深度，作品的“中式”特色多流于表面；三是课程教学与实践训练的衔接体系不完善。

为此，我们提出了基于“延续文脉”策略的环境小品设计混合式教学模式，其基本构成是“一主轴，两贯穿”（图 1）。主轴为“延续文脉”，核心要义是传统史论教育、多语汇设计教育与综合设计实践的有机结合。贯穿线包含“多途径”课程传播设计及“双修式”“递进式”效果提升设计。其中，“双修式”提升设计强调的是个人品德与艺术素养并重，将德育渗透于教育教学的各个环节；“递进式”提升设计是指在原有课程教学形式基础上对学生提出了更高层次的要求，从而实现从被动式学习到主动式学习再到创新性学习的递进式转化，为后期的更高阶专业学习奠定扎实基础和多维发展空间。

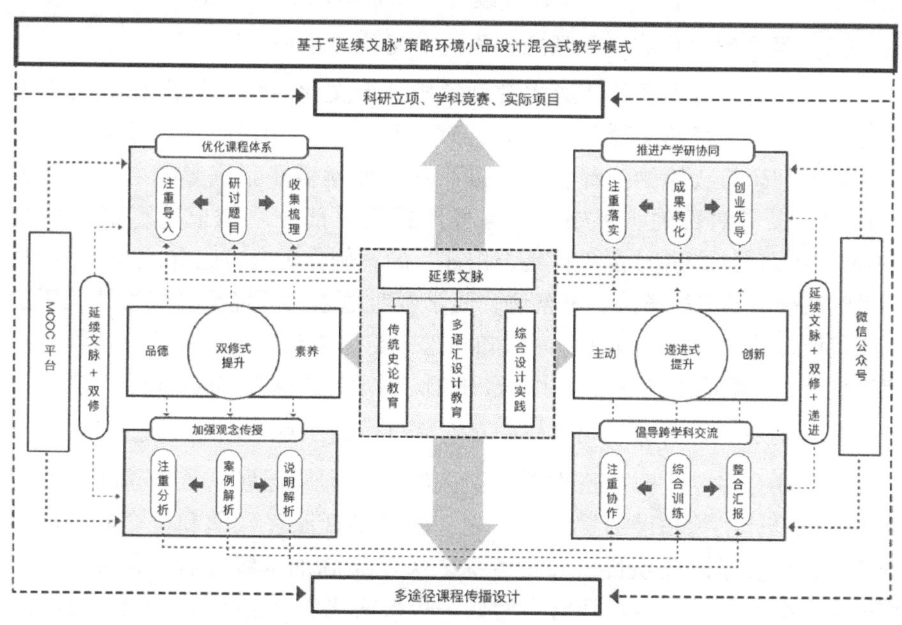

图 1　环境小品设计课程混合式教学模式

环境小品设计课程传播设计主要依托授课团队的协作，要求团队成员不断适应和摸索学生的学习心理规律，形成一套完善的课程教学系统。“多途径”课程传播设计以“延续文脉”为教学目标，对中国古代营造智慧和物质文化进行重新诠释，注重学科交叉，开展跨学科课堂教学，利用信息技术以及数字平台实现课程成果转化。课程配套的线上学习资源为中国大学 MOOC 在线开放课程，供学生课前预习，课后查漏补缺，并设置留言板块，任课教师可随时为学生答疑解惑。学生的最终课程作业成果将在艺术学院微信公众号（江大艺术小筑）平台进行展示，定期推送。截至 2022 年 7 月，线上 MOOC 完成 4 个批次授课任务，线上线下共计近 4600 名学生已完成该课程学习，教学成效显著。

【课程内容组织】

（1）厚植文化基因，优化课程体系（延续文脉+双修）

通过预设课程研讨题目锻炼学生整理资料的能力。按设计需求、风格形式等分类，系统梳理中国传统文化元素，在环境小品设计课程中渗透中国文化元素的精神内涵。针对性地加入传统史论教学内容，并利用个案举例说明。增加必要的调研环节，例如在课程先导部分“设计理论篇”中增加园林建筑小品的内容，导入中国古代园林历史知识，结合网络调研、资料编撰、图片汇集等主动式学习，明晰园林建筑小品在当代环境设计中的地位和作用，凸显中国山水园林所蕴含的民族内在精神品格。

（2）聚焦过程培养，加强观念传授（延续文脉+双修）

通过公共环境小品设计形式案例解析地域文化属性，结合 CBL 教学方法引导学生将“延续文脉”作为设计理念贯穿整个学习过程。教师不断向学生输入理念与载体的阐释思路，进而达到使学生在氛围影响之下惯性思维和主动思考的目的。例如，在课程形式语言部分“构成造型篇”增加“地域文化因素与环境小品设计是否相宜”的案例分析内容比重，运用思维导图教学法、引导文教学法、考察法，使学生对地域性环境小品代表性元素融入现代设计的途径和渠道有全面认知。这一类训练与学习内容旨在使学生在启动设计之前就能主动依据文化元素和文化传承方式探寻解决问题的思路。

（3）强化课程联系，倡导跨学科交流（延续文脉+双修+递进）

通过联合多专业的平行类课程引入综合性训练课题，重点是将文脉基因与现代设计主题和谐衔接，简言之，就是实现课程教学和社会实践的多维整合，以实际设计项目引导学生深入关注文脉的延续过程。例如，在课程综合训练部分“创客行动篇”增加“传统文化创意空间与环境小品设计”系列命题的比重，与相关性较强的专业联合发起团队课题。在命题起始阶段，一方面，课程前期对所有学生植入历史典故、民间美术知识等内容，并对文化创意空间基础知识及相关设计流程进行讲解；另一方面，针对延续文脉的核心价值取向问题，要求不同学科学生以兴趣分组，形成团队并接受任务，在同一命题体系下进行任务分工。通过协作与沟通，小组成员相互讨论形成初步方案，撰写方案报告并进行方案汇报。

（4）夯实训练环节，推进产学研协同（延续文脉+双修+递进）

通过实际课题与学科竞赛形式推进成果转化，即依托大学生项目申报、行业认可的学科竞赛项目、实习基地所提供的设计项目开展成果转化。在课程设计衍生与展望部分增加“创业管理”内容的比重，“创业管理”板块趋向过程性考核，在教学中实行“进度报告书”制度。开展模拟创业的小组适时进行任务总结，通过教师的组织和引导，分层次、对照教学指标开展自我评价及交叉评价。最后，授课团队联合其他专业教师对每个项目进行点评，形成考核成绩。另外，还充分利用具有合作基础的博物馆、纪念馆、美术馆、名胜街区等教学资源，组织学生实地考察和现场教学，邀请行业专家参与，实现产学研结合，从真正意义上做到密切联系社会。

教学总结思考

（1）文脉意识与设计责任感得到增强

文脉延续核心要义中的传统史论、多语汇设计元素被融入教学环节，并通过符号化复制迁移至设计实践，学生因此能够在设计理论、设计语言、设计实践三个环节开展系统化、高效化的体系学习。这种模式可以引导学生独立理解文化脉络的连续性与发展性问题，提升了学生的文化应用能力和审美判断能力。近三年，我们所指导的大学生科研立项课题所结合的文脉元素包含革命文化、地域文化、民俗文化、造物文化等，成功获批了“镇江西津渡历史文化街区环境小品设计”“镇江市京口区东大院文化创意园改造设计”“城市滨水空间环境设施设计研究——以镇江市古运河风光带为例”等共计 8 个项目，足见对本土传统文化的关注对学生建立文化自信与树立责任担当意识起到积极作用。

（2）学科视野与专业认同得到拓展

“多途径”课程传播设计和“双修式”“递进式”提升设计的教学改革，使学生从设计思维层面到设计实践层面都有了认识上的质的提高，设计原创能力得到提升，呈现出比以往更加成熟和完整的逻辑性。学生有针对性地参加相关竞赛，提升了学生的实践技能和创新意识，学生课程训练作品先后获得各类奖项 42 人次。跨学科授课与联合训练也为后续毕业设计团队的组合奠定了基础，近三年共有 5 组团队设计项目入选校优秀毕业设计，并有 2 组入选江苏省“紫金奖”文化创意设计作品大赛、镇江市文化创意设计大赛。以专业交叉融合构建的混合教学模式使学生对专业更加认同，学科视野更加开阔，对学生就业和创业起到了极大促进作用。

（3）教师教学能力与专业技术能力得到飞跃

教学模式的改革要求教师不仅要具备充分的实践操作技能，还要对各类文化内涵有深刻的了解，这对教师的知识储备与专业技术能力提出了更高的要求。任课教师要随时注意更新课程内容，在夯实理论知识的同时提升整体实践指导能力。近三年，本课程教师团队共发表教研类论文 13 篇，获批省高等学校重点教材建设项目 1 项、省在线开放课程 1 项、教育部产学合作协同育人项目 2 项。

动画课程中的协同育人

（艺术学院　孟翔）

课程思政背景

“二维动画后期合成与特效”是动画专业培养计划中以作品创作为导向的专业核心课，其教学目标是使学生系统掌握二维动画后期合成与特效的制作流程，掌握主流制作技术的要领，通过实际案例操作练习能够设计并制作极具个性化风格的二维动画合成和特效效果，为后续课程中的创作应用做好技能准备。

动画后期合成与特效创作需要学生理解作品的真善美思想内核，能综合分析和运用传达作品主旨的表现方法、镜头语言、合成技巧和特效制作手段，具备组织和应用各类元素创作动画作品的能力，该课程也因此具有与学生思政教育之间天然的内在契合关系。这要求课程教学要引导学生发掘光影动态呈现的文化之美，特别是要认识和理解中华文化的博大和精深，展现中国优秀传统文化和新时代社会主义核心价值观的精神内涵。我们尝试在教学中以专业知识的客观实用性教学带动学生思政学习的主动性与有效性，在动画创作中讲好“中国故事”，在实践中形成坚定的社会主义理想信念，在“润物细无声”中完成对学生的价值观教育的引领，以婉转的方式化身隐性思政教育，达成课程教学的协同育人效应。

【课程内容组织】本课程使用自编教材，本文以“二维动画特效制作”的第一节内容（2 学时）为例进行教学改革整体设计思路的说明。本节教学任务是通过赏析动画短片《识途》，分析其特效部分的设计思路和技术手段，讨论创作者的设计意图和背后蕴含的作品思想内涵。

【思政元素选择】动画设计具有应用学科属性。《识途》以超宽屏构图和各种隐喻的意象特效（如红幡、风雪、老马、红衣、素缟、灯笼等）展现出很强的氛围感，这种以意象特效为画面主要表现内容的蒙太奇手段是动画中少见的，体现出创作者很强的创新意识。将军离家奔赴沙场，将军的家眷为再次的相聚孤独坚守，作者以创新手法将爱国主义精神及社会责任意识的培养等思政育人的教学元素都内涵于动画之中。

【教学模式设计】新时代的大学生群体个性张扬，价值取向多元。从受教育者角度出发，教学要注重大学生的心理特征和接受方式，应从主流文化的单向度教化式宣讲转向平等互动语境下的亚文化交流对话，避免课程思政元素的填鸭式灌输及生拉硬拽。本课程教学设计因此采用了以问题为导向的教学模式。

问题一：如何理解作品中所体现出的社会主义核心价值观？如何理解作品的真善美思想内核？

（1）教学环节设计

① 课前思考：教师在授课前一天于“学习通”平台发布课程内容，便于学生提前预习，并在教学 QQ 群导入课程预习问题“特效在动画作品合成中起到怎样的作用”，调动学生的学习兴趣，提高其学习的主动性。

② 课堂讲解：教师线上直播讲解《识途》这部动画的内容，对情节和关键场景的内容展开分析，并以提出问题的方式引导和启发学生展开思考（图 1）。爱国主义精神、家国天下观、集体主义精神和坚如磐石的信念，这些隐性的思政内容融入了显性的专业教学之中。

请同学们观看《识途》这部动画短片后，思考以下三个问题，答案稍后发布。

1、在将军离家这个情节片段中，为何会使用落花、风幔等特效？

2、为何用特效弱化片中人的五官，不呈现个性？

3、为何用慢镜头特效表现家眷脱红衣、着素缟这一段情节？

答：

1、落花和风幔都能渲染一种无可奈何的悲凉感，边线报急，将军明知会牺牲还是决然而去，家眷明知将军可能回不来，却依然把牵挂和眷恋囿于自心，默默承担。这与风吹动落花和帷幔所呈现出的飘零、逝去的感觉是相吻合的。

2、片中所有角色的五官被故意用特效模糊，不呈现个性，是有意使角色与观众疏离，不建立观众对主角的情感映射，正是为了凸显后面一段镜头中，家眷们的群像效果。这表明了将军百战死、功成万骨枯的悲壮，在国家危机面前，没有个人，只有集体的价值意识。

3、脱红衣、着素缟这一幕是全篇最能打动人的一个镜头，使用慢镜头特效一方面为了使观众看清角色红装里面穿丧服的细节，体会家眷去迎生死未知的丈夫时的复杂心情。另一方面带有浪漫主义色彩的表达，能够有效调节动画节奏，积累情感以便下个镜头表现所有红装女子脱衣着素的震撼，体会战争的残酷和守国人坚定无畏的牺牲精神。

图 1　教学中的问题引导和启发思考

（2）教学过程与教学方法

① 师生互动的教学过程：教师通过“课前思考—直播讲解—问题导入”流程逐步将学生带入课堂学习的情境中来，实时掌握课堂节奏，做到引人入胜而又收放自如。学生通过“课前思考—关键点释义—问题思考”的流程，配合教学直播、短视频、弹幕等形式开展互动学习。

② 在教学手法上应用新媒体与信息技术开展线上教学，关注学生体验，打破严肃、抽象的教化式言说方式，融合学生喜闻乐见的网络话语及柔性方法提升教学互动效果，在潜移默化中引导学生建立正确的价值观，达成全程育人的教学目标。

问题二：如何使学生掌握中国优秀传统文化表现元素的动画设计方法，具备创新性地组织与应用这些元素创作动画作品的能力？

（1）教学环节设计

① 使用腾讯会议以小组为单位分析《识途》中的中国文化表达元素，分析这些元素对表达影片主旨的作用，探讨有无更好的设计方案。在查找资料、讨论分析的过程中，学生加深对中国文化的认识，对设计元素的提炼方法和组织方法也更加明晰。

② 使用腾讯会议进行小组汇报，其他小组对其进行评价和讨论，教师进行同步指导并提出设计建议。

（2）教学过程与教学方法

① 师生互动的教学过程：以问题为导向进行小组讨论形成内容（生生互动）；小组汇报并由其他小组进行评价和讨论（生生互动）；教师指导（师生互动），在互动过程中推进学生自主思考、协作与应用能力的培养。

② 在教学手法上应用汇报教学法，组织学生积极思考，从课程思政的视角展开对汇报内容的选取和组织设计，尤其注意引导学生结合社会主义核心价值观对专业知识的渗透，以知行合一将课程育人理念落实于教学，为学生勾勒出作为艺术创造者的道德轮廓，引导其对自身未来的职业生涯进行良性规划。

问题三：如何使学生在实践中形成坚定的社会主义理想信念，努力创作出优秀动画作品，讲好“中国故事”？

（1）教学环节设计

① 基于前两个问题的教学基础，教师继续引导学生向更深层次思考，通过超星平台讨论区发布讨论主题“从动画短片《识途》中可以得出怎样的主题思辨”，鼓励学生从“动画的娱乐化”“中国传统文化元素的现代表达”等方面进行讨论。

通过讨论不仅提升学生作为动画创作者的职业素养，还培养他们以家国天下为己任的爱国情怀，提升文化自信和民族自豪感。

② 课后布置作业，要求学生针对前期创作的剧本，思考合成与特效环节的技术路线，并确立本章后续内容学习的目标，保持学习主动性，以问题导向进行后续知识的学习和积累。

③ 进行课程衔接比赛。提前公告 NCDA 第八届数字艺术设计大赛的参

赛指南，鼓励学生结合参赛指南进行作品创作，落实“以赛促学”的要求，在专业赛事中检验学习成果，增强学习信心。

（2）教学过程与教学方法

① 师生互动的教学过程：在“学习通”讨论区开展互相评价和补充讨论。从讨论区反馈来看，学生参与度较高，并且回复内容经过深思熟虑后有一定深度（图 2）。

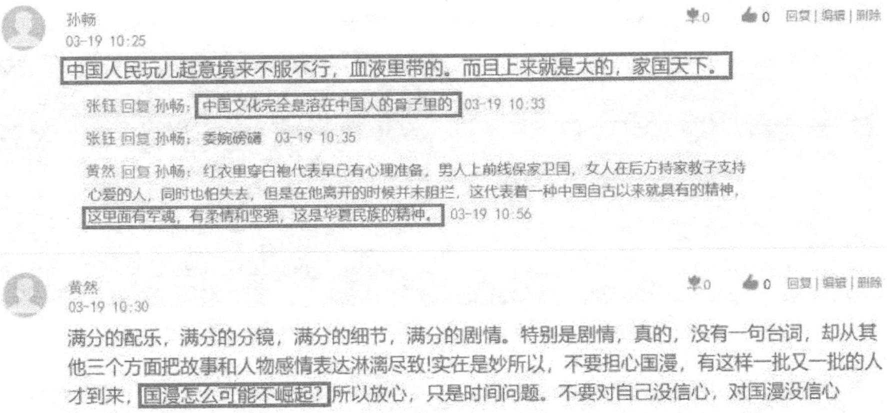

图 2　学生讨论的截图

课后作业和赛事辅导是“一对一”的定制教学，学生可以更自由地发挥和提问，充分展现了以学生为中心的教学改革设计思路。

② 教学方法采用讨论教学法。讨论教学法的精髓在于围绕精选案例进行情境化讨论，在潜移默化中发展学生的批判性思维，提高其明辨是非的能力。娱乐化是当前动画的主流发展态势，但过度的娱乐化易模糊动画作为一种表达媒介的传播属性，“娱乐至死”更不应该是当代大学生的价值取向。为加深理解，以《识途》作为思辨讨论的对象，思考其成功背后的深层原因，即真正触碰内心的是源于作品对传统文化及主流价值观的建构，使得公众在欣赏时产生共鸣，于共鸣中强化文化和价值认同。

教学总结思考

本课程 6 周 72 课时的教学学习，不仅使学生掌握了二维动画后期合成与特效的制作方法，也让他们经历了一场坚定价值和理想信念、树立职业道德、培养家国情怀和文化自信的思政教育。学生们依照课程结课要求，进行了融合中华民族优秀文化、传统艺术元素、社会主义核心价值观和公益主题的结课作品创作（图 3）。创作作品都推荐参加了 2020 中国数字艺术设计大赛，以在赛事中充分检验学习成果，并推动学生向专业知识扎实、创新能力突出、理想信念坚定的有为之才进一步发展。

（一）表现“不愿做冷漠的历史旁观者”的动画作品《敦煌定若远》

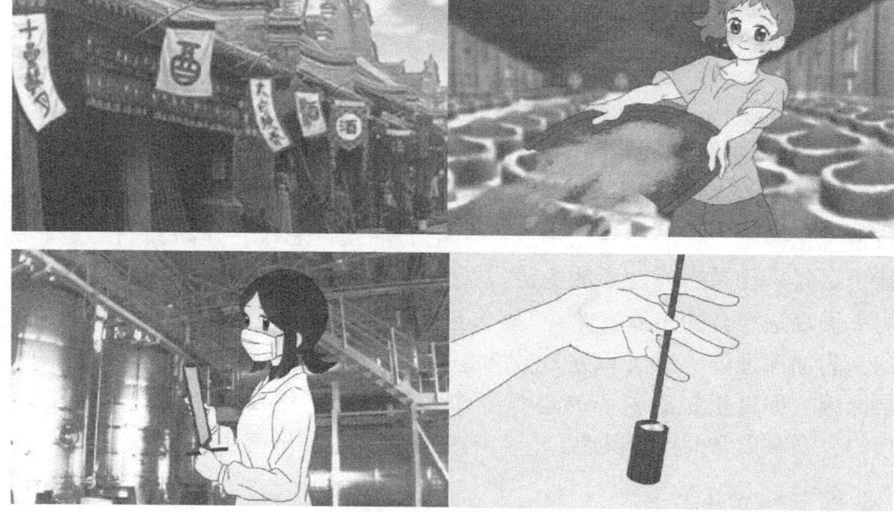

（二）表现“精雕细琢，精益求精，追求更完美”工匠精神的动画作品《酒》

图 3　课程结课创作作品